# en 5ᵉ !

## L'organisation des enseignements en 3 temps

### La création d'un conseil école-collège

Les équipes pédagogiques sont particulièrement attentives à la liaison entre l'école et le collège. Avec la mise en œuvre du socle commun de connaissances et de compétences, un continuum, de l'école au collège, est renforcé pour tous les élèves de six à seize ans. Des concertations et des formations communes sont organisées entre les enseignants de l'école et du collège. Elles visent à préciser la progression des exigences méthodologiques et à harmoniser les pratiques d'évaluation.

### 1 Les enseignements communs en 5ᵉ

| | |
|---|---|
| Français | 4h30 |
| Histoire – Géo – EMC | 3h |
| LV1 | 3h |
| LV2 | 2h30 |
| Maths | 3h30 |
| SVT | 1h30 |
| Technologie | 1h30 |
| Physique-Chimie | 1h30 |
| EPS | 3h |
| Arts plastiques | 1h |
| Éducation musicale | 1h |

### 2 Accompagnement personnalisé (AP)
1 ou 2h en 5ᵉ, 4ᵉ et 3ᵉ

Il est généralisé à tous les niveaux du collège. Il est un moment privilégié pour développer des compétences transversales, faire de la méthodologie, du tutorat entre élèves, des ateliers. Il permet de diversifier les regroupements entre élèves : groupes de besoin, de compétences. Il permet d'utiliser différentes démarches pédagogiques pour arriver à un même objectif.

### 3 Enseignements pratiques interdisciplinaires (EPI)
2 ou 3h en 5ᵉ, 4ᵉ et 3ᵉ

Les EPI concernent les élèves du cycle 4. Ce sont des projets interdisciplinaires conduisant à des réalisations concrètes individuelles ou collectives qui peuvent prendre la forme d'une présentation orale ou écrite, de la constitution d'un livret ou d'un carnet, etc. Ils aident à donner du sens aux enseignements et à lever les barrières entre les disciplines. Ils peuvent être mis en œuvre progressivement et le volume horaire hebdomadaire qui leur est consacré peut ainsi être croissant de la classe de 5ᵉ à la classe de 3ᵉ. Chaque élève devra avoir abordé au moins 6 de ces 8 thématiques sur le cycle 4 :

- Corps, santé, bien-être et sécurité
- Sciences, technologie et société
- Culture et création artistique
- Transition écologique et développement durable
- Information, communication
- Citoyenneté
- Langues et cultures de l'Antiquité ; langues et cultures étrangères / régionales
- Monde économique et professionnel

Cet ouvrage a été rédigé par une équipe de professeurs de collège.

▶ **Français**
Sophie Pailloux-Riggi
Fabienne Pegoraro
*Illustrations : Laurent Kling*

▶ **Maths**
Géraud Chaumeil
Patricia Hennequin
Jean-Marc Ravier
*Illustrations : Guillaume Dumont*

▶ **Histoire-Géographie EMC**
Josy Arpillière
Marie-Caroline John
Maïté Lagrenade
Dominique Rouppillard
*Illustrations : Christophe Verdenal*

▶ **Anglais**
Lyliane Lajoinie
Julie Neveux-Mastrullo
*Illustrations : Pascal Baltzer*

▶ **Sciences de la vie et de la Terre**
Christian Robert
*Illustrations : Virginie Fréchuret et François Martin*

▶ **Physique-Chimie**
Marc Pihouée
*Illustrations : Volker Theinhardt*

# La réforme 2016 en un coup d'œil

## Une répartition des apprentissages en 4 nouveaux cycles

**Cycle 1** — Apprentissages premiers — École maternelle → **Cycle 2** — Apprentissages fondamentaux — CP/CE1/CE2 → **Cycle 3** — Consolidation — CM1/CM2/6e → **Cycle 4** — Approfondissements — 5e/4e/3e

À NOTER : le cycle 3, à cheval sur l'école et le collège, fait l'objet d'une attention particulière et d'une collaboration renforcée entre enseignants, dans le cadre de la création du conseil école-collège.

*Voir aussi **Bienvenue en 5e !** en tout début d'ouvrage.*

## Un nouveau socle commun

C'est un texte fondateur qui précise le niveau de connaissances et d'apprentissages requis et sur lequel s'appuient tous les programmes de la scolarité. Il s'articule autour de **5 domaines** :
- Les langages pour penser et communiquer.
- Les méthodes et outils pour apprendre.
- La formation de la personne et du citoyen.
- Les systèmes naturels et les systèmes techniques.
- Les représentations du monde et l'activité humaine.

## Les grands principes de la réforme au collège

- Autonomie accrue des équipes éducatives : il revient aux équipes enseignantes de choisir leur progression sur les 3 années de chaque cycle.
- Réécriture des programmes de chaque matière.
- Organisation des enseignements en 3 temps : enseignements communs **+** enseignements pratiques interdisciplinaires **+** accompagnement personnalisé.
- Entrée dans l'ère du numérique.
- Renforcement de l'enseignement des langues vivantes **avec une LV2 dès la 5e**.
- Ouverture sur le monde, notamment vers les arts, la culture et le monde économique.

## Ce qui ne change pas

- Les langues anciennes sont désormais l'un des choix offerts dans les EPI (enseignements pratiques interdisciplinaires) obligatoires pour tous les élèves. Une option de **latin** (dès la 5e) ou de **grec** (en 3e) continue à être proposée aux élèves qui le souhaitent (3h par semaine).
- Dans certains établissements, des **classes bilangues** permettent d'apprendre dès la 6e deux langues vivantes étrangères dont l'anglais ; les **sections européennes** ou de langues orientales et les sections internationales offrent la possibilité de suivre un cursus renforcé dans une langue étrangère ; les sections de **langues régionales** permettent aux élèves, qui ont suivi cet enseignement à l'école, de poursuivre leur cursus.

## Un nouveau Brevet en 2017

Le nouveau Brevet s'appuie sur un **contrôle continu** mais aussi sur 4 épreuves finales **écrites** (français, histoire – géographie – EMC, maths et sciences) et **une épreuve orale** de 15 minutes sur la présentation d'un projet au choix, mené dans le cadre d'un EPI (enseignement pratique interdisciplinaire) ou d'un des trois parcours du nouveau collège : « Artistique et culturel », « Avenir » ou « Citoyen » (voir les EPI et les 3 parcours en tout début de cet ouvrage).

© Bordas/SEJER, Paris, avril 2016 – ISBN 978-204-735443-8

# Sommaire
## 5ᵉ

- **Français** ............ 4
- **Maths** ............ 72
- **Histoire-Géographie et EMC** ............ 118
- **Anglais** ............ 166
- **SVT** ............ 204
- **Physique-Chimie** ............ 242
- **Évaluations** ............ 268
- **Dossier orientation** ............ 282

**+ Tous les corrigés dans le livret détachable**

D'autres outils pédagogiques :
- Des idées de lectures, p. 6
- Une carte de l'Union européenne
- Une frise historique

# Français

Idées de lectures en 5e .................. 6
La réforme de l'orthographe .......... 7

1. Les consignes d'un énoncé ........ 8
2. Les classes de mots .................. 10
3. Les homonymes ........................ 12
4. La phrase complexe .................. 14
5. Le groupe nominal .................... 16
6. L'accord de l'adjectif ................ 18
7. Les degrés de l'adjectif ............ 20
8. Les GN compléments dans la phrase ........................ 22
9. Les temps composés de l'indicatif et leurs valeurs ........ 24
10. L'accord du participe passé .... 26
11. Futur et conditionnel .............. 28
12. Le subjonctif présent et ses valeurs ........................ 30
13. Voix active, voix passive ........ 32
14. Les modes non personnels du verbe ............................ 34
15. L'histoire et le sens des mots .............................. 36
16. Savoir définir un mot .............. 38
17. Familles étymologiques .......... 40
18. Le champ lexical .................... 42
19. Lire un sujet .......................... 44
20. Structurer une narration ........ 46
21. Les temps dans un récit au passé ................................ 48
22. Le dialogue ............................ 50
23. Le discours direct et le discours indirect .............. 52
24. Les verbes introducteurs ........ 54
25. Le théâtre : farce et comédie .................. 56
26. La description ........................ 58
27. Remplacer *il y a* .................... 60
28. La description objective ou subjective ........................ 62
29. Le portrait .............................. 64
30. La lecture de l'image .............. 66
31. La poésie ................................ 68
32. Métaphore et comparaison .................... 70

➕ • une évaluation page 270

# Idées de lectures en 5e

## Bandes dessinées

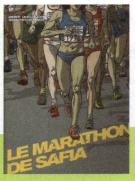

## Théâtre

## Récits

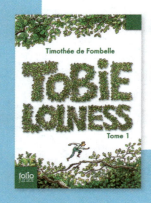

## Poésies

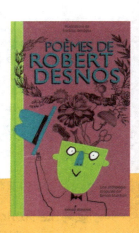

## La réforme de l'orthographe

### De quoi s'agit-il ?

- Il s'agit de « rectifications » proposées par le Conseil Supérieur de la langue française, approuvées par l'Académie française et publiées au *Journal officiel* du 6 décembre 1990.
http://academie-francaise.fr/sites/academie-francaise.fr/files/rectifications.pdf
- Elles figurent en tête des Programmes et servent de référence pour l'enseignement de l'orthographe dans le Programme de français des cycles 2, 3 et 4.
- Leur emploi n'est pas imposé mais il est recommandé. Dans cet ouvrage, destiné à l'usage des familles, à la maison, nous n'appliquons pas encore les changements recommandés ; ceux-ci étant progressivement mis en pratique dans le cadre scolaire.

### Le contenu

**Ces rectifications unifient la graphie de certains mots et suppriment des incohérences.** Elles portent essentiellement sur ces points :

### Le trait d'union

- La soudure remplace le trait d'union dans un certain nombre de mots.

| ancienne orthographe | nouvelle orthographe |
|---|---|
| *porte-monnaie* | *portemonnaie* |
| *week-end* | *weekend* |
| *entre-temps* | *entretemps* |
| *plate-bande* | *platebande* |

- Lorsque le mot garde le trait d'union, son orthographe suit la règle des mots simples : pas de « s » final au singulier, un « s » final au pluriel.

| ancienne orthographe | nouvelle orthographe |
|---|---|
| *un compte-gouttes/* | *un compte-goutte/* |
| *des compte-gouttes* | *des compte-gouttes* |
| *un après-midi/* | *un après-midi/* |
| *des après-midi* | *des après-midis* |

### L'accent circonflexe

- Il n'est plus obligatoire sur « i » et « u » :

| ancienne orthographe | nouvelle orthographe |
|---|---|
| *goût* | *gout* |
| *connaître* | *connaitre* |
| *maître* | *maitre* |

- Il est néanmoins conservé dans les terminaisons verbales : *nous vîmes / qu'il sût...*

- Il est conservé également lorsqu'il y a risque de confusion, par exemple : *mûr, sûr, il croît (croître)...*

### Le participe passé du verbe *laisser*

Il est invariable lorsqu'il est suivi d'un infinitif, par exemple : *Elle les a laissé partir.*

### Les anomalies

- Les mots d'une même famille sont harmonisés :

| ancienne orthographe | nouvelle orthographe |
|---|---|
| *boursoufler (souffler)* | *boursouffler (souffler)* |
| *combatif (combattre)* | *combattif (combattre)* |
| *chariot (charrette)* | *charriot (charrette)* |

- Les accents sont conformes à leur prononciation :

| ancienne orthographe | nouvelle orthographe |
|---|---|
| *événement* | *évènement* |
| *je céderai* | *je cèderai* |

MÉTHODOLOGIE

# 1 Les consignes d'un énoncé

**OBJECTIF • Comprendre un énoncé**

## COURS

- Dans toutes les matières, pour réussir un exercice, la première condition est de savoir lire un énoncé.
- Pour **comprendre les consignes**, tu dois :
1. obligatoirement lire plusieurs fois l'énoncé **jusqu'au bout** ;
2. repérer les termes à valeur impérative :
– impératif : **Faites** un résumé dans ce texte ;
– infinitif : **Faire** un résumé de ce texte ;
– futur : Vous **ferez** un résumé de ce texte ;
3. délimiter les différentes étapes (ou temps) d'un exercice ;
4. établir l'ordre dans lequel tu dois effectuer ces étapes.

## MÉTHODE

- **Savoir lire un énoncé**

**Énoncé**
[Classez dans un tableau, selon leur groupe, les verbes conjugués du texte] [que vous aurez tout d'abord soulignés.]

**Analyse**
- On relève d'abord les termes à valeur impérative : classez ; vous aurez […] soulignés.
- L'exercice doit donc être exécuté en deux phases ; celles-ci sont mises entre crochets.
- L'ordre dans lequel tu dois travailler est l'inverse de celui que présente l'énoncé, comme le signale l'expression « tout d'abord ».

**Conclusion**
Tu dois donc :
1. souligner les verbes ;
2. classer les verbes selon leur groupe.

## EXOS

**1** * Combien de tâches les énoncés suivants demandent-ils d'exécuter ? Coche la bonne colonne du tableau.

|  | 1 tâche | 2 tâches | 3 tâches |
|---|---|---|---|
| **1.** Souligne tous les verbes conjugués du texte, puis indique le groupe auquel ils appartiennent et le temps auquel ils sont conjugués. |  |  |  |
| **2.** Indique sur cette carte de l'Europe le nom de la capitale des pays dont le nom et les frontières apparaissent en rouge. |  |  |  |
| **3.** Après avoir mesuré, avec une règle, la distance en centimètres qui sépare, sur cette carte, Lille et Marseille, tu calculeras, en te servant de l'échelle donnée, cette distance en km. |  |  |  |
| **4.** Dans le texte suivant, deux champs lexicaux dominent : celui de la musique et celui de la nature. Trouve le terme qui appartient aux deux champs lexicaux. |  |  |  |
| **5.** Calcule de deux façons différentes l'expression A = 3 × (5 − 2). |  |  |  |

**2** ** Dans les énoncés ci-dessous :

**1.** souligne les termes à valeur impérative ;

**2.** mets entre crochets les différentes étapes de l'exercice à effectuer ;

**3.** puis numérote les étapes selon l'ordre dans lequel tu dois les effectuer. (Attention : cet ordre peut être différent de celui dans lequel l'énoncé les présente.)

☐ **a.** Relevez dans le texte suivant les verbes conjugués. Tracez une flèche entre le verbe et son sujet avant de reporter les infinitifs dans un tableau selon leur groupe.

☐ **b.** Soulignez en rouge les propositions subordonnées après avoir encadré le mot subordonnant.

☐ **c.** Employez dans une phrase où il sera sujet, chaque groupe nominal que vous aurez préalablement enrichi.

☐ **d.** Soulignez les procédés comiques que vous classerez dans un tableau selon qu'ils appartiennent au comique de situation ou au comique de mots.

☐ **e.** Remplissez le tableau suivant après avoir souligné les mots ou expressions décrivant le caractère et le physique de Cosette.

**3** *** Voici le travail d'un élève. Observe attentivement ses réponses. Essaie de retrouver quelle est la question qui lui a été posée. A-t-il bien répondu ? Coche la bonne réponse.

Le médecin sortit son stéthoscope et ausculta le petit malade. La mère, elle, observait la scène. L'enfant respirait péniblement et des taches rouges recouvraient tout son corps.

| Sujet | COD |
|---|---|
| Le médecin | son stéthoscope |
| La mère | le petit malade |
| L'enfant | la scène |
| Des taches rouges | tout son corps |

Question posée : ..................................................
...........................................................................
...........................................................................
...........................................................................

L'élève a bien répondu :

☐ oui     ☐ non

GRAMMAIRE

# 2 Les classes de mots

**OBJECTIF** • Reconnaître la nature grammaticale des mots

## COURS

- **Le verbe** exprime une action ou un état et s'accorde avec le sujet.
- **Le nom** désigne un être, une chose ou une notion abstraite : un homme, une table, la liberté.
- **Le pronom** remplace le nom. Il existe plusieurs catégories de pronoms :
  – pronoms personnels : *je, tu, il,… , me, te, se…* ;
  – pronoms relatifs : *qui, que, quoi, dont, où…* ;
  – pronoms possessifs : *le mien, la mienne, le tien…* ;
  – pronoms démonstratifs : *celui, celle…* ;
  – pronoms interrogatifs : *qui ?…*
- **Le déterminant** introduit les noms ou groupes nominaux (GN).
  Il en existe plusieurs catégories :
  – articles : *le, la, les, un, une, des, du…* ;
  – déterminants démonstratifs : *ce, ces, cette* ;
  – déterminants possessifs : *mon, ma, ton, ta, son, sa…* ;
  – déterminants interrogatifs et exclamatifs :
  *que… ? quel… !*
- **L'adjectif** accompagne le nom avec lequel il s'accorde en genre et en nombre.
- **L'adverbe** donne une information concernant le verbe : Il combat **courageusement**.

- **La préposition** introduit un complément : *à, de, par, dans, avant…*
- **La conjonction** réunit deux mots ou deux propositions de même nature :
  – conjonction de coordination : *mais, ou, et, donc, or, ni, car.*
  – conjonction de subordination introduisant une proposition subordonnée : *quand, lorsque, bien que, parce que…*

## MÉTHODE

- **Distinguer un nom et un verbe**
  - Pour reconnaître un nom, vérifie si le mot est précédé d'un déterminant :
  Une **pousse** apparaissait sur la branche. Ici, *pousse* est un nom.
  - Pour reconnaître un verbe, vérifie si on peut changer le temps :
  Le vent **pousse** les feuilles mortes. Ici *pousse* est un verbe : le vent poussait…

- **Distinguer un adverbe et un adjectif**
  - L'adverbe accompagne un verbe : Il parle **fort**.
  - L'adjectif qualifie un nom : Pierre est **fort**.

# EXOS

**1** Dans ces listes de mots appartenant à la même classe, souligne le ou les intrus.

1. marcher – retenir – aboyer – <u>vendre</u> – étranger – humilier – loyer
2. heureusement – divinement – courageusement – ameublement – <u>violemment</u>

**2** Inscris les mots soulignés dans le tableau et coche la case correspondant à la classe de mots à laquelle ils appartiennent.

1. Ce <u>scientifique</u> possède un <u>savoir</u> très étendu.
2. La <u>marche</u> est un sport agréable.
3. Il s'est livré à une expérience <u>scientifique</u> dangereuse.
4. Je <u>marche</u> vite : je <u>parcours</u> huit kilomètres en une heure.
5. Le <u>parcours</u> que l'autobus effectue fait un long détour.
6. Il respire <u>fort</u> quand il dort.
7. Cette <u>tâche</u> est au-dessus de mes forces.
8. C'est un homme <u>fort</u> : il fait de la musculation.
9. <u>Tâche</u> de t'appliquer : cet exercice exige de la concentration.

| Mots soulignés | Verbe | Nom | Adj. | Adv. |
|---|---|---|---|---|
| 1. scientifique savoir | | α α | | |
| 2. marche | | α | | |
| 3. scientifique | | | α | |
| 4. marche parcours | α | | | |
| 5. parcours | | α | | |
| 6. fort | | | | α |
| 7. tâche | | α | | |
| 8. fort | | | α | |
| 9. Tâche | α | | | |

**3** Classe les mots suivants dans les cases selon qu'ils appartiennent à la classe des noms, adjectifs, verbes à l'infinitif ou conjugués, adverbes.

demande – peureux – vert – laboureur – mange – fort – savoir – rose – regarder – cours – généreusement – hurlement

**Attention !** Un même mot peut appartenir à deux classes différentes. Dans ce cas, tu dois l'inscrire dans l'une ou l'autre intersection.

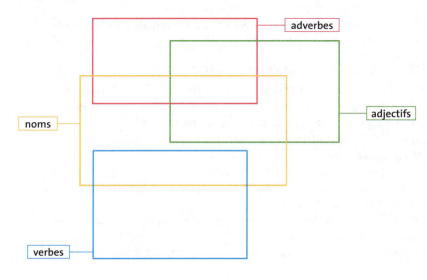

*Livret de corrigés p. 2*

ORTHOGRAPHE

# 3 Les homonymes

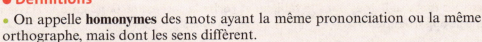

**OBJECTIF** • Orthographier correctement les homophones

## COURS

### • Définitions
- On appelle **homonymes** des mots ayant la même prononciation ou la même orthographe, mais dont les sens diffèrent.
- Les **homographes** sont des mots ayant la même orthographe mais pas forcément la même prononciation.

La façade du **couvent** est très décorée. / Les poules **couvent** un œuf.

- Les **homophones** sont des mots dont la prononciation est identique, mais pas l'orthographe.

J'aime regarder la **mer**. / Sa **mère** est gentille.

### • L'accent
Il arrive que seul un accent permette de distinguer deux homographes. Au cours de l'histoire de la langue, un accent a été volontairement ajouté pour que des homographes puissent être distingués : Il va **à** l'école. / Il **a** mangé.
Autre exemple : Il part **dès** l'aube. / Il regarde **des** enfants jouer.

## MÉTHODE

### • Distinguer les homophones par leur classe
Pour distinguer des homophones et bien les orthographier, il faut comprendre à quelle classe grammaticale les mots appartiennent.
**Sa** est un déterminant possessif / **ça** est un pronom démonstratif équivalent à *cela*.
**Sur** est une préposition / **sûr(e)** est un adjectif.

### • Distinguer les homophones par substitution
Pour distinguer des homophones, on peut faire des substitutions.
- Pour reconnaître un verbe, on le conjugue à un autre temps :

C'**est** moi qui **ai** accepté. / C'**était** moi qui **avais** accepté.
→ La conjugaison est possible : donc *est* est un verbe.
Paul **et** toi êtes arrivés tard.
→ La conjugaison est impossible : donc *et* n'est pas un verbe.
- Pour reconnaître un adjectif, on le remplace par un autre adjectif :

Il est **sûr** de lui. / Il est **content** de lui.
→ Le remplacement est possible : donc *sûr* est un adjectif.
Il avance **sur** la route.
→ Le remplacement est impossible : donc *sur* n'est pas un adjectif.

# EXOS

**1** ★ **Complète les phrases en choisissant l'un des homonymes de chaque liste.**

**1. des – dès – dés**

**a.** ………. fleurs couvrent les branches du cerisier ………. l'arrivée du printemps et nous cueillons ………. fruits ………. qu'ils sont bien mûrs.

**b.** Il jeta les ………., ferma les yeux et pria pour qu'un 6 sortît. ………. qu'il entendit ………. camarades s'exclamer, il ouvrit les yeux : les 4 ………. s'ornaient d'un 6 !

**2. sur – sûr – sûre**

………. de son bon droit, Jérôme pénétra dans le bureau de son chef, posa ………. lui un regard de triomphe et jeta son tablier ………. le sol. Il était ………. et certain que quelqu'un l'avait manipulé.

**3. a – as – à**

**a.** ……….-tu remarqué combien Marie ………. maigri ? Elle n'………. plus que la peau sur les os.

**b.** Nous avons rencontré Rifka ………. Marrakech. Elle ………. été généreuse et nous ………. accueillis ………. bras ouverts.

**4. près – prêt – prête**

**a.** Le chat se tenait ………. du trou, ………. à attraper l'animal qui en sortirait.

**b.** Es-tu ………. Antoine ? Dépêche-toi, je t'attends ………. du portail !

**5. plutôt – plus tôt**

« Viens vers 18 heures », lui dit Fantine. « Non, je viendrai ………., répondit Sonia. Vers 15 heures, ………………., car j'ai un rendez-vous à 18 heures. »

**6. l'ai – les**

**a.** ………. as-tu trouvées ? Je ………. ai laissées dans ta chambre.

**b.** Je ………. surpris, endormi, la tête posée parmi ………. cubes avec lesquels il jouait.

**2** ★★ **Même exercice.**

**1. ni – n'y – nid**

**a.** ………. va pas ! Tu ne verras ………. Papy ………. Mamie. Tu risques de ………. trouver qu'un ………. de vipères : les cousins que tu détestes ………. seront pas tous mais presque !

**b.** « ………. a-t-il pas quelqu'un ici ? » Il n'entendit rien : ………. réponse ………. aucun bruit.

**c.** Je sais, je sais ! Tu ………. peux rien ! ………. toi ………. ta sœur ………. pouvez rien.

**2. sans – c'en – s'en**

**a.** « ………. est fait de moi », songea le chevalier face au dragon. Pourtant il sortit du combat ………. une égratignure. Il ………. félicita.

**b.** Il marchait ………. regarder où il mettait les pieds ; il ………. repentit quand il tomba.

**3. si – s'y – ci**

**a.** Il était dans l'allée devant la tombe, ………. accroupit et lut : ……….-gît un pauvre diable. Il fut ………. étonné qu'il resta bouche bée. Une telle formule : il ne ………. était pas attendu !

**b.** ………. tu rentres tard, prends tes clefs, je suis ………. fatigué que je risque de ne pas t'entendre frapper.

**4. on – on n'**

………. a frappé, mais ………. a entendu personne. Alors ………. a poussé la grille. ………. avait pas l'intention de se montrer grossier, ………. avait juste envie de se reposer un peu sur l'herbe.

**3** ★★★ **Choisis la forme qui convient dans les listes proposées entre parenthèses.**

Farid aperçut un (peu – peut – peux) ………. de (cent – s'en – sans – sang – c'en) ………. (sur – sûr(e)) ………. (ses – ces – c'est – s'est) ………. baskets. « (Cent – S'en – Sans – Sang – C'en) ………. (ai – es – est – et) ………. fini de mes belles baskets, (ce – ceux – se) ………. lamenta-t-il. (Et – Ai – Es – Est) ………. maman va me gronder. » Il (ce – ceux – se) ………. demanda (ou – où) ………. il avait bien pu (ce – ceux – se) ………. tacher.
Il était (sur – sûr) ………. de ne pas avoir saigné. Tout (a – as – à) ………. coup, il comprit : (ce – ceux – se) ………. n'était pas du (cent – s'en – sans – sang – c'en) ………. ! (Ses – Ces – C'est – S'est) ………. en cueillant des (murs – mûrs – mûres) ………. qu'il (s'était – c'était) ………. taché !

# GRAMMAIRE

# 4 La phrase complexe

**OBJECTIF** • Reconnaître les différentes propositions subordonnées

## COURS

Il faut distinguer la **proposition principale** des **propositions subordonnées**.

### ● La proposition subordonnée relative
- Elle est introduite par un **pronom relatif** : *qui, que, quoi, dont, où, lequel*…
- Elle détermine le nom qu'elle a pour antécédent et appartient au GN.
Le livre **dont vous m'avez parlé** est intéressant.

### ● La proposition subordonnée conjonctive
Elle est introduite par une **conjonction de subordination** :
– *quand, dès que, parce que, afin que, bien que*… quand elle est circonstancielle ;
**Dès que le jour se lève**, les randonneurs quittent le refuge.
– *que* quand elle est COD et complète un verbe de déclaration, de perception, d'opinion (*croire, dire, penser, estimer, entendre*…), ainsi que les verbes exprimant la volonté, l'ordre (*vouloir, exiger, attendre*…).
Je crois **que son père est maçon.**

### ● La proposition subordonnée interrogative
- Elle permet de faire passer une interrogation directe en interrogation indirecte.
- Elle complète des verbes exprimant un questionnement (*(se) demander*…) ou une ignorance (*ne pas savoir, ignorer*…).
- Elle est introduite par :
– la conjonction *si* : Paul viendra-t-il ? → Je me demande **si** Paul viendra.
– un adverbe interrogatif : Comment va Luc ? → Il ignore **comment** Luc va.
– un déterminant interrogatif : Quelle heure est-il ? → Je me demande **quelle** heure il est.

## MÉTHODE

### ● Délimiter les propositions
Le nombre de verbes conjugués permet de délimiter les propositions.

| Je **pense** | que Paul **a compris**. | L'enfant | qui **chante** | **semble** joyeux. |
|---|---|---|---|---|
| prop. ppale | prop. subordonnée | prop. ppale | prop. subordonnée | prop. ppale |

### ● Ne pas confondre *que* pronom relatif et *que* conjonction de subordination

- Le pronom relatif *que* remplace un nom : il a donc un sens et une fonction grammaticale.
L'homme **que j'observe** semble bizarre.
  prop. subordonnée relative :
  *que* remplace *l'homme* et est COD du verbe *observe*

- La conjonction de subordination *que* est un simple outil.
Il croit **que papa est occupé**.
  prop. subordonnée conjonctive :
  *que* relie simplement les deux propositions

# EXOS

**1** Quelle est la nature de *que* dans les phrases suivantes ? Coche la bonne colonne du tableau.

|  | Pronom relatif | Conjonction de subordination |
|---|---|---|
| 1. Je pense que nous irons pique-niquer demain. |  |  |
| 2. Éric, que je vois tous les dimanches, est très drôle. |  |  |
| 3. Mon père, que j'ai revu récemment, a perdu la mémoire. |  |  |
| 4. La colline qui domine la ville et que nous arpentons souvent est parfumée au printemps. |  |  |
| 5. Sandrine pensait que son devoir était réussi. |  |  |

**2** Délimite les différentes propositions par des crochets, puis souligne en bleu les propositions relatives, en rouge les propositions subordonnées conjonctives, en vert les propositions subordonnées interrogatives.

1. Il se demanda toute la journée comment il avait pu se perdre malgré son sens de l'orientation.
2. Il soupira d'aise : son cousin que l'ambition dévorait s'en allait enfin !
3. Céline ne savait vraiment pas pourquoi Franck ne lui parlait plus.
4. Marie n'avait jamais imaginé que sa sœur bouderait aussi longtemps.
5. Quand elle aura fini de déménager, tout ira mieux.

**3** Remplace chaque GN complément circonstanciel en gras par une proposition subordonnée conjonctive de même sens.

1. **Le soir,** la ville allume les lampadaires.
...................................................................
...................................................................

2. **Dès la sonnerie du réveil,** il saute de son lit.
...................................................................
...................................................................

3. Les caves sont inondées **en raison du violent orage.**
...................................................................
...................................................................

4. **Malgré son grand âge,** il reste sportif.
...................................................................
...................................................................

**4** Remplace chaque groupe en gras par une proposition subordonnée conjonctive de même sens.

1. Je crois **à sa réussite.**
...................................................................
...................................................................

2. J'entends **le claquement de la pluie sur le toit de la voiture.**
...................................................................
...................................................................

3. Le Président annonce **une augmentation des prix.**
...................................................................
...................................................................

4. Les fans attendent **la sortie de leur chanteur préféré.**
...................................................................
...................................................................

GRAMMAIRE

# 5 Le groupe nominal

**OBJECTIF** • Reconnaître les constituants d'un GN

## COURS

Le GN regroupe le nom, son déterminant ainsi que les expansions du nom qui enrichissent ce dernier.

### ● Les déterminants
Aux déterminants étudiés en 6e, s'ajoutent :
- les **déterminants numéraux cardinaux** : ils définissent un nombre exact (**dix-huit** élèves, **quatre** pommes…) et sont invariables (sauf **vingt** et **cent**) ;
- les **déterminants numéraux ordinaux** : ils précisent le rang (le **premier** jour, la **douzième** ligne…) et s'accordent en genre et en nombre avec le nom qu'ils accompagnent.

### ● L'expansion du nom
Elle peut être :
- un adjectif épithète : L'élève **studieux**…
- un participe passé ou un adjectif épithète détachée (c'est-à-dire séparé du nom par une virgule) : **Assis à son bureau,** l'élève…
- un complément de détermination : L'élève **de Terminale**…
- une proposition subordonnée relative : L'élève **dont les résultats sont en progrès**…

## MÉTHODE

### ● Orthographier les déterminants numéraux
**● Le pluriel de *vingt* et *cent***
*Cent* et *vingt* prennent un *-s* quand ils sont multipliés et s'ils ne sont pas suivis par un autre chiffre : cent pommes, deux-cent**s** pommes mais deux-cent-trois pommes ; vingt ballons, quatre-vingt**s** ballons mais quatre-vingt-trois ballons.

**● Le trait d'union**
Les **numéraux composés** prennent toujours un trait d'union : soixante-dix-huit, vingt-et-un, quatre-cent, cent-soixante-treize…

### ● Reconnaître un groupe nominal
● Un GN peut être enchâssé dans un autre GN.
[La femme dont j'ai connu [le dernier fils]] est gravement malade.

[ ] = délimitation d'un GN
— = nom
— = expansion du nom

● N'oublie pas d'accorder les participes passés ou adjectifs quand ils sont épithètes détachées.
Abandonn**és** par des maîtres ingrats dont la cruauté n'avait pas de borne, les chatons miaulaient.

## EXOS

**1** *Écris en lettres les nombres suivants.

1. 427 : ....................................................................
2. 71 : ......................................................................
3. 800 : ....................................................................
4. 722 : ....................................................................
5. 97 : ......................................................................
6. 1 900 : .................................................................
7. 612 : ....................................................................

**2** *Enrichis les noms en respectant les consignes.

1. une robe (deux adjectifs épithètes) :
....................................................................

2. un bruit (complément de détermination) :
....................................................................

3. l'enfant (participe passé épithète détachée) :
....................................................................

4. un navire (adj. épithète + prop. sub. relative) :
....................................................................

5. le manteau (adj. épithète + compl. de détermination) :
....................................................................

6. les spectateurs (participe passé épithète détachée + adj. épithète + prop. sub. relative) :
....................................................................

**3** ** Accorde, quand il le faut, les adjectifs et les participes passés épithètes détachées.

1. **Irrité**................ par le bruit incessant que faisaient les deux enfants depuis le début de l'après-midi, Marie les chassa dans le jardin.

2. **Assommé**................ par la chaleur des tropiques, les deux vacanciers s'endormirent sur la plage **ombragé**................ par les cocotiers.

3. **Attentif**................ à tous les bruits, le visage **tendu**................ et les muscles **bandé**................, les policiers s'avancèrent dans le couloir sombre.

4. **Endormi**................ par le chant que fredonnait sa mère, l'enfant respirait calmement.

5. **Arrivé**................ tôt, Sophie et Georges attendirent dans le jardin que leurs parents se réveillent.

**4** *** Souligne les noms et reporte les expressions dans le tableau ci-dessous en cochant la case correspondant à leur catégorie grammaticale.

1. Le chien qui gardait la propriété aboya furieusement.

2. Le vase de Chine a été brisé par Marc.

3. Appuyée à la balustrade de son balcon, la jeune femme qui fumait rêvassait.

4. L'homme dont le chapeau était rabaissé sur le front marchait rapidement dans la rue sombre.

| Expansions du GN | Adjectif épithète | Participe passé ou adjectif épithète détachée | Complément de détermination | Proposition subordonnée relative |
|---|---|---|---|---|
| .................................... | | | | |
| .................................... | | | | |
| .................................... | | | | |
| .................................... | | | | |
| .................................... | | | | |
| .................................... | | | | |
| .................................... | | | | |
| .................................... | | | | |

*Livret de corrigés p. 3*

# 6 L'accord de l'adjectif

ORTHOGRAPHE

**OBJECTIF** • Accorder les adjectifs en genre et en nombre

## COURS

L'adjectif s'accorde en genre et en nombre avec le nom qu'il accompagne.

### ● Accord en genre

• Certains adjectifs ont la même forme au masculin et au féminin : un chapeau pratique, une casquette pratique (confortable, rare...).

• L'opposition entre le masculin et le féminin peut n'être marquée qu'à l'écrit. Dans ce cas, la marque du féminin à l'écrit est *-e*.
Adjectifs terminés par : – une voyelle : un joli manteau, une jolie robe ;
– le son [r] : un lit dur, une chaise dure.
Appartiennent à cette série : extérieur, inférieur, intérieur, majeur, meilleur, mineur, postérieur, supérieur.
Adjectifs terminés par : *-c* → *-que* : public–publique ;
*-l* → *-lle* : nul–nulle ;
*-t* → *-tte* : coquet–coquette.

• L'opposition peut être marquée à l'oral comme à l'écrit :
grand–grande ; paresseux–paresseuse ; long–longue ; brun–brune ; blanc–blanche ; séducteur–séductrice ; menteur–menteuse...

### ● Accord en nombre

La marque du pluriel est *-s*, mais :

• Certains adjectifs ont la même forme au masculin singulier et au pluriel. C'est le cas des adjectifs en { *-x* : heureux, peureux, doux ;
{ *-s* : gras.

• Les adjectifs beau, jumeau, nouveau, hébreu ont un pluriel en *-x*.

• Les adjectifs en *-al* ont un pluriel en *-aux* : amical–amicaux sauf bancal, fatal, glacial, natal, naval qui ont un pluriel en *-als*.

### ● Les adjectifs de couleur

L'adjectif de couleur est invariable :
– quand il est issu d'une chose dont la couleur est caractéristique (sauf rose, bien que l'adjectif vienne de la fleur) : des chaussettes **orange**, des robes **cerise** ;
– quand il est précisé par un 2ᵉ adjectif : des chemises **jaune pâle**, des sapins **vert foncé**.

## MÉTHODE

### ● Bien accorder l'adjectif

• Dans un groupe nominal, tu dois veiller à accorder **tous** les adjectifs.
Les gentils petits enfants blonds étaient attentifs.

• Si tu hésites sur la terminaison d'un adjectif au masculin, pense au féminin.
muet (car muette), gras (car grasse), étranger (car étrangère).

## EXOS

### 1. Complète les phrases suivantes en accordant correctement les adjectifs proposés entre parenthèses.

1. Marie a offert deux chemises (*blanc*) .................... à pois (*rose*) (*vif*) .................... .
2. Ces chaussettes (*marron*) .................... ne me plaisent pas, je préfère la paire (*bleu*) .................... .
3. Cette robe (*blanc*) (*cassé*) .................... te va à ravir.
4. Ces jupes (*noir*) .................... seront portées avec des chemises (*rouge*) (*éclatant*) .................... par les musiciennes lors du concert.
5. Ces meubles (*orange*) .................... sont affreux !
6. Ces vestes (*crème*) .................... sont parfaites pour les beaux jours !
7. Elle posa ses yeux (*émeraude*) .................... sur lui.
8. Cette voiture (*bleu*) (*foncé*) .................... me plaît.

### 2. Parmi les adjectifs proposés, choisis ceux qui conviennent pour compléter chacune des phrases suivantes.

1. beau – belle – bel – belles – beaux
C'est un .................... édifice entouré de .................... statues et de .................... parterres de fleurs.

2. vieux – vieille – vieil – vieilles
Ce .................... homme s'efforce malgré son âge de soutenir sa .................... femme quand elle se déplace : c'est un .................... couple charmant.

3. nouveau – nouvelle – nouvelles – nouvel – nouveaux
La .................... année est arrivée ! Chacun veut prendre de .................... résolutions, se lance dans de .................... projets ; chacun souhaite entamer une .................... vie. Toutes ces promesses seront bien vite oubliées ! Mais c'est un rituel du .................... An !

### 3. Replace ces adjectifs dans le texte : bleue – gris – sombres – noirs – fleuries – noir – vives.

Depuis plusieurs heures déjà, Marie déambulait dans le dédale du marché aux Puces et fouillait dans des cartons pleins de vêtements aux couleurs .................... ou .................... . Elle essaya quelques gilets ...................., une robe ...................., des chemises .................... et enfin se laissa séduire par un chapeau .................... entouré d'un ruban .................... .

### 4. Dans le texte suivant, souligne les adjectifs et corrige les fautes d'accord, s'il y en a.

Les nouveaux élèves attendaient dans la cour après avoir franchi le grand portail bleue. Les conversations étaient tantôt gais tantôt anxieuse. Le Principal, un homme grand et carré, s'avança au milieu des élèves et fit un geste théâtral pour demander le silence. Le joyeu brouhaha cessa aussitôt : les regards attentif, timide ou excitées se tournèrent vers le visage barbu du Principal.

### 5. Construis un GN masculin en reprenant l'adjectif utilisé dans le GN féminin. Attention à la lettre finale !

Ex. : une crème fraîche – un gâteau frais

1. une joue arrondie
2. une enfant pâlotte
3. une pâte molle
4. une rue interdite
5. une robe salie
6. une assemblée dissoute
7. une chevelure rousse
8. une peau douce
9. une séance publique
10. une pièce unique
11. une potion amère
12. une plante verte

### 6. Relie chaque adjectif au(x) nom(s) qu'il peut qualifier.

homme •

femme •

- habile
- efficace
- glaciale
- célèbre
- public
- énergique

# 7 Les degrés de l'adjectif

**GRAMMAIRE**

**OBJECTIF** • Distinguer comparatif et superlatif

## COURS

### ● Le comparatif

● Il permet de comparer deux éléments grâce à un adjectif précédé d'un adverbe d'intensité. Trois formes existent :
– le comparatif d'**infériorité** : la pièce est **moins sombre** ;
– le comparatif d'**égalité** : la pièce est **aussi sombre** ;
– le comparatif de **supériorité** : la pièce est **plus sombre**.

● Le **complément du comparatif** désigne l'élément par rapport auquel se fait la comparaison.
Il est introduit par *que* : Cette pièce est plus sombre **que l'autre**.

### ● Le superlatif relatif

● Il se compose d'un déterminant, d'un adverbe d'intensité et d'un adjectif. Deux formes existent :
– le superlatif relatif de **supériorité** : **le plus grand** (de tous) ;
– le superlatif relatif d'**infériorité** : **le moins grand** (de tous).

● Il exprime le degré le plus haut ou le plus bas d'une qualité par rapport à un ensemble, exprimé ou non.
Quand l'ensemble est exprimé, il s'agit du **complément du superlatif** : Il est l'élève le plus agréable **de la classe**.

### ● Le superlatif absolu

Il exprime une qualité à son plus haut degré, sans comparaison avec autre chose. Il se construit grâce à un adverbe d'intensité : Il est **extrêmement gentil**.

## MÉTHODE

### ● Reconnaître les comparatifs et les superlatifs irréguliers

Certains adjectifs ont un comparatif et un superlatif de supériorité irréguliers.

| Adjectif | Comparatif de supériorité | Superlatif de supériorité |
|---|---|---|
| bon | meilleur | le meilleur |
| mauvais | pire | le pire |
| petit | moindre | le moindre |

## EXOS

**1** * Complète les comparatifs suivants avec l'adverbe d'intensité qui convient. Souligne : en bleu ceux qui expriment la supériorité, en vert ceux qui expriment l'égalité, en rouge ceux qui expriment l'infériorité.

**1.** Ces deux enfants me paraissent ..................... turbulents l'un que l'autre.
**2.** Les pamplemousses sont .................. amers que les oranges.
**3.** Les oranges sont .................. acides que les citrons.
**4.** Les élèves trouvent souvent .................. agréable de bavarder que de travailler.
**5.** Un chien est .................. heureux dans une maison que dans un petit appartement.
**6.** Il fait .................. froid que je ne le pensais, je me suis trop couverte.

**2** * Classe les phrases suivantes en ordre croissant selon le degré d'intensité de l'adjectif.

**1.** Il s'est montré extrêmement chaleureux.
**2.** Cette pièce est vraiment peu chaleureuse.
**3.** Cet homme m'a paru assez chaleureux.
**4.** Ce chalet est fort chaleureux.

**Ordre :** ............................................................................

**3** ** Construis une phrase comparant les deux éléments proposés à l'aide des adjectifs au comparatif entre parenthèses.

**1.** cigale / fourmi (comparatif de supériorité)
............................................................................
............................................................................
**2.** chêne / roseau (comparatif d'infériorité)
............................................................................
............................................................................
**3.** rose / tulipe (comparatif d'égalité)
............................................................................
............................................................................
**4.** chien / chat (comparatif d'infériorité)
............................................................................
............................................................................

**4** ** Complète les phrases suivantes en mettant les adjectifs entre parenthèses au superlatif de supériorité ou d'infériorité.

**1.** Parmi les musiciens, Mozart n'est-il pas (*connu*) ..................................................... ?
**2.** Certains airs qu'il a composés sont parmi (*célèbre*) ............................................ qui existent.
**3.** L'araignée fait partie des insectes (*apprécié*) ............................................................................ .
**4.** Il est déjà arrivé ! C'est le coureur (*rapide*) ............................................................. du groupe.
**5.** Antoine est (*paresseux*) ..................................................... de la classe, il s'est mis au travail alors que les autres préféraient bavarder encore un peu.

**5** *** Construis une phrase avec chaque adjectif proposé en respectant le degré indiqué entre parenthèses.

**1.** délicieux (superlatif absolu)
............................................................................
............................................................................
**2.** grand (comparatif de supériorité)
............................................................................
............................................................................
**3.** avare (superlatif relatif d'infériorité)
............................................................................
............................................................................
**4.** célèbre (comparatif d'égalité)
............................................................................
............................................................................
**5.** féroce (superlatif relatif de supériorité)
............................................................................
............................................................................
**6.** drôle (superlatif absolu)
............................................................................
............................................................................
**7.** facile (comparatif d'infériorité)
............................................................................
............................................................................

*Livret de corrigés p. 3*

# 8 — Les GN compléments dans la phrase

GRAMMAIRE

**OBJECTIF** • Distinguer complément circonstanciel et complément d'agent

## COURS

### ● Les compléments circonstanciels (CC)

Ils sont le plus souvent facultatifs et déplaçables. Ils indiquent les **circonstances** de l'action (temps, lieu ou manière) ou :
– la **cause** : **En raison de la pluie**, le match a été interrompu.
– le **but** : Il s'entraîne **pour réussir son examen**.
– la **conséquence** : Il neige **au point de retarder notre départ**.

### ● Le complément d'agent

● Le mot *agent* appartient à la famille étymologique de *agir*, *agissement*…

● Dans une phrase à la voix passive, le complément d'agent indique celui qui fait l'action subie par le sujet du verbe.
L'homme a été renversé **par une voiture**.

● Il est introduit par *par* ou *de*.
Il est aimé **par** ses parents / **de** ses parents.

## MÉTHODE

### ● Comprendre la relation entre cause et conséquence

Cause et conséquence sont inséparables car elles représentent les deux faces complémentaires d'une relation entre deux faits : toute cause a une conséquence, toute conséquence a une cause. La phrase met l'accent sur l'un ou l'autre aspect.
Il neige **au point de retarder notre départ**. → L'accent est mis sur la conséquence.
Notre départ a été retardé **à cause de la neige**. → L'accent est mis sur la cause.

### ● Exprimer la cause

● Par une conjonction de coordination : Je reste chez moi **car** il pleut.
● Par une proposition subordonnée conjonctive : Je reste chez moi **parce qu'il pleut**.

### ● Exprimer la conséquence

● Par une conjonction de coordination : Il pleut **donc** je ne sors pas.
● Par une proposition subordonnée conjonctive : Il pleut **si bien que je ne sors pas**.

### ● Reconnaître le complément d'agent

Ne pas confondre le complément d'agent avec d'autres compléments introduits par les mêmes prépositions :
● le CCL : Il est tombé **par la fenêtre.** / **De ma fenêtre**, j'observe la rue.
● le CC de manière : Je l'ai rencontré **par hasard**.
● le COI : Il parle **de son travail**.

## EXOS

**1** Quelle est la fonction des compléments en gras ? Coche la bonne colonne du tableau.

| | CCL | CC de manière | Compl. d'agent | COI |
|---|---|---|---|---|
| 1. Il est sorti **par la porte du garage**. | | | | |
| 2. Ce livre a été lu **par des millions de personnes**. | | | | |
| 3. Il n'a pas gagné **par malchance**. | | | | |
| 4. Il se souvient **de ses vacances** avec nostalgie. | | | | |
| 5. Ce chanteur est admiré **de tous**. | | | | |
| 6. Il a reçu des félicitations **de tous les coins de France**. | | | | |

**2** Souligne et identifie les compléments circonstanciels dans les phrases suivantes.

1. En raison du mauvais temps, il n'est pas sorti. → CC de ................
2. Il reste chez lui cet après-midi afin de finir ses exercices de mathématiques. → CC de ................
3. Il s'est cassé le bras en glissant sur une plaque de verglas. → CC de ................
4. De la lucarne du grenier, il observe la lune. → CC de ................
5. Puisque tu es de mauvaise humeur, je m'en vais ! → CC de ................
6. Il a bu un litre d'eau d'un trait tellement il avait soif ! → CC de ................
7. Elle aime tant les roses que tout son jardin en est recouvert. → CC de ................

**3** *Tellement* et *tant* peuvent exprimer la cause ou la conséquence selon la construction de la phrase. Pour chacune des phrases suivantes, coche la bonne réponse.

| | exprime la cause | exprime la conséquence |
|---|---|---|
| 1. Il s'est effondré sur la ligne d'arrivée à la fin de son marathon tant il était fatigué. | | |
| 2. Il s'est tant fatigué lors du marathon qu'il s'est effondré sur la ligne d'arrivée. | | |
| 3. Il était tant affamé qu'il dévora toute la tarte. | | |
| 4. Il dévora toute la tarte tant il était affamé. | | |

**4** Relie les deux faits proposés dans deux phrases distinctes : la 1re phrase doit exprimer la cause, la 2e phrase doit exprimer la conséquence. Varie les moyens d'exprimer cause et conséquence.

**Ex.** : avoir faim / se jeter sur le plat
→ Comme il a faim, il se jette sur le plat.
→ Il avait tellement faim qu'il s'est jeté sur le plat.

1. neiger / descendre la butte en luge
→ ................
→ ................

2. être de bonne humeur / être patient
→ ................
→ ................

3. être en retard / se dépêcher
→ ................
→ ................

# 9 CONJUGAISON
## Les temps composés de l'indicatif et leurs valeurs

**OBJECTIF** • Maîtriser l'expression de l'antériorité

## COURS

### ● Formation

Les temps composés de l'indicatif sont formés avec les auxiliaires *être* ou *avoir* conjugués aux temps simples.

- **Passé composé**
  *être* ou *avoir* au **présent** + participe passé du verbe

- **Plus-que-parfait**
  *être* ou *avoir* à **l'imparfait** + participe passé du verbe

- **Passé antérieur**
  *être* ou *avoir* au **passé simple** + participe passé du verbe

- **Futur antérieur**
  *être* ou *avoir* au **futur** + participe passé du verbe

### ● L'auxiliaire

- Les verbes **transitifs** se conjuguent avec l'auxiliaire *avoir*.
Il **a vu** un loup affamé.
       COD

- Les verbes **intransitifs** se conjuguent soit avec l'auxiliaire *être* soit avec l'auxiliaire *avoir*.
Il **est parti** ce matin. Il **a soupiré** profondément.

- Les verbes **pronominaux** se conjuguent toujours avec l'auxiliaire *être*.
Elle **s'est levée** de bonne heure.

## MÉTHODE

### ● Employer les temps composés

Les temps composés servent à exprimer une action achevée et antérieure à l'action exprimée par le verbe conjugué au temps simple.

- Le **passé composé** exprime l'antériorité par rapport au présent.
Quand il **a fini** de travailler, il **écoute** de la musique.

- Le **plus-que-parfait** exprime l'antériorité par rapport à l'imparfait.
Quand il **avait fini** de travailler, il **écoutait** de la musique.

- Le **passé antérieur** exprime l'antériorité par rapport au passé simple.
Quand il **eut fini** de travailler, il **écouta** de la musique.

- Le **futur antérieur** exprime l'antériorité par rapport au futur.
Quand il **aura fini** de travailler, il **écoutera** de la musique.

# EXOS

**1.** Corrige les erreurs commises dans l'emploi des temps composés.

1. Quand il aura rangé sa chambre, il sortit rendre visite à un ami.
...................................................................
2. Dès que ma moto est réparée, je partirai en balade.
...................................................................
3. Grand-père arrosait ses plantes dès qu'il s'est levé.
...................................................................
4. Il bricole quand il eut fini sa journée de travail.
...................................................................
5. Dès qu'il eut terminé ses devoirs, il téléphonera à son ami pour aller au cinéma.
...................................................................

**2.** Conjugue les verbes suivants au temps composé qui convient. Pour cela, souligne le verbe conjugué au temps simple et sers-toi de la concordance des temps de la rubrique Savoir faire.

1. Il *(achever)* ........................... ses devoirs quand tu arriveras.
2. Tous les soirs, il faisait une partie de poker quand il *(revenir)* ........................... du bureau.
3. Quand le valet *(entendre)* ........................... les consignes, il se retira pour les exécuter.
4. J'ai l'autorisation d'organiser une boum lorsque j'*(obtenir)* ..................... de bons résultats.
5. Il *(ne pas finir)* ............................... les travaux quand le déménagement aura lieu !

**3.** À l'aide des éléments proposés, compose des phrases suivant le schéma ci-dessous.

**Attention !** Choisis, pour chaque exemple, l'un des quatre temps composés vus dans la rubrique Savoir faire. Tu dois employer un temps différent à chaque fois.

> QUAND temps composé + temps simple
> ou
> temps simple + QUAND temps composé

Ex. : Il mange trop vite. / Il a mal au ventre.
→ Quand il a mangé trop vite, il a mal au ventre. (passé composé)
ou → Quand il avait mangé trop vite, il avait mal au ventre. (plus-que-parfait)
ou → Quand il eut mangé trop vite, il eut mal au ventre. (passé antérieur)
ou → Quand il aura mangé trop vite, il aura mal au ventre. (futur antérieur)

1. Il finit son année scolaire. / Il part en vacances.
→ Quand ...................................................................
...................................................................

2. Il travaille mal. / Sa mère le punit.
→ Quand ...................................................................
...................................................................

3. Il se lève. / Il éteint son réveil.
→ ...................................................................
quand ...................................................................

4. Mardi gras arrive. / Ils se déguisent.
→ Quand ...................................................................
...................................................................

ORTHOGRAPHE

# 10 L'accord du participe passé

**OBJECTIF** • Accorder le participe passé selon les auxiliaires

## COURS

### • Avec l'auxiliaire *être*

Le participe passé s'accorde toujours avec le sujet.

<u>Pierre</u> est part**i**.
 sujet

<u>Marie et Fatima</u> sont part**ies**.
      sujet

### • Avec l'auxiliaire *avoir*

Le participe passé est invariable, sauf si le COD est placé avant le verbe. Dans ce cas, le participe passé s'accorde avec le COD.

Karim a mangé <u>une pomme</u>.
                    COD

La pomme <u>que</u> Karim a mang**ée** était sucrée.
              COD

### • Verbes pronominaux

Le participe passé s'accorde avec le sujet, sauf si le verbe est suivi d'un COD.

<u>Elles</u> se sont <u>lavées</u>.
 sujet

Elles se sont lav**é** <u>les cheveux</u>.
                          COD

## MÉTHODE

### • Bien accorder le participe passé

• Tu dois tout d'abord repérer et identifier l'**auxiliaire** :

– s'il s'agit de l'auxiliaire *être*, tu dois repérer le sujet et accorder le participe en genre et en nombre avec le sujet ;

<u>Ils</u> sont tomb**és** amoureux au premier regard.
sujet

– s'il s'agit de l'auxiliaire *avoir*, tu dois repérer le COD et accorder le participe avec le COD si celui-ci est placé avant le verbe. Seuls le pronom relatif et le pronom personnel peuvent être des COD placés avant le verbe.

La femme <u>que</u> j'ai rencontr**ée** est sympathique, je <u>l'</u>ai trouv**ée** charmante.
              COD                                              COD

• Pour les verbes pronominaux, tu dois regarder s'il y a un **COD**.

Ils se sont jeté <u>un regard</u>.
                        COD

# EXOS

**1** Reconstitue le texte en plaçant au bon endroit les participes passés qui ont été déchirés. Prends garde aux marques de genre et de nombre du participe.

................................................................................................
................................................................................................
................................................................................................

**2** Accorde, si besoin est, les participes passés et souligne, dans les phrases utilisant l'auxiliaire *avoir*, le COD quand il y en a un.

**1.** Elles sont arrivé....... tôt ce matin et ont réveillé....... leurs parents qui les ont accueilli....... en les bombardant de questions concernant leur voyage à Pékin. Malgré leur fatigue, elles ont répondu....... de bon cœur.

**2.** Je rangerai les assiettes et les couverts qu'elles auront lavé....... .

**3.** Je reçus la lettre de Marie : elle était arrivé....... à destination, elle avait été émerveillé....... par la végétation.

**4.** Les enfants que j'ai surveillé....... étaient turbulents.

**5.** Ma sœur a regardé....... la télévision toute la soirée.

**6.** Le match qu'ils ont remporté....... était palpitant. Ils ont admirablement joué....... Ils ont mérité....... leur victoire.

**3** Souligne le COD, quand il y en a un, puis transpose les phrases au passé composé.

**1.** Elle se leva et elle se lava les mains.
................................................................................................

**2.** Ils se blessèrent en bricolant une moto : ils se brûlèrent les mains et le visage.
................................................................................................

**3.** Elle s'effondra en apprenant la triste nouvelle.
................................................................................................

**4.** Karim et Fatima se perdirent dans la forêt.
................................................................................................

**5.** Le prisonnier s'échappa.
................................................................................................

**6.** Les élèves se réunirent pour organiser les fêtes de fin d'année.
................................................................................................

**7.** Un coup de feu retentit, les oiseaux s'envolèrent.
................................................................................................

**8.** Les deux guenons se cherchaient des poux.
................................................................................................

CONJUGAISON

# 11 Futur et conditionnel

**OBJECTIF** • Conjuguer et employer futur et conditionnel

## COURS

● **Conjugaison**

| Futur | | | | | | Conditionnel présent | | | | | |
|---|---|---|---|---|---|---|---|---|---|---|---|
| je | tu | il | nous | vous | ils | je | tu | il | nous | vous | ils |
| -rai | -ras | -ra | -rons | -rez | -ront | -rais | -rais | -rait | -rions | -riez | -raient |

Demain, je prendrai…. | S'il faisait beau, j'irais….

● **Cas particuliers**

● Conjugaison des verbes en **-er** : **infinitif entier + terminaison**
parler → je parler-ai | marcher → je marcher-ais

Verbes en **-uer**, **-ouer**, **-yer**, **-ier**, **-éer** : ne pas oublier le **-e** muet.
créer → je créerai | créer → je créerais

Verbes en **-yer** : le **-y** se transforme en **-i** devant le **-e** muet.
appuyer → j'appuier-ai | essuyer → j'essuier-ais

● Cinq verbes et leurs composés doublent le **-r** : *courir* (et *accourir*…), *mourir*, *pouvoir*, *quérir* (et *acquérir*, *conquérir*), *voir* (et *revoir*).
courrir → je courrai | conquérir → je conquerrais

## MÉTHODE

● **Employer le futur**

Pour exprimer :
● une action à venir dont la réalisation est certaine : Demain, je viendrai te voir.
● l'ordre (dans ce cas, il équivaut à un impératif) : Tu rangeras ta chambre dès ton retour.

● **Employer le conditionnel**

Pour exprimer :
● le futur dans le passé :
Le médecin déclare qu'il viendra.
       présent     futur
→ Il déclara qu'il viendrait.
   passé simple  conditionnel

● une action dont la réalisation est soumise à une condition ou un souhait :
Si j'étais riche, je voyagerais.

● une information dont on n'est pas certain :
Un incendie se serait déclaré à la mairie.

● une demande polie :
M'accompagnerais-tu ? Cela me ferait plaisir.

## EXOS

### 1. Conjugue au futur les verbes entre parenthèses.

Papa m'a promis d'être là à 18 h, je suis sûr qu'il *(tenir)* ........................... sa promesse. Il *(arriver)* ........................... à la gare, je *(être)* ........................... là pour l'accueillir. Je le *(voir)* ........................... arriver : il *(bondir)* ........................... du train, *(parcourir)* ........................... à grandes enjambées les quelques mètres qui le *(séparer)* ........................... de moi. Je *(sourire)* ........................... et me *(jeter)* ........................... à son cou, je *(nouer)* ........................... mes bras autour de sa nuque. Je *(pouvoir)* ........................... surprendre son émotion : il *(essuyer)* ........................... furtivement une larme et j'*(appuyer)* ........................... ma tête contre son épaule. Nous *(quitter)* ........................... la gare, heureux.

### 2. ** Transpose le texte suivant au passé.

Le médecin déclare qu'il repassera plus tard et qu'il verra à ce moment l'évolution de la rougeur. Je lui dis que je serai certainement absente mais que le père du malade pourra s'entretenir avec lui. Il m'indique aussi qu'il faudra surveiller la température et que le malade devra boire régulièrement.

### 3. ** Lis le texte suivant.

Si j'étais plante, je ne **voudrais** pas être une de ces plantes utiles. […] Ni avoine, ni blé, ni orge parqués, sans pouvoir en sortir dans un champ […] ni surtout ces légumes soumis et rangés, ces carottes alignées, ces haricots qu'on dirige à la baguette […].
**J'accepterais** encore d'être herbe à tisane, serpolet ou mauve […]. Mais **j'aimerais** mieux être bruyère, gentiane bleue […] sur une lande abandonnée.

Sur le modèle de ce texte de Marie Noël, compose un court texte commençant par :
• Si j'étais oiseau, je **refuserais** d'être canari ou perruche…
• Si j'étais musique, …
• Si j'étais animal, …

### 4. *** Complète les phrases en utilisant le futur ou le conditionnel présent.

1. Demain, je t'*(accompagner)* ........................... à l'aéroport. Tu *(voir)* ........................., je suis sûr que tu *(aimer)* ........................ la Guadeloupe.
2. Si j'étais un animal, je *(vouloir)* ........................ être un dauphin.
3. Mon père m'informa qu'il *(voir)* ........................ mon professeur de mathématiques lors de la réunion.
4. Quand il *(être)* ........................ grand, il *(choisir)* ........................... un métier qui lui *(permettre)* ........................... de voyager.

### 5. *** Indique la valeur du (ou des) conditionnel(s) employé(s) dans chaque phrase en reportant les verbes dans la bonne colonne du tableau.

1. J'accepterais ta proposition si tu avais accepté la mienne hier.
2. Il expliqua à la vieille dame qu'il ne pourrait pas l'aider ce jour-là car il avait cours, mais qu'il le ferait volontiers le lendemain.
3. Les rescapés de l'accident d'avion se trouveraient en sécurité dans une grotte.
4. « Le corbeau, honteux et confus,
   Jura, mais un peu tard, qu'on ne l'y prendrait plus. » (La Fontaine)
5. Paul voudrait que son fils s'investisse plus dans son travail.
6. Pourriez-vous fermer la fenêtre ? Je ne supporte pas les courants d'air.

| Futur dans le passé | Action soumise à une condition / souhait | Information non certaine | Demande polie |
|---|---|---|---|
| .................... | .................... | .................... | .................... |
| .................... | .................... | .................... | .................... |

GRAMMAIRE

# 12 Le subjonctif présent et ses valeurs

**OBJECTIF** • Conjuguer et employer le subjonctif

## COURS

● **Conjugaison**

Pour former le subjonctif présent, on ajoute, au radical du présent de l'indicatif de la 3ᵉ personne du pluriel, les terminaisons suivantes.

| je | tu | il | nous | vous | ils |
|---|---|---|---|---|---|
| -e | -es | -e | -ions | -iez | -ent |

Finir → 3ᵉ pers. de l'indicatif présent : ils finissent.
→ subjonctif présent : que je finisse, que tu finisses, qu'il finisse…

● **Quelques verbes usuels irréguliers**

|  | avoir | être | faire | vouloir | aller | pouvoir |
|---|---|---|---|---|---|---|
| que je/j' | aie | sois | fasse | veuille | aille | puisse |
| que tu | aies | sois | fasses | veuilles | ailles | puisses |
| qu'il | ait | soit | fasse | veuille | aille | puisse |
| que nous | ayons | soyons | fassions | voulions | allions | puissions |
| que vous | ayez | soyez | fassiez | vouliez | alliez | puissiez |
| qu'ils | aient | soient | fassent | veuillent | aillent | puissent |

● **L'emploi du subjonctif**

Alors que l'indicatif est le mode de la réalité et de la certitude, le subjonctif s'emploie :
– pour exprimer le doute, la crainte : *Je ne pense pas **qu'il vienne**.*
– pour exprimer l'ordre, la volonté et l'interdiction : *J'exige **que tu sois** là tôt !*
– pour exprimer le souhait : *J'aimerais tant **qu'il vive** près de chez nous !*
– après certaines conjonctions de subordination : *en attendant que, jusqu'à ce que, avant que, bien que, afin que…*

## MÉTHODE

● **Reconnaître l'indicatif et le subjonctif**

Pour distinguer l'indicatif du subjonctif, il faut remplacer le verbe par *être* :

● verbes du 1ᵉʳ groupe :
Il faut que je **rentre** vite. / Il faut que je **sois** rentré tôt.
→ *rentre* est donc au subjonctif présent.
Je vois que tu **rentres** tôt. / Je vois que tu **es** là tôt.
→ *rentres* est donc à l'indicatif présent.

● autres cas :
Je pense qu'il **court** vite. / Je pense qu'il **est** rapide.
Je doute qu'il **coure** vite. / Je doute qu'il **soit** rapide.

# EXOS

**1.** Conjugue les verbes aux temps et aux personnes demandés.

| Infinitif | Présent de l'indicatif | Présent du subjonctif |
|---|---|---|
| chanter | il ................<br>vous ................ | qu'il ................<br>que vous ................ |
| finir | tu ................<br>ils ................ | que tu ................<br>qu'ils ................ |
| jouer | je ................<br>nous ................ | que je ................<br>que nous ................ |
| venir | nous ................<br>ils ................ | que nous ................<br>qu'ils ................ |
| mourir | il ................<br>ils ................ | qu'il ................<br>qu'ils ................ |
| croire | je ................<br>vous ................ | que je ................<br>que vous ................ |
| être | nous ................<br>ils ................ | que nous ................<br>qu'ils ................ |
| entendre | tu ................<br>il ................ | que tu ................<br>qu'il ................ |

**2.** Conjugue les verbes entre parenthèses au subjonctif présent.

**1.** Ils regrettent que tu (*écrire*) ................ en t'appliquant si peu.

**2.** Ils aimeraient bien que tu (*s'appliquer*) ................ davantage.

**3.** Ils ne pensent pas que tu (*faire*) ................ vraiment exprès d'écrire aussi mal mais ils souhaitent que tu (*progresser*) ................ .

**4.** Il est possible que les chiens (*être*) ................ inquiets. Je voudrais que Papa et toi (*aller*) ................ voir ce qui se passe.

**5.** Paul et Mariette se sont mariés sans que leurs parents (*connaître*) ................ ce projet.

**6.** Bien que les parents en (*vouloir*) ................ à leurs enfants et (*être*) ................ vexés, ils ne leur ont pas fait de reproches.

**7.** Afin que je (*pouvoir*) ................ m'installer, il faut que tu (*nettoyer*) ................ un peu la chambre.

**8.** Son père aimerait qu'elle lui (*dire*) ................ ce qu'elle a sur le cœur.

**3.** Les verbes en gras sont-ils au présent de l'indicatif ou du subjonctif ? Coche la bonne colonne du tableau.

| | Présent de l'indicatif | Présent du subjonctif |
|---|---|---|
| **1.** Ses parents préfèrent que Paul **travaille**, il te rejoindra plus tard. | | |
| **2.** Il faut que tu **trouves** la réponse seul ! | | |
| **3.** Je pense que tu **triches** ! | | |
| **4.** Le père se demande si son fils lui **cache** quelque chose. | | |
| **5.** Il est important que la police **arrête** le coupable. | | |
| **6.** Marie progressera à condition qu'elle **s'entraîne** régulièrement. | | |
| **7.** Je préfère que tu ne **regrettes** rien. | | |

Livret de corrigés *p. 4*

GRAMMAIRE

# 13 Voix active, voix passive

**OBJECTIF** • Reconnaître les voix / Transposer d'une voix à l'autre

## COURS

### ● La voix active

Dans une phrase à la voix active, c'est le **sujet** du verbe qui **fait l'action**.
Le verbe est au **présent actif**.

L'enfant  feuillette  un livre.
sujet  verbe au présent actif

| Temps | Voix active | Voix passive |
|---|---|---|
| présent | il mange | elle est mangée |
| passé simple | il mangea | elle fut mangée |
| futur | il mangera | elle sera mangée |
| imparfait | il mangeait | elle était mangée |
| passé composé | il a mangé | elle a été mangée |
| passé antérieur | il eût mangé | elle eut été mangée |
| futur antérieur | il aura mangé | elle aura été mangée |
| plus-que-parfait | il avait mangé | elle avait été mangée |

### ● La voix passive

● Dans une phrase à la voix passive, le **sujet** du verbe **subit l'action**, et celui qui fait l'action apparaît dans le **complément d'agent**. Le verbe est au **présent passif** :

Le livre  est feuilleté  par l'enfant.
  verbe au présent passif  complément d'agent

**Attention !** Seuls les verbes transitifs directs admettent une construction à la voix passive.

● L'auxiliaire de la voix passive est l'auxiliaire *être*.

### ● Transformation

Le sujet de la voix active devient complément d'agent de la voix passive. Le COD de la voix active devient sujet de la voix passive.

L'enfant .................... feuillette .................... un livre.
sujet   COD

Le livre .................... est feuilleté .................... par l'enfant.
sujet   complément d'agent

## MÉTHODE

### ● Reconnaître le temps du verbe de la voix passive

Le temps d'un verbe conjugué à la voix passive est celui du seul auxiliaire *être*.
La souris **avait été mangée** par le chat. → L'auxiliaire *être* est conjugué au plus-que-parfait. Le verbe *avait été mangée* est donc au plus-que-parfait **passif**.

### ● Distinguer temps composé de l'indicatif et voix passive

L'auxiliaire *être* est commun à la voix active (pour les temps composés de certains verbes) et à la voix passive.
Je suis tombé : passé composé actif. → Je suis bousculé : présent passif.

# EXOS

**1** Parmi les phrases suivantes, lesquelles sont à la voix passive ? Reporte les numéros correspondant dans l'encadré.

1. Un lapin a creusé son terrier dans notre jardin.
2. J'ai été agréablement surpris par cette nouvelle présence.
3. J'ai décidé d'observer les allées et venues de ce nouveau locataire.
4. Hier matin, une carotte a été traînée par mon nouveau voisin jusqu'à son terrier.
5. L'après-midi, une nouvelle carotte a été apportée et enfouie dans le terrier.
6. Le soir, mon père s'est étonné de voir les carottes de son jardin potager disparaître.
7. Je lui ai expliqué où elles disparaissaient.
8. Aujourd'hui, un civet de lapin a été préparé par maman.
9. J'ai compris et j'ai pleuré ! Je n'ai bien évidemment pas mangé !

| Phrases à la voix passive |
|---|
| N° ................................................................. |

**2** À quel temps sont conjugués les verbes au passif des phrases suivantes ?

| | Temps du verbe passif |
|---|---|
| 1. Le fromage sera dévoré par la souris. | |
| 2. Paul avait été surpris par l'averse. | |
| 3. Elle était brisée par le chagrin. | |
| 4. Il fut intrigué par son manège. | |
| 5. Mamie a été agacée par le bruit. | |
| 6. Martin n'aura pas été suivi longtemps par eux. | |
| 7. Il eut certainement été interpellé par la police. | |
| 8. Il est apprécié de ses élèves. | |

**3** Parmi ces compléments en gras souligne en rouge ceux qui sont compléments d'agent d'un verbe à la voix passive.

1. Le furet du bois joli est passé **par ici**, puis **par là**.
2. Je suis trempé **par l'averse**.
3. Les sauterelles se sont abattues **par milliers** sur les champs cultivés et ont tout dévoré.
4. Le parc est traversé **par un ruisseau bordé de fleurs multicolores**.
5. Ma mère est revenue **par le parc**.
6. Le rôle de Robin des Bois sera joué **par Vincent**.

**4** Transpose les phrases suivantes à la voix active. Attention aux temps !

1. Le muret avait été défoncé par la voiture.
→ ................................................................
................................................................
2. Cette succulente salade de fruits a été préparée par Amélie et son petit frère.
→ ................................................................
................................................................
3. Quelques contes ont été composés par lui.
→ ................................................................
................................................................

**5** Transpose les phrases suivantes à la voix passive. Attention aux temps et aux accords du participe passé !

1. J'ai envoyé tous les documents demandés par la mairie ce matin.
→ ................................................................
................................................................
2. Ce projet aura demandé de la patience et de l'obstination.
→ ................................................................
................................................................
3. Il a bon appétit, il engloutit tout ce qu'on lui présente.
→ ................................................................
................................................................
4. Paul avait envoyé des fleurs à sa mère.
→ ................................................................

# 14 · Les modes non personnels du verbe

GRAMMAIRE

**OBJECTIF** • Reconnaître les différentes formes en -ant

## COURS

● **L'infinitif**

● L'**infinitif présent** envisage l'action de manière générale et en cours de réalisation : **Travailler** est nécessaire.

● L'**infinitif passé** envisage une action comme accomplie : Il est puni pour **avoir copié**.

● L'infinitif peut prendre diverses fonctions dans la phrase :
– sujet : **Fumer** est interdit dans les lieux publics.
– COD : J'aime **nager**.
– complément du nom : la joie **de vivre**.

● **Le participe présent**

| Infinitif | Participe présent (forme simple) | Participe présent (forme composée) |
|---|---|---|
| partir | partant | étant parti |
| finir | finissant | ayant fini |
| manger | mangeant | ayant mangé |

● Le participe présent est invariable. Seul le participe passé de la forme composée s'accorde :
J'ai retrouvé les deux petites filles **dormant** profondément. **Étant endormies**, elles ne m'entendirent pas.

● **Le gérondif**

● On appelle **gérondif** la forme verbale constituée par un participe présent précédé de la préposition *en*.

● Il exprime la simultanéité de deux actions et est toujours complément circonstanciel du verbe :
Il a perdu son argent **en jouant** au loto. → CC de cause

## MÉTHODE

● **Distinguer participe présent et adjectif verbal**

● Participe présent et adjectif verbal ont la même forme en **-ant**.

● Le participe présent exprime une **action** et il est **invariable**. L'adjectif verbal exprime un **état** et il s'accorde en **genre et en nombre** :
– une crème **démêlant** les cheveux = participe présent invariable ;
– une crème **démêlante** = adjectif verbal accordé.

● Dans le cas d'un masculin singulier, pour savoir s'il s'agit du participe présent ou de l'adjectif verbal, on remplace par un nom féminin :
– un livre **amusant**, une BD **amusante** → *amusant* est adjectif verbal ;
– un livre **amusant** les enfants, une BD **amusant** les enfants → *amusant* est participe présent.

## EXOS

**1** ★ **Complète les phrases suivantes avec la forme simple ou composée du participe présent.**

**Ex. :** Le sac qui a été retrouvé sur la plage appartient à Cécile. → Le sac **ayant été retrouvé** sur la plage appartient à Cécile.

**1.** Cécile n'a pas retrouvé ses papiers ni son argent, elle a porté plainte pour vol.
→ ................................ ni ses papiers, ni son argent, Cécile a porté plainte pour vol.

**2.** Comme elle porte peu d'argent dans son sac, elle n'a pas perdu grand chose.
→ ................................ peu d'argent dans son sac, elle n'a pas perdu grand chose.

**3.** Le frère de Magali est marié à une Espagnole qui s'appelle Paloma.
→ Le frère de Magali est marié à une Espagnole ................................ Paloma.

**4.** Je ne saurais la décrire précisément parce que je ne l'ai vue qu'une fois voilà longtemps.
→ ................................ qu'une fois voilà longtemps, je ne saurais la décrire précisément.

**5.** Parmi les arbres qui poussent dans mon jardin, on trouve des citronniers.
→ Parmi les arbres ................................ dans mon jardin, on trouve des citronniers.

**6.** La cueillette qui a eu lieu l'année dernière ne pourra jamais être égalée.
→ La cueillette ................................ lieu l'année dernière ne pourra jamais être égalée.

**7.** Les fillettes qui s'étaient aspergées d'eau grelottèrent quand le vent souffla.
→ ................................ d'eau, les fillettes grelottèrent quand le vent souffla.

**8.** La citerne qui contient 400 litres d'eau s'est renversée !
→ La citerne ................................ 400 litres d'eau s'est renversée !

**2** ★ **Accorde si nécessaire.**

**1.** Nous allons à une soirée dansant..... .
**2.** Il faut se méfier des eaux dormant..... .
**3.** Dans cette région pauvre, les habitants n'ont pas l'eau courant..... .
**4.** L'horloge parlant..... est utile si ta montre est en panne.
**5.** Ce film amusant..... fait l'unanimité !

**3** ★★ **Récris les phrases suivantes en remplaçant le groupe en gras par un gérondif.**

**1. Lorsqu'il a chaussé ses skis**, il a glissé et s'est blessé.
→ ................................

**2. Au moment où Marie rentrait chez elle**, elle a rencontré Anne.
→ ................................

**3. Si on regarde souvent des films en VO**, on peut améliorer son anglais.
→ ................................

**4. Parce qu'ils ont confronté différents témoignages**, les policiers ont trouvé un suspect.
→ ................................

**5.** Il sentit quelque chose de gluant **quand il mit sa main dans le sac**.
→ ................................

**6. Si nous nous installons sur la terrasse**, nous verrons bien mieux le feu d'artifice.
→ ................................

**4** ★★★ **Le mot en gras est-il un participe présent ou un adjectif verbal ? Coche la bonne colonne du tableau.**

| | Participe présent | Adjectif verbal |
|---|---|---|
| **1.** C'est un diamant **valant** cher. | | |
| **2.** Le rosier **grimpant** embaume le jardin. | | |
| **3. Connaissant** le problème, il a hésité. | | |
| **4.** Ce fakir **charmant** ses serpents nous a impressionnés. | | |
| **5.** Ce **charmant** garçon est apprécié de tous. | | |

LEXIQUE

# 15 L'histoire et le sens des mots

**OBJECTIF** • Connaître l'étymologie, comprendre la polysémie

## COURS

### ● L'histoire des mots

● **L'étymologie** est la science qui étudie l'origine et l'histoire des mots.

● L'essentiel du vocabulaire français est issu du latin, mais on trouve aussi des mots d'origine grecque (*pharmacie*, *technique*…), de l'italien (*alerte*…), de l'arabe (*chiffre*, *zéro*…), etc.

● Il arrive que des mots changent de sens au cours de l'histoire. Par exemple, *caput* signifie « tête » en latin et a donné *chef*. Mais ce dernier mot a peu à peu cessé de désigner la tête du corps humain pour désigner celui qui dirige un groupe, une collectivité.

### ● Le sens des mots

● Un mot peut avoir plusieurs sens : dans ce cas, on parle de **polysémie** (*poly* : « plusieurs » ; *sémie* : « sens »).

● Il peut avoir un **sens propre** et un **sens figuré**. Le sens propre est le sens premier d'un mot (le café est trop chaud) ; le sens figuré est le sens imagé d'un mot (le rouge est une couleur chaude).

● Un mot a des **synonymes** et des **antonymes**. Le synonyme est un mot de même nature grammaticale et de sens proche : crainte, peur, inquiétude ; l'antonyme est un mot de même nature grammaticale et de sens contraire : peureux et courageux.

### ● Les sons des mots

● Des mots dont les sonorités sont identiques sont des **homonymes** : vers et vert.

● Des mots dont les sonorités sont proches sont des **paronymes** : converser et conserver.

## MÉTHODE

### ● Bien utiliser le dictionnaire

● Le dictionnaire est un outil dont tu dois te servir régulièrement pour vérifier le sens des mots : tu y découvres si un mot présente une polysémie, un sens propre et un sens figuré.
Le dictionnaire propose aussi des synonymes, des antonymes et des exemples pour illustrer les différents sens des mots.

● Il existe diverses sortes de dictionnaires : des noms propres, des synonymes, des rimes, etc.

● Les mots sont toujours classés par ordre alphabétique. Pour les trouver, tu t'aides des deux mots repères écrits en haut de la double page : ils signalent ainsi que s'y trouve la définition de tous les mots compris entre ces deux mots par ordre alphabétique. Par exemple, dans *Le Petit Robert*, on trouve le mot *amplifier* sur la double page dont les mots repères sont *ample* et *amusette*.

# EXOS

**1*** Souligne les mots en gras : en bleu quand ils sont employés au sens propre, en rouge quand ils sont employés au sens figuré.

1. Le **feu** s'est déclaré dans la grange.

2. Il a dit « bonjour » au dentiste, s'est installé et a ouvert la **bouche**.

3. Cette femme est **froide**, elle ne sourit jamais.

4. Il se moqua tellement de ma maladresse que la honte me fit monter le **feu** aux joues.

5. Ils se sont quittés devant la **bouche** du métro.

6. Le bleu est une couleur **froide**.

7. Dans le **feu** de l'action, le pompier a oublié de brancher la pompe à eau, quelques minutes ont été perdues mais l'incendie a été rapidement éteint.

8. Le boucher rangea la viande dans la chambre **froide**.

9. Il n'a pas **froid** aux yeux.

**2**** En consultant si besoin la rubrique étymologique du dictionnaire, relie chacun des mots suivants à la langue dont il est issu.

1. orange
2. cheval
3. véhicule
4. cacao
5. clown
6. abricot
7. alphabet
8. algèbre
9. alarme
10. physique
11. pudding

a. anglais
b. arabe
c. italien
d. grec
e. latin
f. espagnol

**3**** Classe les termes suivants par couples de synonymes. Utilise le dictionnaire pour les mots dont tu ne connais pas le sens.

certainement – étreindre – insolence – angoisse – manœuvrer – assurément – peureux – contrôler – embrasser – clair – craintif – actionner – surveiller – peur – impertinence – limpide

**4***** Construis, avec les mots en gras employés au sens propre dans les phrases suivantes, une phrase où ils seront employés au sens figuré.

1. Il est atteint d'une terrible maladie qui lui fait perdre peu à peu la vue : il devient **aveugle**.
..................................................................
..................................................................

2. Les feuilles **tombent** en automne.
..................................................................
..................................................................

3. Papa **aiguise** les couteaux.
..................................................................
..................................................................

4. Paul mourait de faim, il a **dévoré** son repas en quelques minutes.
..................................................................
..................................................................

**5***** Donne un synonyme et un antonyme des mots suivants.

|  | synonyme | antonyme |
|---|---|---|
| habile | .................. | .................. |
| paix | .................. | .................. |
| pareil | .................. | .................. |
| mouiller | .................. | .................. |
| courage | .................. | .................. |
| violemment | .................. | .................. |

*Livret de corrigés p. 4*

LEXIQUE

# 16 Savoir définir un mot

**OBJECTIF** • Définir un verbe, un nom, un adjectif, un adverbe de manière

## COURS

● Pour définir correctement **un mot**, il faut d'abord distinguer à quelle **catégorie grammaticale** il appartient (nom, adjectif, verbe…).

● Ensuite tu pourras le remplacer par un **mot de même catégorie** : un verbe par un autre verbe, un nom par un autre nom…

## MÉTHODE

### ● Définir un verbe

Par exemple, *lire* est un verbe à l'infinitif.
La phrase qui le définit doit **obligatoirement** commencer par un verbe à l'infinitif :
lire = ● suivre des yeux en identifiant une écriture ou des caractères d'imprimerie ;
ou bien :
      ● être capable de déchiffrer un texte.

### ● Définir un nom

● Le nom se définit par un (ou des) nom(s) synonyme(s) :
inquiétude = souci, angoisse.

● Il est utile de faire la différence entre les noms qui évoquent une action et ceux qui désignent la personne qui fait l'action :
– lecteur = **personne qui** déchiffre et comprend un texte ;
– lecture = **action de** déchiffrer et comprendre un texte.

### ● Définir un adjectif

L'adjectif se définit par un adjectif synonyme ou par une proposition subordonnée relative :
gentil = ● aimable ;                       (adjectif)
      ● qui sait se montrer aimable ;    (propositions
      ● dont l'amabilité est la qualité principale.    subordonnées relatives)

### ● Définir un adverbe de manière

L'adverbe de manière se définit par un adverbe synonyme ou par une expression commençant par *avec* :
gentiment = ● aimablement ;
          ● avec amabilité.

# EXOS

## 1. Relie les mots à leurs définitions en utilisant une couleur différente à chaque fois.

**Attention !** Il peut y avoir jusqu'à 3 définitions pour un même mot !

- paresser
- paresse
- paresseux
- paresseusement

- dont le goût pour le travail n'est pas la qualité principale
- ne rien faire
- fainéant
- avec lenteur
- absence d'effort
- qui n'aime pas travailler
- se laisse aller à la paresse
- manque de goût pour le travail
- lentement

## 2. Relie chaque mot à sa définition et à son exemple. Un même mot peut avoir 2 définitions, 2 exemples. Indique dans les cases par D ou E s'il s'agit d'une Définition ou d'un Exemple.

- nuire
- rouillé
- désespoir
- conter
- lien

1. ☐ Dire une histoire imaginaire pour amuser.
2. ☐ La liberté consiste à faire tout ce qui ne nuit pas à autrui.
3. ☐ Affliction extrême et sans remède.
4. ☐ Couvert de rouille.
5. ☐ « Si *Peau d'Âne* m'était conté, j'y prendrais un plaisir extrême. » (La Fontaine)
6. ☐ Faire du tort à quelqu'un.
7. ☐ Des liens attachaient les chiens au poteau.
8. ☐ Cette clef est rouillée.
9. ☐ Qui a perdu son agilité faute d'entraînement.
10. ☐ Toute chose flexible et allongée servant à lier, à attacher plusieurs objets.
11. ☐ Sombrer dans le désespoir.

## 3. Complète cette grille de mots croisés.

**Horizontalement**
a. Trouver une solution à un problème.
b. Excitées.
c. Petit appareil contenant de l'énergie et servant à faire fonctionner une radio.
d. Interjection lancée par les spectateurs de corridas – Partira.
e. Pronom personnel – Peur, angoisse que l'on éprouve avant de présenter un exposé à la classe ou avant le contrôle de mathématiques.
f. Période de longue durée – Où l'air circule.
g. Qui ne porte ni barbe ni moustache – Première partie de rez-de-chaussée.

**Verticalement**
1. Poser à nouveau.
2. Expulsera, obligera quelqu'un à émigrer.
3. Qui n'est pas propre – Petit mot signifiant « en matière de » que l'on trouve dans les diplômes.
4. Interjection lancée par les spectateurs de corridas.
5. Note de musique – Adjectif possessif.
6. Souhaiter vivement quelque chose.
7. Note de musique – Qui n'existe qu'en petit nombre.
8. Laissez un intervalle !

|   | 1 | 2 | 3 | 4 | 5 | 6 | 7 | 8 |
|---|---|---|---|---|---|---|---|---|
| a |   |   |   |   |   |   |   |   |
| b |   |   |   |   |   |   |   |   |
| c |   |   |   |   |   |   |   |   |
| d |   |   |   |   |   |   |   |   |
| e |   |   |   |   |   |   |   |   |
| f |   |   |   |   |   |   |   |   |
| g |   |   |   |   |   |   |   |   |

*Livret de corrigés p. 5*

# 17 — Familles étymologiques

LEXIQUE

**OBJECTIF •** Constituer une famille de mots

## COURS

● Une **famille étymologique** (ou famille de mots) est constituée par tous les mots appartenant à des catégories grammaticales différentes et qui ont la même racine.
Par exemple, peur, peureux, apeuré… constituent une famille.
Peureux et apeuré sont des **dérivés** de peur.

● À la racine (appelée aussi radical), s'ajoutent **préfixe** et **suffixe**.

• Le **préfixe** est un élément qui se fixe au début du mot pour former un dérivé ; il ne peut pas changer la nature du mot.
Un verbe reste un verbe.
porter ⟶ **ap**porter.

• Le **suffixe** est un élément qui se fixe à la fin du mot pour former un dérivé ; il change, en général, la nature du mot.
Un nom peut devenir un verbe.
plomb ⟶ plomb**er**.

## MÉTHODE

● **Constituer une famille de mots**

Une même famille peut être constituée à partir de deux ou trois racines légèrement différentes.

La famille de *feuille* connaît 2 radicaux : ⟶ feuill-
⟶ foli-

● **Exprimer une nuance par un suffixe**

Certains suffixes ont pour fonction d'apporter une nuance au mot et non de le faire changer de catégorie grammaticale.

• Nuance péjorative : **-âtre, -ard, -aud**…
blanc ⟶ blanch**âtre**,   court ⟶ court**aud**,   riche ⟶ rich**ard**.

• Nuance diminutive : **-elle, -et, -ette**…
fille ⟶ fill**ette**,   rue ⟶ ru**elle**,   garçon ⟶ garçonn**et**.

# EXOS

**1** ★ Décompose les mots suivants en séparant du radical par un trait vertical le préfixe et le suffixe, quand il y en a un.

renvoi – attendrissement – français

hélicoptère – jaunâtre – héroïque

désertique – désespérément

**2** ★★ Compose des noms dérivés des adjectifs suivants.

bon : ................................................
généreux : ................................................
haut : ................................................
libre : ................................................
musical : ................................................
bas : ................................................
gourmand : ................................................
poli : ................................................

**3** ★★ Compose des noms dérivés des verbes suivants.

agrafer : ................................................
déménager : ................................................
assembler : ................................................
skier : ................................................
pendre : ................................................
chamailler : ................................................

**4** ★★★ Compose des adjectifs dérivés des noms suivants. Attention, il te faudra parfois modifier totalement le radical.

mois : ................................................
cheval : ................................................
main : ................................................
école : ................................................
enfer : ................................................
pied : ................................................

**5** ★★★ Complète les deux familles de mots en indiquant d'abord les deux radicaux.

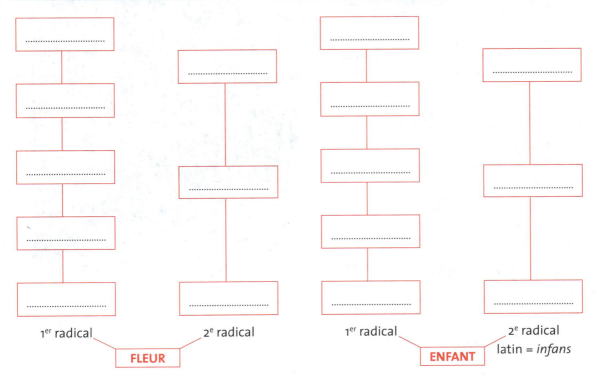

41

LEXIQUE

# 18 Le champ lexical

**OBJECTIF** • Reconnaître les thèmes d'un texte

## COURS

- Savoir **établir un champ lexical** est une étape essentielle de la **lecture méthodique** d'un texte.
- Un **champ lexical** est constitué par **l'ensemble des mots** (appartenant à toutes les catégories grammaticales : verbe, adjectif, nom, adverbe) liés à une **même idée**.

## MÉTHODE

- **Savoir établir un champ lexical**

Un petit roseau m'a suffi
Pour faire frémir l'herbe haute
Et tout le pré
Et les deux saules
Et le ruisseau qui chante aussi :
Un petit roseau m'a suffi
À faire chanter la forêt.

Ceux qui passent l'ont entendu
Au fond du soir, en leurs pensées.
Dans le silence et dans le vent
Clair ou perdu
Proche ou lointain…
Ceux qui passent en leurs pensées
En écoutant au fond d'eux-mêmes,
L'entendront encore et l'entendent
Toujours qui chante.

Il m'a suffi
De ce petit roseau cueilli
À la fontaine où vint l'Amour
Mirer, un jour,
Sa face grave
Et qui pleurait
Pour faire pleurer ceux qui passent
Et trembler l'herbe et frémir l'eau
Et j'ai du souffle d'un roseau
Fait chanter toute la forêt.

Henri de Régnier,
*Les Jeux rustiques et divins*, 1897.

- En regroupant les mots par thème, on constate que le texte compte de nombreux termes liés au thème de la nature et que le thème de la musique est bien représenté.
- Le mot qui réunit ces deux thèmes est *roseau* :
– le roseau est un élément de la nature ;
– il peut être transformé en petite flûte, c'est-à-dire en instrument de musique.

# EXOS

**1** Élabore le champ lexical du bord de mer.

............................................................................................................
............................................................................................................
............................................................................................................

**2** Classe les mots suivants en trois champs lexicaux que tu dois identifier.

indigent – champagne – guenilles – frayeur – mendiant – chair de poule – charité – frissonner – musique – danser – faim – serpentin – pauvre – terrifié – ombre inquiétante – confetti – rires – ruelle – sombre – gaieté – masques – sans-abri

| Champ lexical de ................ | Champ lexical de ................ | Champ lexical de ................ |
|---|---|---|
| | | |
| | | |
| | | |
| | | |
| | | |
| | | |
| | | |

**3** Lis le texte suivant et remplis le tableau ci-dessous.

**Le Dormeur du val**

C'est un trou de verdure où chante une rivière
Accrochant follement aux herbes des haillons
D'argent ; où le soleil, de la montagne fière,
Luit : c'est un petit val qui mousse de rayons.

Un soldat jeune, bouche ouverte, tête nue,
Et la nuque baignant dans le frais cresson
                                    [bleu,
Dort ; il est étendu dans l'herbe, sous la nue,
Pâle dans son lit vert où la lumière pleut.

Les pieds dans les glaïeuls, il dort. Souriant
                                    [comme
Sourirait un enfant malade, il fait un somme :
Nature, berce-le chaudement : il a froid.

Les parfums ne font pas frissonner sa narine ;
Il dort dans le soleil, la main sur sa poitrine
Tranquille. Il a deux trous rouges au côté
                                    [droit.

Arthur Rimbaud, *Poésies*, 1870.

| Mots appartenant au champ lexical de la nature | Mots appartenant au champ lexical de la mort |
|---|---|
| | |
| | |
| | |
| | |
| | |
| | |
| | |
| | |
| | |
| | |
| | |

LECTURE-ÉCRITURE

# 19 Lire un sujet

**OBJECTIF** • Comprendre les contraintes d'un sujet

## COURS

● Voici un exemple de sujet :
Vous avez fait une promenade nocturne. Racontez cette expérience, en évoquant votre peur.

● Ce sujet, comme tous les sujets de rédaction, t'indique :
● Le thème, c'est-à-dire ce que tu dois raconter : une promenade nocturne, mais aussi le sentiment de la peur.
● Les contraintes, c'est-à-dire la façon dont tu dois rédiger :
– le type de rédaction : tu dois savoir si le sujet t'invite à rédiger un récit, à faire une description ou à composer un dialogue. Ici, tu dois rédiger un récit, comme te l'indique le mot *racontez* ;
– la personne grammaticale à laquelle tu dois rédiger ta rédaction. Ici, tu utiliseras la première personne du singulier.

## MÉTHODE

● **Comprendre les contraintes d'un sujet**

● **Lire plusieurs fois** le sujet.

● **Repérer les mots clefs** indiquant le thème.

Attention ! Un sujet peut inviter à aborder plusieurs thèmes.

● **Comprendre les contraintes**, c'est-à-dire :
– repérer le verbe à l'impératif car c'est souvent lui qui indique si l'on doit raconter, décrire ou faire un dialogue.

Attention ! Un sujet peut demander de mélanger les différents types de rédaction (on peut être amené à introduire, par exemple, un dialogue dans un récit).

– déterminer la personne grammaticale à laquelle sera rédigée la rédaction :
JE si le sujet invite à parler d'une expérience personnelle ou à se mettre dans la peau d'un personnage.
IL si l'on doit rapporter les faits et gestes de quelqu'un.

# EXOS

**1** Dans les sujets ci-dessous, souligne en rouge les éléments du thème, puis complète le tableau en cochant les cases concernant les contraintes.

**Sujet exemple :** Vous avez fait une promenade nocturne. Racontez votre expérience en évoquant votre peur et décrivez les paysages que vous découvrez.

**Sujet 1 :** Vous allez interroger un vieil Indien. Faites le compte-rendu de cette rencontre.

**Sujet 2 :** Votre taille a considérablement rétréci, ce qui vous permet de pénétrer à l'intérieur d'un objet. Racontez votre périple en décrivant ce que vous découvrez et en évoquant vos impressions.

**Sujet 3 :** Deux vieux amis se rencontrent après une longue séparation et évoquent leurs souvenirs d'école. Rapportez les circonstances de leurs retrouvailles et imaginez leur conversation.

|  | Type de rédaction | | | Personne grammaticale | |
|---|---|---|---|---|---|
|  | Récit | Description | Dialogue | Je | Il |
| Sujet exemple | x | x |  | x |  |
| Sujet 1 |  |  |  |  |  |
| Sujet 2 |  |  |  |  |  |
| Sujet 3 |  |  |  |  |  |

**2** Voici quelques extraits de rédaction. Coche le sujet auquel correspond l'extrait.

| Extraits | Sujets | |
|---|---|---|
| **1.** La vie d'un billet de banque est harassante : tous les jours, je vole de mains en mains. À peine ai-je le temps d'entamer un dialogue avec les pièces brillantes que je côtoie qu'il me faut partir. On me froisse, on me plie, sans souci pour ma coquetterie. | Imaginez la vie d'un billet de banque. | ☐ |
| | Vous êtes un billet de banque. Racontez quelques épisodes de votre vie. | ☐ |
| | Imaginez le dialogue entre un billet de banque de 100 € et une pièce de 20 c. | ☐ |
| **2.** Marie et Sonia se retrouvèrent en cette belle matinée qui sentait encore l'été. « Je meurs de peur ! s'exclama Sonia. J'espère que nous serons dans la même classe. – Oh oui ! Tu me manquerais si nous étions séparées. J'ai du mal à croire que nous allons changer de prof toutes les heures. » | Racontez votre première journée de 6e en évoquant vos sentiments. | ☐ |
| | Marie entre en 6e. Sur le chemin de l'école, elle croise une grande de 3e. Imaginez leur conversation. | ☐ |
| | C'est la rentrée. Imaginez le dialogue de deux élèves qui entrent en 6e. | ☐ |

**3** Formule le sujet qui correspond à cet extrait.

Le vent s'engouffrait dans les voiles qui claquaient, le navire sautait sur les vagues en furie et des paquets de mer nous éclaboussaient. Soudain, j'entendis un craquement terrible.

..............................................................................................................................................................................
..............................................................................................................................................................................
..............................................................................................................................................................................

LECTURE-ÉCRITURE

# 20 Structurer une narration

**OBJECTIF** • Reconnaître les étapes d'un récit

## COURS

● Lorsque tu composes un récit, tu dois éviter de simplement juxtaposer les différentes actions mais veiller à les relier par un mot ou par une expression situant ces actions dans le temps.

● Deux actions peuvent :
– soit **être simultanées** (se dérouler en même temps) ;
– soit **se succéder** (la première action étant antérieure à la deuxième qui lui est postérieure) ; la succession de deux actions peut être logique ou brutale.

## MÉTHODE

● **Situer les étapes d'un récit dans le temps**

● **Exprimer la simultanéité** avec :
*durant, au moment où, pendant, pendant que, lorsque, quand…*

● **Exprimer la succession** avec :
*après, après que, avant que, puis, ensuite, alors…*

● **Indiquer un surgissement brutal de la deuxième action** avec :
*soudain, brusquement, tout à coup…*

● **Des erreurs à éviter**

● Il faut veiller à relier les différentes actions mais éviter absolument de commencer systématiquement une phrase par un lien temporel car cela alourdit les phrases.

● Éviter surtout d'abuser de *et* et de *alors*.

### 1 ★ Reporte les numéros des phrases dans la bonne colonne du tableau.

1. Il écoute de la musique tout en travaillant.
2. Il travaille avant d'écouter de la musique.
3. Quand il a fini son travail, il écoute de la musique.
4. Il travaille, puis il écoute de la musique.
5. Pendant son travail, il écoute de la musique.
6. Il travaille, ensuite il écoute de la musique.
7. Lorsqu'il travaille, il écoute de la musique.

| Simultanéité de deux actions | Antériorité d'une action par rapport à l'autre |
|---|---|
| N° .................... | N° .................... |

### 2 ★ Donne une suite inattendue aux phrases suivantes en variant les mots de liaison.

**Ex. :** L'homme traversa la cour ; tout à coup il reçut un seau d'eau sur la tête.

1. Elle ouvrit la porte de son appartement ;
..................................................................
..................................................................
..................................................................

2. Le dompteur fit claquer son fouet ; ...........
..................................................................
et ................................................................
..................................................................

3. Le coureur s'apprêtait à franchir la ligne d'arrivée ; ....................................................
..................................................................
..................................................................

### 3 ★★ Décris les actions illustrées ci-dessous en utilisant les liaisons temporelles qui conviennent pour passer d'une image à une autre.

### 4 ★★★ Voici deux actions : il lit – il mange. En t'aidant de l'exercice 1, exprime de deux façons différentes la simultanéité, puis la succession de ces deux actions.

Simultanéité
1. ..................................................................
..................................................................
..................................................................

2. ..................................................................
..................................................................
..................................................................

Succession
1. ..................................................................
..................................................................
..................................................................

2. ..................................................................
..................................................................
..................................................................

CONJUGAISON

# 21 Les temps dans un récit au passé

**OBJECTIF** • Employer passé simple et imparfait dans un récit

## COURS

Un récit écrit au passé fait alterner passé simple et imparfait selon des critères précis.

● **Valeurs de l'imparfait**

En règle générale, l'imparfait exprime une certaine durée.

• C'est le temps de la **description**.
Le soleil **brillait**, le bleu du ciel **était** pur.

• Il exprime la **répétition**, l'**habitude**.
Tous les soirs, il **regardait** dans la boîte aux lettres.

• Dans les propositions subordonnées conjonctives introduites par *si*, l'imparfait exprime la **condition**.
Si j'**étais** riche, je voyagerais.

● **Valeurs du passé simple**

• Le passé simple est utilisé pour exprimer des **actions**, des **faits passés**, qui sont délimités dans le temps.

• Il s'agit le plus souvent d'actions brèves ou bien d'actions dont la durée n'est pas l'aspect principal.
Il **regarda** à droite et à gauche, puis **traversa** la rue.

## MÉTHODE

● **Employer le passé simple et l'imparfait**

Pour savoir quel temps employer, il faut être attentif au contexte et repérer les mots ou expressions exprimant :

• la **répétition** ou la **durée** :
*tous les jours, chaque semaine, souvent, régulièrement, de temps en temps, depuis plusieurs jours…*
On emploie dans ce cas l'**imparfait**.

• le **surgissement d'un événement** :
*tout à coup, soudain, brusquement, ce jour-là…*
On utilise alors le **passé simple**.

# EXOS

**1** Remplis le tableau en indiquant la valeur des imparfaits employés dans les phrases suivantes.

1. Sa grand-mère, malade et alitée, s'ennuyait. Marie lui rendait donc visite chaque fois qu'elle trouvait un peu de temps.

2. Ses yeux bleu ciel éclairaient son visage.

3. Si le temps le permettait, nous irions nous promener.

4. La pluie tombait sans discontinuer depuis trois jours.

5. Il installa l'échelle contre le tronc du poirier et grimpa. Il tendait la main vers une belle poire dorée quand un barreau céda.

| Verbes à l'imparfait | Valeur de l'imparfait |
|---|---|
| ............... | ............... |
| ............... | ............... |
| ............... | ............... |
| ............... | ............... |
| ............... | ............... |
| ............... | ............... |
| ............... | ............... |

**2** Emploie correctement passé simple ou imparfait dans les phrases suivantes. Souligne, quand il y en a, les mots ou expressions qui peuvent te guider dans le choix des temps.

1. Les nuages (assombrir) .................... le ciel, soudain un rayon de soleil (déchirer) .................... la masse nuageuse.

2. À chacune de ses visites, il (apporter) .................... une brassée de marguerites car grand-mère (adorer) .................... ces fleurs. Ce jour-là, il (arriver) .................... les mains vides.

3. Il (s'apprêter) .................... à s'installer dans son fauteuil pour lire un bon roman quand le téléphone (sonner) .................... .

**3** Transpose ce texte au passé en étant attentif à l'alternance passé simple / imparfait.

> Il est sept heures, par un soir très chaud, sur les collines de Seeonee. Père Loup s'éveille de son somme journalier, se gratte, bâille et détend ses pattes l'une après l'autre pour dissiper la sensation de paresse qui raidit encore les extrémités. Mère Louve est étendue, son gros nez tombé parmi ses quatre petits qui se culbutent en criant, et la lune luit par l'ouverture de la caverne où ils vivent tous.
>
> Rudyard Kipling, *Le Livre de la jungle*, 1894.

**4** Dans ses *Exercices de style* (1947), Raymond Queneau s'amuse. Voici deux textes racontant la même histoire. Les deux sont « incorrects » : le premier car il n'utilise que l'imparfait ; le second car il n'utilise que le passé simple. Récris l'histoire correctement.

### Texte 1

C'était midi. Les voyageurs montaient dans l'autobus. On était serré. Un jeune monsieur portait sur sa tête un chapeau qui était entouré d'une tresse et non d'un ruban. Il avait un long cou. Il se plaignait auprès de son voisin des heurts que ce dernier lui infligeait. Dès qu'il apercevait une place libre, il se précipitait vers elle et s'y asseyait. Je l'apercevais plus tard, devant la gare Saint Lazare. Il se vêtait d'un pardessus et un camarade qui se trouvait là lui faisait cette remarque : il fallait mettre un bouton supplémentaire.

### Texte 2

Ce fut midi. Les voyageurs montèrent dans l'autobus. On fut serré. Un jeune monsieur porta sur sa tête un chapeau qui fut entouré d'une tresse, et non d'un ruban. Il eut un long cou. Il se plaignit auprès de son voisin des heurts que ce dernier lui infligea. Dès qu'il aperçut une place libre, il se précipita vers elle et s'y assit. Je l'aperçus plus tard, devant la gare Saint Lazare. Il se vêtit d'un pardessus et un camarade qui se trouva là lui fit cette remarque : il fallut mettre un bouton supplémentaire.

© Éditions Gallimard, 2009.

LECTURE-ÉCRITURE

# 22 Le dialogue

**OBJECTIF** • Présenter et ponctuer un dialogue

Il faut savoir différencier le **récit** et le **discours** (= paroles prononcées).
On repère les moments de dialogue par les éléments suivants :

● **La ponctuation**

Quand le dialogue (la parole) surgit dans le récit, il est signalé par **quatre** signes :

- les deux points :
- les guillemets « … »
- l'alinéa (= le fait d'aller à la ligne)

Marc se leva et s'écria :
« Mais tu es trempé ! Approche-toi du feu. »

- une suite de tirets dans le cas d'une succession de répliques :

Caroline appela Stéphane :
« Que fais-tu pour les vacances ?
– Je ne sais pas encore…
– Moi, je vais en Italie. »

● **L'incise**

- Elle fait partie du récit et non du dialogue ; elle est composée par le verbe et son sujet et précise l'identité de celui qui parle et le ton employé.
- Elle est encadrée par des signes de ponctuation.

« Rien, dit François d'une voix sourde, absolument rien. »
           └──── incise ────┘

● **Présenter un dialogue**

Il faut IMPÉRATIVEMENT :

- aller à la ligne ;
- utiliser le tiret à chaque changement de locuteur (celui qui prononce les paroles) ;
- retourner à la ligne quand le dialogue est achevé et que le récit recommence.

Marc se leva et s'écria :
« Mais tu es trempé ! Approche-toi du feu. Que t'est-il arrivé ?
– Rien, dit François d'une voix sourde, absolument rien.
– Comment ça, rien ?
– Enfin presque rien, je me promenais sur les berges de la Seine quand un fou furieux m'a, sans raison, poussé à l'eau. »
Tout en parlant, François s'était approché du feu qui crépitait dans la cheminée.

# EXOS

## 1 ★
**Le texte suivant est disposé correctement, mais la ponctuation a partiellement disparu. Rétablis les deux points (:), les guillemets (« ») et les tirets (–).**

Cet homme était un bandit […].
Il s'approcha de Fortunato et lui dit.
Tu es le fils de Mateo Falcone ?
Oui.
Moi, je suis Gianetto Sanpiero. Je suis poursuivi par les collets jaunes [= les policiers]. Cache-moi car je ne puis aller plus loin.
Et que dira mon père si je te cache sans sa permission ?
Il dira que tu as bien fait.
Qui sait ?
Cache-moi vite ; ils viennent.
Attends que mon père soit revenu.
Que j'attende ? Malédiction ! Ils seront là dans cinq minutes. Allez cache-moi ou je te tue.
Fortunato lui répondit avec le plus grand sang froid.
Ton fusil est déchargé et il n'y a plus de cartouche dans ta carchera [= réserve de cartouches].
J'ai mon stylet.
Mais courras-tu plus vite que moi ?
Il fit un saut et se mit hors d'atteinte.

Prosper Mérimée, *Mateo Falcone*, 1829.

## 2 ★
**Souligne en rouge le discours et en bleu tout ce qui appartient au récit. (N'oublie pas les incises.)**

Il arriva épuisé mais radieux :
« Maman, je suis embauché, je pars dans trois semaines en Corée ! ».
La mère le regarda d'un air songeur. Elle était heureuse que son fils ait la possibilité de mener sa vie comme il l'entendait mais son cœur se déchirait à l'idée de perdre son seul fils.
« En Corée, murmura-t-elle.
– Oui, il riait comme un enfant, je n'y crois pas encore, j'ai l'impression de rêver.
– La Corée, c'est loin. »
La joie disparut du visage du jeune homme.
« Oui mère, je sais, c'est très loin. Nous nous manquerons. »

## 3 ★★
**Complète ce dialogue.**

« Allô Marie ?
– ...............................................
– Non, c'est Caroline.
– ...............................................
– Bien. Et toi ?
– ...............................................
– Ça tombe bien, j'ai une proposition à te faire pour cet après-midi.
– ...............................................
– Ça te dit d'aller au cinéma ?
– ...............................................
– Inutile. Je l'ai appelé juste avant de te téléphoner. Son père m'a dit qu'il était parti en week-end.
– ...............................................
– Impossible, elle est en panne.
– ...............................................
– D'accord, je t'attends. »

## 4 ★★★
**Recopie ce texte en respectant la disposition et la ponctuation du dialogue.**

Je l'attendais avec inquiétude. Il m'avait promis d'être là dès le coucher du soleil. Or la nuit était tombée depuis longtemps. Je tendais l'oreille à chaque bruit de moteur. Te voilà enfin m'écriais-je en courant vers lui. Je suis tombé en panne. Tu aurais dû m'appeler pour me prévenir protestai-je. J'étais folle d'inquiétude. Il se laissa tomber dans un fauteuil. Il me regarda d'un air las. J'ai voulu t'appeler mais la batterie de mon téléphone était déchargée. Je me décidai à lui sourire et lui proposai de passer à table.

## 5 ★★★
**Transforme le texte suivant en dialogue.**

Comme je lui demandais s'il voulait retourner là-bas, il me répondit en souriant qu'il ne pouvait pas nager jusque-là. Je lui promis alors de lui faire un canot, ce qui l'enchanta, à la condition que je fusse de la partie ; et il m'assura que, bien loin de me manger, ses frères feraient grand cas de moi, lorsqu'il leur aurait conté que j'avais sauvé sa vie et tué ses ennemis.

Daniel Defoe, *Robinson Crusoé*, 1719.

LECTURE-ÉCRITURE

# 23 Le discours direct et le discours indirect

**OBJECTIF** • Transposer un discours direct en discours indirect

## COURS

Si tu dois rapporter les paroles d'un personnage, tu peux le faire de deux façons :

- en utilisant le **discours direct** :
Pierre me dit : « Tu as oublié ton parapluie. »

- en rapportant les paroles dans un **discours indirect** :
Pierre me dit que j'ai oublié mon parapluie.

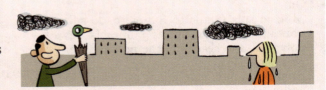

## MÉTHODE

● **Passer du discours direct au discours indirect**

Pour passer du discours direct au discours indirect, tu dois veiller à un certain nombre de transformations :

| | Paroles rapportées au discours direct | Paroles rapportées au discours indirect |
|---|---|---|
| Temps | Elle annonça : « Je viendrai. » **Futur** | Elle annonça qu'elle viendrait. **Conditionnel** |
| | Elle annonça : « J'ai fini. » **Passé composé** | Elle annonça qu'elle avait fini. **Plus-que-parfait** |
| | Elle annonça : « J'arrive. » **Présent** | Elle annonça qu'elle arrivait. **Imparfait** |
| Pronom personnel Adjectif possessif | Il me dit : « **Tu** as oublié ton parapluie chez **moi**. » | Il me dit que j'avais oublié **mon** parapluie chez **lui**. |
| Adverbe de temps | Elle déclara : « Je viendrai **demain**. » | Elle déclara qu'elle viendrait **le lendemain**. |
| Ponctuation | Il me demanda : « À quelle heure arriveras-tu ? » | Il me demanda à quelle heure j'arriverais . |

# EXOS

**1** Complète les phrases suivantes avec les pronoms personnels et les déterminants possessifs qui conviennent à la transposition au discours indirect.

**1.** « C'est Tenn, notre bon chien, répondit Robinson. Je l'ai reconnu aussitôt avec son poil fauve, son aboiement, sa fidélité, ses crocs aigus et ses yeux noisette. »

→ Robinson répondit que c'était Tenn , ........... bon chien qu'........... avait reconnu aussitôt avec ........... poil fauve, ........... aboiement, ........... fidélité, ........... crocs aigus et ........... yeux noisette.

**2.** « C'est bien la première fois depuis notre arrivée que je suis gêné par des bruits de voix ! » s'écria Robinson.

→ Robinson s'écria que c'était bien la première fois depuis ........... arrivée qu'........... était gêné par des bruits de voix.

Extraits de Michel Tournier,
*Vendredi ou la vie sauvage*,
© Éditions Gallimard, 1987.

**2** Complète la phrase suivante avec les verbes qui conviennent à la transposition au discours indirect.

« N'ayez aucun doute à cet égard monsieur, lui dis-je, je suis réellement un homme. Je n'ai avec moi qu'un esclave, mais nous disposons d'armes. »

→ Je lui dis de n'avoir aucun doute, que j'........... réellement un homme, que je n'........... avec moi qu'un esclave mais que nous ........... d'armes.

**3** Dans les phrases au discours indirect suivantes se cachent des erreurs. Corrige-les.

**1.** Elle se demandait où elle a mis le beurre.

**2.** Nous apprîmes qu'il est arrivé depuis trois jours.

**3.** Elle leur demanda pourquoi étaient-ils en retard ?

**4.** Ils lui demandèrent si leur voiture est réparée.

**4** Justine, Pierre, Sophie et Elsa sont dans la même classe, mais ne s'apprécient pas tous ! Justine surprend une conversation entre Pierre et Sophie à propos d'Elsa. Elle décide de rapporter à son amie Elsa tout ce qu'elle a entendu.
Lis la conversation entre Pierre et Sophie, puis complète le compte-rendu que Justine fait à Elsa. Varie les verbes introducteurs que tu conjugueras au passé simple.

### Conversation entre Pierre et Sophie

Pierre dit :
« Je déteste Elsa, je la trouve prétentieuse. Elle prend toujours son petit air supérieur pour me parler. Je ne le supporte pas. Elle m'a invité à son anniversaire, mais je n'irai pas. Je lui dirai demain que je refuse d'être l'ami d'une crâneuse comme elle. »

Sophie répondit :
« Tu n'as pas tort Pierre, mais je ne la connais pas encore assez bien pour savoir si j'accepte ou si je refuse d'être son amie. J'irai à son anniversaire. De toutes façons, j'aime les fêtes et aller chez elle me permettra de mieux savoir qui elle est. »

### Compte-rendu de Justine à Elsa

« Figure-toi que j'ai surpris une conversation entre Pierre et Sophie qui parlaient de toi. Pierre dit à Sophie qu'il te ...........
...................................................................
...................................................................
...................................................................
...................................................................
...................................................................
...................................................................
...................................................................
...................................................................
...................................................................
...................................................................
...................................................................
...................................................................

LECTURE-ÉCRITURE

# 24 Les verbes introducteurs

**OBJECTIF** • Choisir des verbes appropriés dans un dialogue

## COURS

● Dans le dialogue, la proposition incise (voir le chapitre 22) permet d'identifier le locuteur et surtout de donner une indication sur la façon dont les paroles sont prononcées.

● Il est donc important de choisir le verbe avec soin en évitant d'abuser du verbe *dire*, trop banal, trop peu expressif.

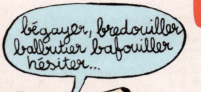

## MÉTHODE

### ● Choisir le verbe

Pour choisir le verbe qui introduit la parole, tu dois penser à :
- l'intensité de la voix (murmure ou cri) ;
- la situation de parole (dialogue amical, situation de réprimande, affrontement…) ;
- l'état d'esprit du locuteur (mauvaise humeur…).

| | |
|---|---|
| **colère, mécontentement** | crier, hurler, gronder, maugréer, rugir, marmonner, brailler, tonner, vociférer |
| **rire** | s'esclaffer, pouffer, ricaner |
| **surprise** | s'exclamer, s'étonner, s'interroger, s'émerveiller |
| **ton volontaire, dispute** | répliquer, rétorquer, argumenter, décider, insister, réclamer, exiger |
| **ton hésitant** | bégayer, bredouiller, balbutier, bafouiller, hésiter |
| **prière** | implorer, prier, exhorter, supplier |
| **à voix basse** | chuchoter, murmurer, susurrer, souffler, glisser à l'oreille |
| **interrogatif** | interroger, demander, questionner, s'enquérir, s'informer |
| **ordre** | exiger, ordonner, intimer, sommer, commander |
| **réponse** – **violente ou insolente** | rétorquer, répliquer |
| – **polie** | proposer, suggérer, informer |
| **explication** | expliquer, informer, exposer |

## EXOS

**1** * **Remplace chaque verbe souligné par un verbe plus expressif.**

« Maman m'a <u>demandé</u> d'aller chercher des pommes de terre à la cave ; je lui ai dit que j'avais peur mais elle n'a rien voulu savoir, <u>dit</u> Samia.
– Et alors ? <u>dit</u> Paul, pourquoi me <u>dis</u>-tu tout cela ?
– Ben... heu..., <u>dit</u> Samia, j'aimerais que tu m'accompagnes. »
Paul la regarda d'un air moqueur, il adorait taquiner sa petite sœur.
« Une grande fille comme toi a peur d'aller à la cave ! <u>dit</u>-il.
– Tu es méchant ! Je te déteste ! Je l'dirai à maman ! <u>dit</u>-elle en essayant de le frapper avec ses poings. »
Dès qu'elle fut calmée, elle <u>dit</u> :
« Allez, viens, ne me laisse pas y aller seule. Si tu acceptes, je ferai tout ce que tu voudras.
– Tout ce que je voudrai ? <u>dit</u> Paul.
– Absolument tout, <u>dit</u> Samia en levant la main droite. »
Paul la regarda et <u>dit</u> :
« Tu cireras mes chaussures, tu feras la vaisselle quand ce sera mon tour, tu porteras mon cartable sur le chemin de l'école, tu...
– Paul ! <u>dit</u> la mère, n'as-tu pas honte !? »

**2** ** **Dans les situations suivantes, remplace le verbe *dire* par l'un des verbes de la liste et reporte-les dans le tableau ci-dessous. Attention ! Un même verbe peut convenir à deux situations différentes.**

se plaindre – répliquer – s'informer – s'écrier – ordonner – se rebeller – exiger – souffler – demander – rétorquer – protester – s'enquérir – geindre – murmurer – s'offusquer – se défendre – s'exclamer – tonner – gémir – crier – s'indigner – se révolter

**Situation 1 :** Les élèves sont bruyants, le professeur se fâche. « Taisez-vous ! », dit-il.
**Situation 2 :** Un homme injustement accusé se défend. « Mais je suis innocent ! » dit-il.
**Situation 3 :** Une femme s'est égarée, elle s'approche d'un agent de police pour retrouver son chemin. « Pouvez-vous m'indiquer la rue Saint-Sulpice, s'il vous plaît ? » dit-elle.
**Situation 4 :** Une petite fille souffre sur un lit d'hôpital. « Je n'en peux plus », dit-elle.
**Situation 5 :** Un élève répond avec insolence à son professeur qui lui demande de se remettre au travail. « Je n'en ai pas envie, je ne l'ferai pas ! » dit-il.

| Situation 1 | Situation 2 | Situation 3 | Situation 4 | Situation 5 |
|---|---|---|---|---|
| | | | | |
| | | | | |
| | | | | |
| | | | | |

**3** *** **Classe les verbes dans le tableau ci-dessous selon leur appartenance au langage du petit enfant, du lecteur débutant, du lecteur appliqué, du timide ou de l'amoureux.**

balbutier – bégayer – bredouiller – bafouiller – murmurer – susurrer – ânonner – chuchoter – épeler – prononcer – babiller – articuler – gazouiller

| Petit enfant | Timide | Lecteur débutant | Lecteur appliqué | Amoureux |
|---|---|---|---|---|
| | | | | |
| | | | | |
| | | | | |
| | | | | |

# 25 — Le théâtre : farce et comédie

LECTURE-ÉCRITURE

**OBJECTIF** • Lire un texte théâtral

## COURS

### ● Le texte théâtral

● Le **dialogue** désigne les paroles prononcées par les personnages. L'intervention d'un personnage s'appelle une **réplique**. Lorsque la réplique est longue, il s'agit d'une **tirade**. Quand le personnage est seul en scène, on parle de **monologue**. Quand les paroles que le personnage prononce en présence d'autres personnages sont sensées ne pas être entendues d'eux, il s'agit d'un **aparté**.

● Les **didascalies** désignent le nom des personnages et les indications de mise en scène (décors, costumes, déplacements, gestes, tons de voix…).

### ● Les genres théâtraux

● **La farce :**
– c'est une courte pièce d'un comique assez grossier, apparue au Moyen Âge ;
– elle met en scène des personnages du peuple ;
– ses thèmes sont l'argent, la nourriture, l'amour…
**Ex. :** *La Farce de Maître Pathelin.*

● **La comédie :**
– c'est un genre très ancien qui apparaît dans la Grèce antique ;
– elle a pour fonction d'amuser et de divertir le public, tout en le faisant réfléchir aux défauts de la société et des hommes.
**Ex. :** *Le Médecin malgré lui, Les Fourberies de Scapin…* de Molière.

## MÉTHODE

### ● Comprendre la composition d'une pièce de théâtre

● Une pièce est divisée en **actes**, eux-mêmes divisés en **scènes**.

● Le premier acte, dit **acte d'exposition**, pose les premiers éléments de l'intrigue. Le dernier acte présente toujours le **dénouement**.

### ● Passer du texte à la représentation

● Il peut y avoir un changement de décor entre les actes puisque, lors de la représentation, le rideau s'abaisse entre les actes.

● Lors de la représentation, les scènes s'enchaînent sans interruption alors qu'à l'écrit, elles sont délimitées car les noms des personnages présents dans la scène apparaissent au début de chaque scène.

### ● Analyser les effets comiques

L'intrigue d'une comédie repose souvent sur le **quiproquo** (méprise, malentendu entre les personnages) et sur quatre types de comique : le comique de **mots** (jeux de mots), de **gestes** (gifle, coups de bâton…), de **situation** (quiproquo par exemple) et de **caractère** (caricature d'un trait de caractère : *L'Avare* de Molière par exemple).

# EXOS

**1** Souligne en bleu le dialogue et en rouge les didascalies. (La totalité du texte devra être soulignée soit en bleu, soit en rouge.)

### KNOCK – LE TAMBOUR

KNOCK. – De quoi souffrez-vous ?
LE TAMBOUR. – Attendez que je réfléchisse. Il rit. Voilà. Quand j'ai dîné, il y a des fois que je sens une démangeaison ici. Il montre le haut de son épigastre. Ça me chatouille. Ou plutôt ça me gratouille.
KNOCK, d'un air de profonde concentration. – Attention ne confondons pas. Est-ce que ça vous chatouille ou est-ce que ça vous gratouille ?
LE TAMBOUR. – Ça me gratouille. Il médite. Mais ça me chatouille bien un peu aussi.

Jules Romains, *Knock ou le Triomphe de la médecine*, 1923 © Éditions Gallimard.

**2** Recopie cet extrait de *L'Avare* de Molière en insérant des didascalies.

### Scène VII
### HARPAGON

HARPAGON. – (*Il crie au voleur dès le jardin, et vient sans chapeau.*) Au voleur ! au voleur ! à l'assassin ! au meurtrier ! Justice, juste ciel ! Je suis perdu, je suis assassiné, on m'a coupé la gorge, on m'a dérobé mon argent. Qui peut-ce être ? Qu'est-il devenu ? Où est-il ? Où se cache-t-il ? Que ferai-je pour le trouver ? Où courir ? Où ne pas courir ? N'est-il point là ? N'est-il point ici ? Qui est-ce ? Arrête (*Il se prend lui-même le bras.*) Rends-moi mon argent coquin !… Ah c'est moi. Mon esprit est troublé.

Molière, *L'Avare*, 1668.

**3** Lis le texte suivant et réponds aux questions.

PANISSE (*un peu hésitant*). – Dites, Norine, vous viendrez encore au cabanon dimanche ? […]
HONORINE. – […] ça fait parler les gens.
PANISSE. – Vous savez Norine, quoi qu'on fasse, les gens parlent toujours.
HONORINE (*brusquement sérieuse*). – Panisse, depuis quelque temps, je vous vois venir. Mais si la chose n'est pas sérieuse, il vaut mieux l'arrêter tout de suite […]
PANISSE. – Vous savez bien que je pense au mariage. Ça a toujours été mon idée.
HONORINE. – Alors c'est tout différent.
PANISSE. – Si vous venez dimanche au cabanon, nous serons bien à l'aise pour discuter tous les détails.
HONORINE. – Oui… dimanche… Justement Fanny doit aller passer la journée à Aix, chez ma sœur, et elle ne reviendra que le soir… Je n'aurai même pas besoin de lui dire où je suis allée.
PANISSE (*surpris*). – Elle ne viendra pas avec nous ?
HONORINE. – Nous serons plus tranquilles pour discuter.
PANISSE (*perplexe*). – Oui nous serons plus tranquilles. Mais vous auriez pu l'amener tout de même.
HONORINE (*confuse*). – La vérité, c'est que j'ai un peu honte devant elle.
PANISSE. – Honte de quoi ?
HONORINE. – Vous ne comprenez pas ? Ah ! Les hommes, comme c'est peu délicat ! […] Qui m'aurait dit […] qu'un jour vous m'emmèneriez au cabanon toute seule…
PANISSE (*inquiet*). – Dites Norine, je ne sais pas si nous sommes d'accord. […] Il me semble qu'il y a une erreur de votre part… Vous croyez peut-être que c'est vous que je veux ?
HONORINE. – Comment si je crois ? Vous ne venez pas de me le dire ?
PANISSE. – Mais non, je ne vous ai jamais dit ça ! Vous n'êtes pas la seule dans votre famille.
HONORINE (*frappée d'une révélation subite*). – C'est peut-être pas la petite ?
PANISSE. – Mais oui, c'est la petite, naturellement.

Marcel Pagnol, *Marius*, 1931
© Éditions de Fallois, 2004.

**1.** En quoi consiste le quiproquo ?
**2.** Quel mot de la première réplique permet au quiproquo de s'installer ? Justifie ta réponse.
**3.** Quelles répliques permettent de comprendre qu'Honorine et Panisse n'ont pas la même interprétation de ce mot ?

# 26 La description

**OBJECTIF** • Décrire avec nuance et précision

## COURS

• La description permet de dépeindre un personnage (dans ce cas, il s'agit d'un **portrait**), un paysage ou un lieu.

• Elle est présente dans le récit ou la poésie.

• Elle a souvent une **fonction informative**.
Par exemple, décrire l'appartement d'un personnage donne des indications sur ses goûts, son caractère, etc.

• Elle peut aussi être **décorative** et **poétique**.

## MÉTHODE

• **Réussir une description**

• Une description doit être **organisée**. Les phrases ne peuvent être juxtaposées au hasard.
Par exemple, dans le cas de la description d'un lieu (une pièce, un jardin, une place d'une ville…), il faut situer les éléments les uns par rapport aux autres, par des mots, des expressions.

• La description demande aussi un effort de précision, donc **une recherche de vocabulaire**.
Tu dois, avant de te lancer dans la rédaction, établir le champ lexical lié au sujet (le champ lexical est étudié au chapitre 18).

→ Décrire un voilier au moment où il quitte le port.
Un tel sujet demande une recherche de vocabulaire concernant :
– les différentes parties d'un navire (nom des voiles, nom des manœuvres…) ;
– les installations portuaires (quai, jetée, amarres…).

→ Décrire un coucher de soleil.
Un tel sujet demande une recherche de vocabulaire concernant les nuances de rouge.

• **Éviter *il y a*.** Pour décrire avec élégance, il est indispensable de varier les verbes et d'éviter absolument l'emploi de *il y a* (voir le chapitre 27).

# EXOS

**1** Tu dois décrire une goutte d'eau. Suis les étapes suivantes.

**1. Forme :** *la goutte d'eau est arrondie.* À toi de trouver d'autres adjectifs susceptibles de décrire la forme d'une goutte d'eau.

........................................................................

**2. Couleur :** *la goutte d'eau est caractérisée par la transparence et la brillance.* À toi de compléter la liste de mots (noms, verbes, adjectifs) exprimant la même idée :

transparence – transparente

........................................................................
........................................................................

brillance – briller

........................................................................
........................................................................

**3. Comparaisons**

– selon la forme : *une goutte d'eau est arrondie comme...*

- ........................................................................
- ........................................................................
- ........................................................................
- ........................................................................

– selon la couleur et l'éclat : *une goutte d'eau brille comme...*

- ........................................................................
- ........................................................................
- ........................................................................
- ........................................................................

**2** Tu dois maintenant chercher des verbes. Trouve pour chaque image le maximum de verbes décrivant le mouvement de la goutte d'eau.

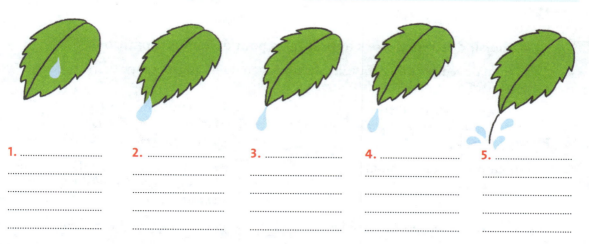

1. ..................   2. ..................   3. ..................   4. ..................   5. ..................

**3** Le texte suivant décrit une chambre mais sans mentionner la place qu'occupent meubles et objets. À toi de remettre chaque chose à sa place à l'aide de la liste de mots suivante.

tout au fond – surmonté – pêle-mêle – en face – de part et d'autre – adossée – faisant face – en biais – au pied – recouvert – devant – à droite

.................... de la porte d'entrée est installé le lit .................... duquel se trouve une descente de lit. ...................., .................... au mur .................... de posters, la chaîne Hi-Fi, .................... laquelle gisent ...................., quelques disques, fait entendre une musique rythmée. .................... de la chaîne Hi-Fi, les fleurs rouges des géraniums égaient la chambre. .................... les deux fenêtres laissent pénétrer la lumière. Et .................... aux fenêtres, disposé légèrement ...................., trône un bureau .................... d'une lampe.

LECTURE-ÉCRITURE

# 27 Remplacer *il y a*

**OBJECTIF** • Éviter les répétitions en choisissant les expressions appropriées

## COURS

L'emploi fréquent de l'expression ***il y a*** rend une description répétitive et monotone.
Pour éviter ce défaut, apprends à varier les verbes.

### ● Faire un effort de précision dans le choix des verbes et trouver des verbes expressifs

C'est l'automne, il y a des feuilles par terre.
→ C'est l'automne, des feuilles **jonchent** le sol.

### ● Apprendre à bouleverser la construction d'une phrase

En ajoutant par exemple un COD.
Il y avait un grand arbre devant la maison.
→ Un grand arbre **dressait ses branches** devant la maison.
        COD

## MÉTHODE

### ● Choisir des expressions appropriées pour éviter les répétitions

● Avant de rédiger une phrase, analyse la façon dont l'objet occupe l'espace, cela te permettra de choisir un verbe approprié :

– pour un objet vertical :
*arbre, bâtiment, monument, montagne…* ;
→ *se dresser, dresser* + COD
*s'élever, élever* + COD
*être érigé, déployer* + COD

– pour un objet horizontal :
*plaine, étendue d'eau, tapis…* ;
→ *s'étendre, étendre* + COD
*allonger, étirer, dérouler* + COD
*s'élargir, couvrir*

– pour des objets posés pêle-mêle ;
→ *joncher, s'éparpiller, parsemer, répandre*

– pour un objet placé en hauteur :
*lustre, montagne, rocher…*
→ *surplomber, dominer, surmonter, culminer*

● Utilise les verbes de perception :
*voir, apercevoir, découvrir (on voit, on aperçoit, on découvre, on distingue), entrevoir, remarquer (on entrevoit, on remarque).*

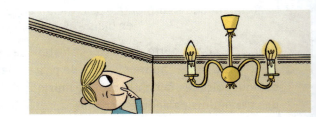

## EXOS

**1*** Modifie la construction des phrases en ajoutant un COD.

1. Les fleurs se dressaient le long du mur.
→ Les fleurs dressaient ........................................
........................................ le long du mur.

2. La mer s'étirait sur le sable.
→ La mer étirait ........................................
sur le sable.

3. Le donjon du château fort s'élève au sommet de la montagne.
→ Le donjon du château fort élève ........................
........................................ au sommet de la montagne.

4. Les montagnes semblaient se lancer vers le ciel.
→ Les montagnes semblaient lancer ..................
........................................ vers le ciel.

5. Le chemin serpentait sur le flanc de la montagne.
→ Le chemin faisait serpenter ...........................
........................................ sur le flanc de la montagne.

6. Des champs de blé se déploient tout autour de la maison.
→ Des champs déploient ......................................
.................. tout autour de la maison.

7. La ville s'étend le long du fleuve.
→ La ville étend ...................................................
le long du fleuve.

8. Les arbres, poussés par le vent, semblaient se jeter sur la route.
→ Les arbres, poussés par le vent, semblaient jeter ........................................ sur la route.

9. La bibliothèque s'appuie contre le mur.
→ La bibliothèque appuie ses ..........................
contre le mur.

**2*** Complète la phrase grâce aux verbes suivants conjugués au passé, au temps qui convient.

rencontrer – franchir – courir – reprendre (sa course) – s'arrêter

Les rayonnages de la bibliothèque ....................
le long des murs, ne ............................ que quand ils ............................ l'encadrement d'une porte, et ............................ sitôt qu'ils
............................ l'ouverture de la porte.

**3**** Dans les phrases suivantes, remplace *il y a* par un verbe. Tu peux modifier l'ordre des mots, mais tu dois pour chaque phrase trouver un verbe différent.

1. Dans le jardin, **il y a** un grand hêtre.
2. Sur la place de l'hôtel de ville, **il y a** la mairie.
3. **Il y a** deux tasses sur le guéridon.
4. **Il y a** un grand tapis au milieu de la pièce.
5. Dans l'entrée, **il y a** une tête de sanglier empaillée au-dessus de la cheminée.
6. Au milieu de la pièce, **il y a** une colossale table en chêne massif.
7. Devant chez moi, **il y a** la mer.
8. Sur le sol de sa chambre, **il y a** des vêtements en désordre.

**4***** Décris un lierre qui couvre la façade d'une maison, en utilisant (dans l'ordre souhaité) le plus grand nombre possible de verbes choisis dans la liste suivante. N'hésite pas à utiliser d'autres verbes de mouvement de ton choix.

escalader – arrêter sa course – enlacer – rebrousser chemin – bondir – s'agripper – se précipiter – fuir – s'élancer – se reposer – faire une halte – gagner du terrain – se hisser – atteindre – rejoindre

**5***** Décris précisément la pièce où tu te trouves en situant les différents éléments les uns par rapport aux autres sans employer une seule fois l'expression *il y a*. Pense à utiliser des verbes de perception et des verbes de mouvement.

LECTURE-ÉCRITURE

# 28 La description objective ou subjective

**OBJECTIF** • Distinguer description objective et description subjective

## COURS

La description peut avoir deux fonctions différentes :

- **Informer, donner des indications précises et exactes** à propos d'un animal, d'un objet… : on dit alors que la description est **objective** car elle est fidèle à l'objet qu'elle montre.
- **Séduire, distraire le lecteur** sans se soucier de la réalité : on dit alors que la description est **subjective** car elle reflète les sentiments ou la fantaisie de celui qui écrit.

## MÉTHODE

● Reconnaître description objective et description subjective

### LA CHENILLE

**Description objective**

Larve de Lépidoptère à corps allongé et généralement velu. La chenille est nuisible aux arbres et aux plantes dont elle mange les feuilles. Les chenilles sont généralement végétariennes.

**Description subjective**

Elle sort d'une touffe d'herbe qui l'avait cachée pendant la chaleur […]. Quelle belle chenille, grasse, velue, fourrée, brune avec des points d'or et des yeux noirs ! Guidée par l'odorat, elle se trémousse […] comme un épais sourcil.

Jules Renard, *Histoires naturelles,* 1896.

Les éléments qui caractérisent la **description objective** sont :
- le vocabulaire savant ou technique ;
- la précision du vocabulaire ;
- la phrase déclarative ;
- le présent de vérité générale.

Les éléments qui caractérisent la **description subjective** sont :
- la personnification ;
- la comparaison et la métaphore ;
- la phrase exclamative ;
- le présent de narration.

# EXOS

**1** Relie chaque animal à la description qu'en fait Jules Renard dans *Histoires naturelles* (1896).

1. les fourmis
2. le hanneton
3. le ver luisant
4. l'écureuil
5. le ver
6. l'araignée

a. « Cette goutte de lune dans l'herbe. »
b. « Une petite main noire et poilue crispée sur des cheveux. »
c. « Plus lourd que l'air, à peine dirigeable, têtu et ronchonnant, il arrive tout de même au but, avec ses ailes en chocolat. »
d. « Chacune d'elle ressemble au chiffre 3. Et il y en a ! il y en a ! Il y en a 333333333333... jusqu'à l'infini. »
e. « Leste allumeur de l'automne, il passe et repasse sous les feuilles la petite torche de sa queue. »
f. « En voilà un qui s'allonge comme une belle nouille. »

**2** Classe les descriptions suivantes dans le tableau. Ne reporte que les numéros.

1. La Mouette
Barque éclatante, drapeau à deux ailes, flèche de neige, nef tranquille dans la tourmente transparente, magnolia de plumes, triangle soutenu par l'air dans l'altitude.
Pablo Neruda.

2. Le Loup des Andes possède à la fois le museau fin, les grandes oreilles et le corps efflanqué du renard.
Victor et Larivière, *Les Loups*, 1980.

3. Îles couvertes de végétations
Îles tapies comme des jaguars
Îles muettes
Îles immobiles
Îles inoubliables et sans nom
Je lance mes chaussures par dessus bord car je voudrais bien aller jusqu'à vous.
Blaise Cendrars, *Feuilles de Route*, 1924
© Éditions Denoël, 1968.

4. La tour du Crédit Lyonnais a été inaugurée. Cette tour ronde (142 mètres de haut, 44 mètres de diamètre, 42 étages) est due à l'architecte américain Araldo Cossuta.
*Le Monde*, 1er juin 1977.

5. Je suis le diable, et non un simple chat. Je ne grandis pas. L'écureuil dans sa cage ronde est plus gros que moi. Je mange comme quatre, comme six, je n'engraisse pas.
Colette, *La Paix chez les bêtes*, 1916
© Librairie Arthème Fayard, 2004.

| Description objective | Description subjective |
|---|---|
| | |
| | |
| | |
| | |

**3** À la manière de Jules Renard, trouve une image pour décrire :

1. l'escargot : ...............................................................
2. la guêpe : ...............................................................
3. la baleine : ...............................................................

LECTURE-ÉCRITURE

# 29 Le portrait

**OBJECTIF** • Enrichir son vocabulaire pour dépeindre un physique et un caractère

## COURS

Faire le portrait d'un personnage consiste à en montrer le **physique** et le **caractère**.

### ● Le portrait physique

● Il consiste à décrire une personne en entier (dans ce cas, il s'agit d'un portrait en pied) ou bien uniquement son visage.

● Comme toute description, un portrait est organisé : souvent il commence par présenter la personne qui va être décrite et à en donner une vue d'ensemble (taille, silhouette, allure) ; ensuite la description s'attache à la forme et aux couleurs des différents éléments en suivant une logique (tête, cou, épaule, buste, taille, jambes, pieds s'il s'agit d'un portrait en pied ; cheveux, front, nez, pommettes, bouche, menton s'il s'agit d'un gros plan sur le visage).

### ● Le portrait moral

Pour qu'un portrait soit complet, il faut aussi présenter le caractère de la personne décrite, ses habitudes, son comportement, les gestes qui trahissent sa personnalité.

## MÉTHODE

### ● Composer un portrait physique

● Tu dois savoir désigner avec précision les différentes parties du corps et savoir qualifier leur forme et leur couleur par un vocabulaire précis.

● Par exemple, décrire une chevelure suppose que tu évoques la couleur, la longueur, l'aspect, la texture, la coiffure, les éventuels accessoires (peignes, barrettes, épingles…).

### ● Composer un portrait moral

● Tu dois connaître et enrichir le vocabulaire concernant le caractère afin que le portrait soit précis et nuancé :
– calme : *posé, serein, tranquille, paisible, doux, apaisé, bienheureux*… ;
– coléreux : *furieux, furibond, rageur, irrité, hargneux*… ;
– renfrogné : *bougon, revêche, maussade, boudeur*… ;
– gai : *joyeux, agréable, souriant, enjoué, réjoui, radieux*… ;
– timide : *craintif, réservé, peureux, rougissant, pudique, gauche, embarrassé*… ;
– hardi : *audacieux, assuré, effronté, énergique, entreprenant, intrépide, résolu*… ;
– hypocrite : *menteur, rusé, sournois, malhonnête*…

● Tu dois aussi être attentif aux aspects physiques qui peuvent révéler un caractère, et connaître (sans forcément y croire) les correspondances que les écrivains ont souvent établi entre un détail physique et un trait de caractère.
Front haut et dégagé : signe d'intelligence ; petite bouche fine : marque de cruauté ; mâchoire large : indice de volonté…

# EXOS

**1** * Classe les termes suivants en deux champs lexicaux opposés.

replet – graisse – ventripotent – gracile – sec – potelé – trapu – malingre – rachitique – décharné – dodu – gros – émacié – bouffi – maigreur – squelettique – joufflu – obèse – grêle – ventru – fluet – efflanqué – sveltesse – boursouflé – bourrelet – corpulent – mince – embonpoint

| Champ lexical de ................................... | Champ lexical de ................................... |
|---|---|
| .................................... .................................... | .................................... .................................... |

**2** * Relie chaque caractère au portrait qu'en fait La Bruyère dans *Les Caractères* (1688-1696).

1. le distrait
2. le méfiant
3. l'égoïste
4. le flatteur
5. le vantard

a. « S'il est convié à souper, il est le premier à louer le vin ; assis à table le plus proche de celui qui fait le repas, il répète souvent : "en vérité vous faites une [nourriture] délicate". »

b. « S'il envoie au marché un de ses domestiques y acheter des provisions, il le fait suivre par un autre qui doit lui rapporter fidèlement combien elles ont coûté. »

c. « Il a tout vu, tout lu […] Il aime mieux mentir que de se taire ou paraître ignorer quelque chose. »

d. « Il descend son escalier, ouvre sa porte pour sortir, il la referme, il s'aperçoit qu'il est en bonnet de nuit. »

e. « Il ne vit que pour soi […] Il oublie que le repas est pour lui et toute la compagnie, il se rend maître du plat. »

**3** ** Relie chacun des mots suivants à son antonyme en te servant du dictionnaire si besoin.

1. aquilin
2. raideur
3. glabre
4. cambré
5. chétif
6. élancé
7. disgrâce
8. hirsute
9. blême

a. peigné
b. robuste
c. trapu
d. plat
e. grâce
f. retroussé
g. vermeil
h. souplesse
i. barbu

**4** *** Trouve le nom qui correspond à chaque adjectif.

Ex. : curieux : la curiosité

1. gourmand : ....................
2. poli : ....................
3. orgueilleux : ....................
4. spontané : ....................
5. sincère : ....................
6. hypocrite : ....................
7. serein : ....................
8. pudique : ....................
9. audacieux : ....................
10. généreux : ....................

**5** *** Trouve le nom qui correspond à chaque verbe.

1. venger : ....................
2. vexer : ....................
3. pardonner : ....................
4. améliorer : ....................
5. convoiter : ....................
6. envier : ....................
7. reprocher : ....................
8. dissimuler : ....................

Livret de corrigés *p. 8*

LECTURE-ÉCRITURE

# 30 La lecture de l'image

**OBJECTIF** • Décrire et interpréter une image

## COURS

Une image est la représentation d'un être, d'un paysage, d'une chose… sur un support.

### ● Image fixe et image mobile

● L'image fixe concerne le dessin, la peinture, la photographie… L'image mobile le cinéma, le film d'animation…

● Différents éléments entrent dans la composition d'une image fixe ou mobile : les **couleurs**, le **cadrage** qui met en scène un **plan** (d'ensemble, moyen ou américain, gros plan…), le **point de vue** (frontal, en plongée ou en contre-plongée).

### ● Les fonctions de l'image

● **Illustrer**, **raconter** : une image peut représenter un épisode de conte, de roman d'aventure, de fable…

● **Informer**, **dénoncer**, **critiquer** : un dessin ou une photographie a la capacité de faire réfléchir, d'attirer l'attention sur un problème, une injustice…

● **Faire vendre** : la publicité utilise de nombreuses images pour séduire, pour donner envie au consommateur d'acquérir quelque chose.

## MÉTHODE

### ● Analyser une image

*La création d'Ève*, **Michel-Ange, 1512, plafond de la chapelle Sixtine, Rome**

● **Identifier** : l'auteur (Michel-Ange), la nature de l'image (une fresque), le sujet (un épisode de la Genèse : Dieu crée Ève à partir d'une côte d'Adam), le titre, la date (Renaissance).

● **Analyser** : le cadrage (plan d'ensemble mettant en scène trois personnages), le point de vue (frontal), les couleurs (contraste entre la couleur chair des deux personnages nus et les plis colorés du vêtement de Dieu), la composition (lignes obliques pour Adam endormi et pour Ève qui émerge, ligne verticale pour Dieu).

● **Interpréter** : La toute-puissance divine est symbolisée par le contraste entre la position verticale et dominante de Dieu (geste de commandement de la main) et celle d'Ève, dans une posture de soumission et d'obéissance (mains jointes).

# EXOS

## 1. Observe l'œuvre représentée et coche la bonne réponse.

1. Cette œuvre est :
   ❏ une fresque   ❏ une enluminure (alliant texte et image)

2. Le sujet est :
   ❏ historique   ❏ mythologique

3. L'époque est :
   ❏ classique   ❏ médiévale

4. Le cadrage propose :
   ❏ un gros plan sur le personnage de Clovis
   ❏ un plan d'ensemble mettant en scène plusieurs personnages

5. La colombe représente :
   ❏ la liberté   ❏ l'Esprit saint

6. L'image a une valeur :
   ❏ descriptive   ❏ argumentative

*Baptême de Clovis par saint Rémi, évêque de Reims*, en 496. La Colombe apporte les saintes huiles.

## 2. Relie chaque image à sa fonction. Justifie ta réponse.

1. •   2. •   3. •

•   •   •
dénoncer/faire réfléchir   vendre   raconter/illustrer

## 3. Associe ces descriptions à un point de vue de l'image ou à un procédé cinématographique.

**1.** Le vent soufflait sous la porte et la pièce, à peine éclairée par la flamme couchée de la bougie, lui parut sinistre ; le plafond très haut disparaissait dans l'ombre.

J.-K. Huysmans, *En Route*, 1895.

**2.** La petite vallée de Verrière peut passer pour une des plus jolies villes de la Franche-Comté. Ses maisons blanches avec leurs toits pointus de tuiles rouges s'étendent sur les pentes d'une colline […]. À peine entre-t-on dans la ville que l'on est étourdi par le fracas d'une machine puissante et terrible en apparence […]. Pour peu que le voyageur s'arrête quelques instants dans [la] grande rue de Verrière […] il verra paraître un grand homme à l'air affairé et important. […] Ses cheveux sont grisonnants, il est vêtu de gris.

Stendhal, *Le Rouge et le Noir*, 1830.

**3.** Quand après avoir tâtonné longtemps dans la ténébreuse spirale qui perce […] l'épaisse muraille des clochers on débouche enfin sur une des deux plates-formes, inondées de jour et d'air, c'était un beau tableau que celui qui se déroulait à la fois de toutes parts sous les yeux. […] C'était d'abord un éblouissement de toits, de cheminées, de rues, de ponts, de places […]. Tout vous prenait aux yeux à la fois.

Victor Hugo, *Notre-Dame de Paris*, 1831.

LECTURE-ÉCRITURE

# 31 La poésie

**OBJECTIF** • Compter les syllabes, nommer les types de vers et de rimes

## COURS

Un poème est un ensemble de lignes mesurées, rythmées et musicales. Chaque ligne s'appelle un **vers**.

### ● Le vers

Il commence par une majuscule et comporte un nombre variable de syllabes :
- 12 syllabes = un **alexandrin** ;
- 10 syllabes = un **décasyllabe** ;
- 8 syllabes = un **octosyllabe**.

### ● La strophe

C'est un groupe de vers séparé du groupe suivant par un blanc :
- groupe de 3 vers = un **tercet** ;
- groupe de 4 vers = un **quatrain** ;
- groupe de 10 vers = un **dizain**.

### ● La rime

C'est le son (ou le groupe de sons) identique(s) que l'on retrouve à la fin des vers. Il existe trois types de disposition des rimes au sein d'un quatrain.

| a<br>a<br>b<br>b | } = rimes plates ou suivies | a<br>b<br>a<br>b | } = rimes croisées | a<br>b<br>b<br>a | } = rimes embrassées |

## MÉTHODE

### ● Compter les syllabes

Le *-e* à la fin d'un mot doit être parfois prononcé, parfois non.

● À l'intérieur du vers :
– le *-e* compte si le mot suivant commence par une consonne ;
L'air / pè / se / sur le dos des collines…
  1    2   3  4…

– le *-e* ne compte pas si le mot suivant commence par une voyelle. On dit que le *-e* est **muet**.
Cha / qu(e) ar / br(e) est / im / mo / bi / le attentif à tout bruit.
  1    2     3     4   5 …

● En fin de vers, le *-e* est toujours muet.
Mê / me / le / peu / pli / er / trem / blant / re / tient / son / souffl(e).
 1   2   3   4   5   6   7    8    9   10   11   12

# EXOS

**1** * Compte les syllabes des vers de cet extrait d'une fable de La Fontaine en isolant chacune d'elles par un trait vertical. Indique dans le tableau le nom de chaque vers.

1. Le Loup reprit : « Que me faudra-t-il faire ?
2. – Presque rien, dit le Chien, donner la chasse [aux gens
3. Portants bâtons, et mendiants ;
4. Flatter ceux du logis, à son Maître [complaire :
5. Moyennant quoi votre salaire
6. Sera force reliefs de toutes les façons. »

| Vers | Nombre de syllabes | Nom du vers |
|---|---|---|
| 1 | | |
| 2 | | |
| 3 | | |
| 4 | | |
| 5 | | |
| 6 | | |

**2** ** Le poème suivant est mal disposé. À toi de le réécrire, en tenant compte des rimes et du nombre de syllabes (8) par vers. Mets une majuscule au début de chaque vers. Le poème comporte trois strophes.

> Le nez rouge, la face blême, sur un pupitre de glaçons, l'Hiver exécute son thème dans le quatuor des saisons. Il chante d'une voix peu sûre des airs vieillots et chevrotants ; son pied glacé bat la mesure et la semelle en même temps. Et comme Haendel*, dont la perruque perdait sa farine en tremblant, il fait envoler de sa nuque la neige qui le poudre à blanc.
> Théophile Gautier, *Émaux et Camées*, 1852.

\* Haendel est un célèbre compositeur allemand du XVIIIe siècle.

**3** ** Complète les vers de ce poème d'Apollinaire, fait de rimes plates et d'octosyllabes.

Liste de mots : églises, carrés, sages, rêvant, jardins, résigne, dorés, passage, signe, baladins, grises, devant.

### Saltimbanques

Dans la plaine les ......................

S'éloignent au long des ......................

Devant l'huis des auberges ......................

Par les villages sans ......................

Et les enfants s'en vont ......................

Les autres suivent en ......................

Chaque arbre fruitier se ......................

Quand de très loin ils lui font ......................

Ils ont des poids ronds ou ......................

Des tambours, des cerceaux ......................

L'ours et le singe animaux ......................

Quêtent des sous sur leur ......................

*Alcools*, 1913.

**4** *** Le poème suivant est en principe fait d'alexandrins, mais dans chaque vers, un intrus s'est glissé et a tout gâché ! À toi de chasser le mot « en trop » sans rien changer au reste du vers.

> Le carnaval s'en va, les roses vont alors éclore.
> Sur les flancs des beaux coteaux déjà court [le gazon.
> Cependant du plaisir la si frileuse saison
> Sous ses minuscules grelots légers rit et [voltige encore.
> Tandis que soulevant enfin les voiles de [l'aurore
> Le Printemps très inquiet paraît à l'horizon.
> Alfred de Musset, « À la mi-carême », *Poésies nouvelles*, 1850.

Un conseil de méthode : compte le nombre de syllabes par vers, déduis-en combien il y a de syllabes en trop, et cherche parmi les mots comportant ce nombre de syllabes celui que tu peux éliminer.

**Ex. : vers 1 :** deux syllabes en trop. Logiquement, j'élimine « alors » car les autres mots de deux syllabes sont absolument nécessaires.

# 32 — Métaphore et comparaison

LECTURE-ÉCRITURE

**OBJECTIF** • Varier les outils de la comparaison et analyser une métaphore

## COURS

● La **comparaison** établit un rapport de ressemblance entre deux éléments grâce à un outil comparatif : Il est rapide **comme** l'éclair.

● La **métaphore** est en quelque sorte un raccourci de la comparaison. Dans la métaphore, sont effacés l'outil de comparaison ainsi que le point sur lequel porte la ressemblance.

Si on transforme la comparaison *il est rapide comme l'éclair* en métaphore, on obtient : *c'est un éclair*.
Ici ont disparu :
– *comme* : l'outil de comparaison,
– *la rapidité* : l'élément de ressemblance.

## MÉTHODE

● **Varier les outils de la comparaison**

Les outils de comparaison sont nombreux. *Comme* n'est qu'un exemple.

Il est rapide **comme** l'éclair.
**Il ressemble à** l'éclair, tant il court vite.
**Tel** l'éclair, il court vite.

Sa vitesse est **semblable à** celle de l'éclair...
**Pareil à** l'éclair, il court vite.
Il court **aussi vite que** l'éclair.

● **Analyser une métaphore**

● Si la comparaison est immédiatement compréhensible, la métaphore, elle, demande à être analysée, déchiffrée. Elle est plus **mystérieuse** dans la mesure où la ressemblance entre les deux éléments n'est pas expliquée et dans la mesure aussi où le premier élément est souvent effacé.

● Exemple : N'ouvre pas les noix ainsi, tu vas te casser les **dominos**.
***Dominos*** est ici une métaphore ; ce mot est mis pour le mot ***dents*** qui, lui, est **absent** de la phrase. Si *dominos* peut remplacer *dents*, c'est parce qu'une série d'éléments leur sont communs.

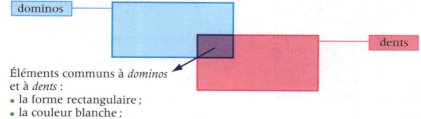

Éléments communs à *dominos* et à *dents* :
• la forme rectangulaire ;
• la couleur blanche ;
• l'aspect lisse.

Le schéma montre bien qu'**une partie seulement** des sens de *dents* et de *dominos* est commune. Si la totalité des sens de *dominos* était semblable à ceux de *dents*, on n'aurait plus affaire à une métaphore mais à des synonymes.

## EXOS

**1** *
Formule une comparaison de plusieurs façons, par exemple « trembler comme une feuille », en utilisant les différentes locutions comparatives vues à la page précédente.

**2** **
Souligne en rouge les métaphores et en bleu les comparaisons dans ces extraits d'un poème que Hugo consacre à sa fille.

Elle avait l'air d'une princesse
Quand je la tenais par la main
Elle cherchait des fleurs sans cesse
Et des pauvres dans le chemin.
[…]

Oh ! Je l'avais, si jeune encore,
Vue apparaître en mon destin
C'était l'enfant de mon aurore
Et mon étoile du matin.
[…]

Nous revenions, cœur plein de flammes
En parlant des splendeurs du ciel.
Je composais cette jeune âme
Comme l'abeille fait son miel.

Doux ange aux candides pensées
Elle était gaie en arrivant
Toutes ces choses sont passées
Comme l'ombre et comme le vent.

Victor Hugo, « Quand nous habitions »,
*Contemplations*, 1856.

**3** ***
En t'aidant de l'exemple étudié à la page précédente, analyse les métaphores suivantes.

Dans la première phrase, le mot utilisé en métaphore est indiqué en **gras**. Pour les autres, trouve-les seul(e) et remplis le schéma.

**1.** Il n'a plus un poil sur le **caillou**.

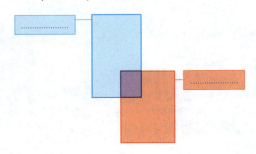

Points communs : ...........................................
.........................................................................
.........................................................................

**2.** « Je vous aime, dit-elle, vous êtes mon lion superbe et généreux. »

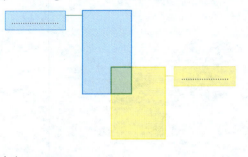

Points communs : ...........................................
.........................................................................
.........................................................................

**3.** « Le ciel, à l'ouest, verse sa cendre fine. »

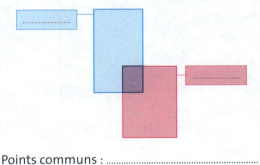

Points communs : ...........................................
.........................................................................
.........................................................................

**4.** « Le temps mange la vie. » (Baudelaire)

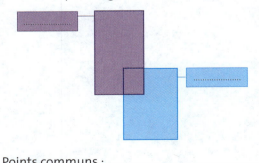

Points communs : ...........................................
.........................................................................
.........................................................................

# Maths

| 1 | Priorités opératoires | 74 |
| 2 | Proportions et fréquences | 76 |
| 3 | Écriture fractionnaire (1) | 78 |
| 4 | Écriture fractionnaire (2) | 80 |
| 5 | Relatifs (1) | 82 |
| 6 | Relatifs (2) | 84 |
| 7 | Relatifs (3) | 86 |
| 8 | Expressions littérales | 88 |
| 9 | Proportionnalité | 90 |
| 10 | Pourcentages | 92 |
| 11 | Échelles / Mouvement uniforme | 94 |
| 12 | Relevés statistiques | 96 |
| 13 | Statistiques : caractéristiques de position et analyse | 98 |
| 14 | Le hasard | 100 |
| 15 | Symétrie centrale | 102 |
| 16 | Symétrie et figures | 104 |
| 17 | Angles et parallélisme | 106 |
| 18 | Constructions de triangles | 108 |
| 19 | Angles dans un triangle | 110 |
| 20 | Parallélogrammes | 112 |
| 21 | Quadrilatères particuliers | 114 |
| 22 | Aires | 116 |

+ une évaluation page 272

# 1 Priorités opératoires

**NOMBRES ET CALCULS**

**OBJECTIF • Organiser un calcul**

## COURS

● **Règle 1**
Les calculs entre **parenthèses** sont **prioritaires**.

● **Règle 2**
En l'absence de parenthèses, les **multiplications** et les **divisions** sont **prioritaires** sur l'addition et la soustraction.

● **Règle 3**
En l'absence de parenthèses et s'il n'y a que des additions et des soustractions, on effectue les calculs dans le sens de lecture, c'est-à-dire de la **gauche vers la droite**.

● **Règle 4**
S'il n'y a que des additions ou des multiplications, on peut faire les calculs dans n'importe quel ordre.

## MÉTHODE

● **Effectuer des calculs avec parenthèses**

A = (7 − 3) × (6 − 2,5)         B = 4 × (15 − (8,1 − 4))
A =    4    ×   3,5              B = 4 × (15 −   4,1)         On effectue d'abord
A =   14                         B = 4 ×    10,9              les parenthèses
                                 B = 43,6                     « intérieures ».

● **Effectuer des calculs sans parenthèses**

| Expression numérique | Priorité | Calcul | Résultat | Avec une calculatrice connaissant les priorités |
|---|---|---|---|---|
| 9 + 7 × 5 | = 9 + **7 × 5** | = 9 + **35** | = 44 | 9 [+] 7 [×] 5 [=] |
| 9 + $\frac{7}{5}$ | = 9 + $\frac{\mathbf{7}}{\mathbf{5}}$ | = 9 + **1,4** | = 10,4 | 9 [+] 7 [÷] 5 [=] |
| $\frac{9+7}{5}$ | = $\frac{\mathbf{9+7}}{5}$ | = $\frac{\mathbf{16}}{\mathbf{5}}$ | = 3,2 | [(] 9 [+] 7 [)] [÷] 5 [=] ou 9 [+] 7 [=] [÷] 5 [=] |

● **Utiliser plusieurs règles dans un même calcul**

C = 22 − 9 × (6 − 4)    + 7 × 5
C = 22 − 9 ×    2       + 7 × 5      règle **1**
C = 22 −       18       +  35        règle **2**
C =          4          +  35        règle **3**
C = 39.

# EXOS

**1** * Effectue les calculs suivants.

A = 10,2 + 6 × 5,2 − 12,5
B = 9,8 − 8,9 + 11,1 × 6 + 6 × 1,5
C = 4,5 × 3,2 − 3,2 × 0,5

**2** * Même exercice.

A = 2 + (15 × 3 − 3) × 10
B = (10 + 4) × 7 − 7 × (15 − 3 × 4)
C = 5 × (6 × 2 − 5) × 4 + 25 ÷ (1 + 7 × 7)

**3** * Même exercice.

A = 12,5 + 3 × [14 − (7 + 4)] − 7,2
B = 93,7 − [2,8 + 5,1 × (7 − 4,5)] + 12,5
C = 3,5 + [7,3 − (4,1 + (2 − 3 × 0,5))]

**4** ** En utilisant une fois et une seule chaque symbole +, −, ×, rends justes les égalités suivantes.

5 ...... 4 ...... 10 ...... 7 = 17
12 ...... 3 ...... 7 ...... 9 = 72
8 ...... 4 ...... 10 ...... 15 = 33

**5** ** Même exercice.

8 ...... (5 ...... 3) ...... 2 = 62
240 ...... 8 ...... (12 ...... 8) = 80
2 ...... [17 ...... (15 ...... 2)] = 60

**6** ** Effectue les calculs suivants en indiquant l'étape intermédiaire.

$A = 5 \times 3 + 5$ ;   $B = 5 + 3 \times 5$ ;   $C = 5 + \dfrac{3}{5}$ ;

$D = \dfrac{5}{3+5}$ ;   $E = \dfrac{5+3}{5}$ ;   $F = 3 + \dfrac{5}{5}$ ;

$G = 9 + 1 \times 10$ ;   $H = 9 + \dfrac{1}{10}$ ;   $I = \dfrac{9+1}{10}$ ;

$J = \dfrac{9}{10-1}$ ;   $K = \dfrac{9-1}{10}$ ;   $L = \dfrac{25}{4} - 3$ ;

$M = \dfrac{5-3}{5} + 5 - \dfrac{4+7}{10} + 2$ ;   $N = 5 \times 7 \div 2$.

**7** ** Réponds par vrai ou faux.

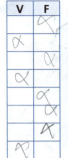

1. 100 − 10 × 10 = 900
2. 10 × 10 × 10 = 1 000
3. 10 + 10 + 10 = 1 000
4. 17 × (5 − 5) = 0
5. 5 − 5 × 17 = 0
6. 0,1 × 0,1 = 0,2
7. 9 − 8 + 7 − 6 + 5 − 4 + 3 − 2 + 1 = 0
8. 0,1 + 0,1 = 0,2

**8** *** De retour sous la tente, Antoine s'aperçoit qu'il a oublié un de ses outils sur la plage ! Lequel ? Pars du point O et relie les nombres obtenus à partir des calculs encadrés.

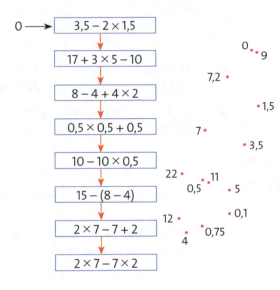

**9** *** Traduis chaque phrase par un calcul et effectue ce calcul.

1. Le produit de 3 par la somme de 18 et de 5 ;
2. La somme du produit de 3 par 18 et de 5 ;
3. La somme de 3 et du produit de 18 par 5 ;
4. Le produit de la somme de 3 et de 18 par la différence de 18 et de 3 ;
5. La somme du produit de 3 par 18 et du produit de 3 par 5.

# 2 Proportions et fréquences

**NOMBRES ET CALCULS**

**OBJECTIF** • Savoir calculer une proportion

## COURS

● **Définition :** On considère un ensemble E de référence et une partie A de cet ensemble.
On appelle proportion de A dans E le quotient du nombre d'éléments de A par le nombre d'éléments de E.

Proportion de A dans E = $\dfrac{\text{Nombre d'éléments de A}}{\text{Nombre d'éléments de E}}$

**Exemple :** Dans une ville de 7 500 habitants, il y a 4 300 femmes.
Les habitants de la ville représentent l'ensemble E et les femmes représentent la partie A.
La proportion de femmes dans cette ville est égale à la fraction $\dfrac{4300}{7500}$.

On peut donner le résultat sous la forme :
- d'une fraction $\dfrac{4300}{7500} = \dfrac{43 \times 100}{75 \times 100} = \dfrac{43}{75}$.
- d'un nombre décimal (valeur exacte ou approchée) $\dfrac{43}{75} = 0{,}57$ arrondi à 0,01 près
- d'un pourcentage $0{,}57 = \dfrac{57}{100} = 57\ \%$.

● **Vocabulaire :** On parle de la **proportion** de A dans E ou de **part** de A dans E ou encore de **fréquence** de A dans E. Ces trois mots désignent la même chose.

● **Propriété :** La **proportion**, la **part**, la **fréquence** de A dans E est un nombre toujours compris entre 0 et 1.

## MÉTHODE

● **Comment calculer une fréquence ou une proportion ?**

• Déterminer la fréquence de la lettre « e » (avec un accent ou sans un accent) dans le phrase suivante :« Louane est une élève sérieuse et appliquée »
On compte le nombre total de lettres : 36, parmi ces 36 lettres, il y a 12 « e ».

• La fréquence d'utilisation de la lettre « e » est donc égale à : $\dfrac{12}{36} = \dfrac{1 \times 12}{3 \times 12} = \dfrac{1}{3}$.

• On dit aussi que la proportion de « e » dans la phrase est de $\dfrac{1}{3}$

● **À quoi servent les proportions ?**

• Les proportions servent principalement à comparer.

**Exemple :** Comparaison de la teneur de sucre d'une confiture.
Sur un pot 1, on peut lire : « 280 g de sucre pour 500 g de confiture »
Sur un pot 2 de 1,5 kg, on peut lire « la moitié du pot de confiture est constituée de sucre ».
Pour le pot 1, la proportion de sucre est égale à $\dfrac{280}{500} = \dfrac{28 \times 10}{50 \times 10} = \dfrac{28}{50} = \dfrac{2 \times 14}{2 \times 25} = \dfrac{14}{25} = 0{,}56$.

Pour le pot 2, la proportion de sucre est égale à = 0,5.
Le pot 1 contient donc plus de sucre en proportion.

# EXOS

**1** ** **Une grande trousse contient 27 crayons, 3 rouges, 20 verts et 4 blancs**

Détermine la proportion de crayons de chaque couleur dans cette trousse.

**2** ** **Réponds par Vrai ou Faux et justifie ta réponse.**

Pour chaque question, on utilise l'énoncé suivant :

Dans un sac de billes contenant 27 billes, on compte 3 billes rouges, 20 billes vertes et 4 billes blanches.

**A.** On ajoute une bille de chaque couleur, on peut dire alors que les proportions de billes n'ont pas changé.

**B.** On ajoute 6 billes rouges, 40 billes vertes et 8 billes blanches, on peut dire alors que les proportions de billes n'ont pas changé.

**C.** On enlève une bille de chaque couleur, on peut dire alors que les proportions de billes n'ont pas changé.

**3** *** **Dans un sac de ballons contenant 27 billes, on compte 3 ballons rouges, 20 ballons vertes et 4 ballons blanches.**

**A.** Quels échanges doit-on faire pour que les proportions de ballons de chaque couleur soit les mêmes ?

**B.** Existe-il plusieurs solutions ?
Si oui donne-en 2 ou 3, sinon, explique pourquoi.

**4** *** Julian a 50 billes, parmi ses billes 8 sont blanches, 14 sont vertes et 28 sont jaunes.
Anaïs a 42 billes, 5 sont blanches, 10 sont vertes, 9 sont jaunes et 18 sont orages fluo.
Louane n'a que 5 billes, 4 blanches et 1 orange fluo.
En sortant de son cours de maths, Louane prétend que c'est elle qui a le plus de billes blanches en proportion.

**A.** Comment expliquer cette affirmation ?

**B.** Julian décide de donner des billes blanche à Anaïs afin qu'elle en ait autant que Louane en proportion.
Est-ce que c'est possible ? Explique pourquoi.

**5** ** Sur un pot de confiture aux myrtilles, on peut lire « 350 g de sucre ajouté pour 500 g de fruits ».
Sur un pot 750 g de confiture de framboises, on peut lire « contient 450 g de sucre ».

Quel pot de confiture est le plus sucré en proportion ?

**6** ** Sur une bouteille de soda rouge de 1 litre, on peut lire « contient 250 g de sucre ».
Sur une canette de soda vert de 75 cl, on peut lire « contient 35 g de sucre ».

Quelle boisson est la plus sucrée en proportion ?

**7** ** En décembre 2015, le nombre de chômeurs est égal à 5 590 600. La population de la France de 66,3 millions d'habitants.
Il y a 28,6 millions de personnes en âge de travailler.

**1.** Quelle est la proportion de personnes au chômage en France ?
Choisir la (ou les) bonne(s) réponse(s).

**a.** $\dfrac{5\,590\,600}{66,3}$  **b.** $\dfrac{5\,590\,600}{66\,300\,000}$

**c.** $\dfrac{28,6}{66,3}$  **d.** $\dfrac{5\,590\,600}{28\,600\,000}$

**e.** $\dfrac{5\,590\,600}{66,3 - 28,6}$  **f.** $\dfrac{5,5906}{28,6}$

**g.** $\dfrac{28,6}{5\,590\,600}$

**2.** Le gouvernement souhaite que le chômage soit inférieur à 10%.
Si on appelle N le nombre de chômeurs, à combien doit être égal N ?

**8** *** Hier, entre 21 h et 21 h 30, 8 900 000 Français étaient devant leur télévision.
Parmi eux, 2 400 000 regardaient TF1 et 1 900 000 regardaient M6.
Entre 23 h et 23 h 30, seuls 2 100 000 regardaient encore la télé. Parmi eux, 590 000 regardaient un reportage sur RMC Découverte.

**A.** Comment expliquer le fait que le directeur de la chaine ARTE prétend que c'est lui qui a fait la meilleure audience de la soirée ?

**B.** Combien de téléspectateurs supplémentaires aurait dû avoir la chaine M6 pour avoir une audience égale entre 21 h et 21 h 30 à celle de la chaine ARTE entre 23 h et 23 h 30 ?

# 3 Écriture fractionnaire (1)

**OBJECTIF** • Simplifier et comparer des fractions

## COURS

### • Vocabulaire

$\frac{6}{4}$ est une écriture fractionnaire de 1,5 ; le **numérateur** 6 et le **dénominateur** 4 sont des nombres entiers : on dit que $\frac{6}{4}$ est une **fraction**.

### • Règle 1 (égalité de nombres en écriture fractionnaire)

$a$, $b$, $k$ étant des décimaux positifs ($k \neq 0$ et $b \neq 0$) : $\frac{ka}{kb} = \frac{a}{b}$.

On passe d'une écriture à l'autre en multipliant, ou divisant, numérateur **et** dénominateur par un **même** nombre non nul. Un nombre a donc une infinité d'écritures fractionnaires.

### • Règle 2 (comparaison)

En écriture fractionnaire, deux nombres positifs de même dénominateur sont rangés dans le même ordre que les numérateurs.

## MÉTHODE

### • Diviser par un nombre décimal

**Exemple :** Diviser 14,76 par 0,9.

• Tu rends le diviseur entier en utilisant la règle 1 du Cours.

$14{,}76 \div 0{,}9 = \frac{14{,}76}{0{,}9} = \frac{14{,}76 \times 10}{0{,}9 \times 10} = \frac{147{,}6}{9}$.

• Tu poses la division : en 14 combien de fois 9 ? 1 fois…
• N'oublie pas la virgule au quotient quand tu « abaisses » le 6 du dividende. Diviser 14,76 par 0,9 revient donc à diviser 147,6 par 9.

### • Simplifier une fraction

$\frac{225}{180} = \frac{5 \times 45}{5 \times 36} = \frac{45}{36} = \frac{9 \times 5}{9 \times 4} = \frac{5}{4}$ règle 1 (on simplifie par 5 et par 9).

La simplification est terminée quand la fraction obtenue a le plus petit dénominateur possible. Cette fraction est dite **irréductible** : $\frac{5}{4}$ est irréductible.

### • Comparer deux fractions

• Le dénominateur d'une des fractions est multiple de l'autre : comparer $\frac{5}{8}$ et $\frac{31}{48}$.

$\frac{5}{8} = \frac{5 \times 6}{8 \times 6} = \frac{30}{48}$ (**règle 1**)   donc   $\frac{30}{48} = \frac{5}{8} < \frac{31}{48}$ (**règle 2**).

• Les fractions ont le même numérateur : elles sont rangées dans l'ordre contraire de leurs dénominateurs. Ainsi $\frac{4}{7} > \frac{4}{9}$ car 7 < 9.

# EXOS

**1** ★ Exprime sous forme d'une fraction la partie colorée de chaque figure ; puis range ces fractions dans l'ordre croissant (de la plus petite à la plus grande).

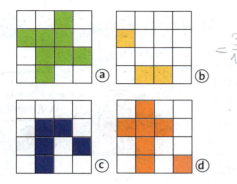

**2** ★

A   M   N   B   P

Complète :

AM = $\dfrac{...}{3}$ AB ; AN = $\dfrac{...}{4}$ AB ; AP = $\dfrac{...}{...}$ AB.

**3** ★ **1.** Parmi les fractions suivantes, lesquelles sont inférieures à 1, égales à 1, supérieures à 1 ?

$\dfrac{12}{13}$ ; $\dfrac{17}{15}$ ; $\dfrac{23}{22}$ ; $\dfrac{15}{15}$ ; $\dfrac{15}{14}$ ; $\dfrac{14}{14}$ ; $\dfrac{17}{19}$.

**2.** Sans calculatrice, compare $\dfrac{23}{22}$ et $\dfrac{17}{19}$.

**4** ★ **1.** Écris chacun des nombres suivants sous la forme de fractions.

3,7 ; 10,2 ; 0,1 ; $\dfrac{5,3}{1,2}$ ; $\dfrac{0,1}{5,5}$ ; $\dfrac{17,21}{4,5}$ ; $\dfrac{1,04}{1,4}$ ; $\dfrac{7}{2,5}$.

**2.** Écris chacun des nombres suivants sous la forme d'une fraction irréductible.

$\dfrac{30}{70}$ ; $\dfrac{48}{16}$ ; $\dfrac{7}{14}$ ; 1,2 ; 0,25 ; $\dfrac{30}{45}$ ; $\dfrac{56}{42}$ ; $\dfrac{180}{450}$.

**5** ★ Écris les nombres suivants sous la forme d'une fraction de dénominateur 100.

1,11 ; $\dfrac{17}{2}$ ; $\dfrac{3}{50}$ ; $\dfrac{9}{4}$ ; $\dfrac{21}{25}$.

**6** ★★ Range dans l'ordre croissant, sans les calculer, les fractions de **1**, de **2**, de **3** et de **4**.

**1.** $\dfrac{7}{4}$ ; $\dfrac{1}{4}$ ; $\dfrac{9}{4}$ ; $\dfrac{3}{4}$ ; $\dfrac{5}{4}$.    **2.** $\dfrac{21}{34}$ ; $\dfrac{18}{12}$ ; $\dfrac{17}{34}$ ; $\dfrac{15}{12}$.

**3.** $\dfrac{3}{5}$ ; $\dfrac{3}{7}$ ; $\dfrac{3}{2}$ ; $\dfrac{3}{8}$ ; $\dfrac{3}{1}$.    **4.** $\dfrac{11}{12}$ ; $\dfrac{7}{8}$ ; $\dfrac{23}{24}$ ; $\dfrac{5}{6}$ ; $\dfrac{3}{4}$.

**7** ★★★ Complète les égalités suivantes.

**1.** $\dfrac{9}{7} = \dfrac{54}{...}$ ; $\dfrac{28}{24} = \dfrac{7}{...}$ ; $\dfrac{3}{27} = \dfrac{...}{9}$ ; $\dfrac{5}{6} = \dfrac{...}{42}$.

**2.** $\dfrac{11}{0,27} = \dfrac{...}{27}$ ; $\dfrac{12}{25} = \dfrac{48}{...}$ ; $\dfrac{78}{65} = \dfrac{6}{...}$ ; $\dfrac{4}{0,1} = \dfrac{40}{...}$.

**8** ★★ Même exercice.

**1.** 128 × 0,1 = ...    **2.** 128 ÷ 0,1 = ...

**3.** 0,61 × ... = 610    **4.** 7,8 ÷ ... = 7 800

**9** ★★★ Calcule les quotients suivants.

**1.** 24 ÷ 2,4    **2.** 12,6 ÷ 0,4

**3.** 7,875 ÷ 3,5    **4.** 46,874 ÷ 2,3

**10** ★★★ Calcule.

**1.** $\dfrac{\left(\dfrac{9}{15}\right)}{6}$ et $\dfrac{9}{\left(\dfrac{15}{6}\right)}$.

**2.** On convient que $\dfrac{\left(\dfrac{9}{15}\right)}{6} = \dfrac{\dfrac{9}{15}}{6}$ et que $\dfrac{9}{\left(\dfrac{15}{6}\right)} = \dfrac{9}{\dfrac{15}{6}}$.

(Bien repérer la position du trait de fraction par rapport au signe « = ».)

Rétablis les parenthèses dans les expressions suivantes, puis effectue les calculs.

$a = \dfrac{10}{\dfrac{4}{4}}$ ; $b = \dfrac{\dfrac{10}{4}}{4}$ ; $c = 4 + \dfrac{7}{\dfrac{5}{4}}$ ; $d = 3 - \dfrac{\dfrac{7}{5}}{4}$.

# 4 Écriture fractionnaire (2)

NOMBRES ET CALCULS

**OBJECTIF** • Additionner et multiplier des fractions

## COURS

● **Addition dans le cas où les dénominateurs sont les mêmes**

$a$, $b$, $c$ étant des nombres positifs ($c \neq 0$),

$\dfrac{a}{c} + \dfrac{b}{c} = \dfrac{a+b}{c}$ ← on additionne les numérateurs,
← on conserve le dénominateur.

● **Multiplication**

$a$, $b$, $c$, $d$ étant des nombres positifs ($b \neq 0$ et $d \neq 0$),

$\dfrac{a}{b} \times \dfrac{c}{d} = \dfrac{ac}{bd}$ ← on multiplie les numérateurs,
← on multiplie les dénominateurs.

## MÉTHODE

● **Utiliser la règle d'addition ou de soustraction**

• Les fractions ont le même dénominateur : $\dfrac{4}{3} + \dfrac{7}{3} = \dfrac{11}{3}$.

• Les dénominateurs ne sont pas les mêmes ; avant d'additionner, on trouve un dénominateur commun : $\dfrac{3}{7} + \dfrac{13}{28} = \dfrac{3 \times 4}{7 \times 4} + \dfrac{13}{28} = \dfrac{12}{28} + \dfrac{13}{28} = \dfrac{25}{28}$.

• Parfois, on peut simplifier :

– le résultat : $\dfrac{9{,}5}{12} - \dfrac{1{,}5}{12} = \dfrac{8}{12} = \dfrac{4 \times 2}{4 \times 3} = \dfrac{2}{3}$.

– les fractions proposées : $\dfrac{3}{7} + \dfrac{12}{28} = \dfrac{3}{7} + \dfrac{4 \times 3}{4 \times 7} = \dfrac{3}{7} + \dfrac{3}{7} = \dfrac{6}{7}$.

● **Utiliser la règle de multiplication**

$\dfrac{4}{7} \times \dfrac{3}{5} = \dfrac{4 \times 3}{7 \times 5} = \dfrac{12}{35}$.

Quand on peut simplifier, le faire **avant** d'effectuer.

Ainsi mieux vaut faire : $\dfrac{4}{5} \times \dfrac{15}{7} = \dfrac{4 \times 15}{5 \times 7} = \dfrac{4 \times \cancel{5} \times 3}{\cancel{5} \times 7} = \dfrac{4 \times 3}{7} = \dfrac{12}{7}$

que faire : $\dfrac{4}{5} \times \dfrac{15}{7} = \dfrac{4 \times 15}{5 \times 7} = \dfrac{60}{35} = \dfrac{\cancel{5} \times 12}{\cancel{5} \times 7} = \dfrac{12}{7}$.

↑ étape inutile et source d'erreurs

● **Résoudre un problème**

**Exemple :** Laura veut manger les deux tiers des trois cinquièmes d'un gâteau. Quelle fraction du gâteau va-t-elle engloutir ?

La préposition *de* (ici *des*) se traduit par « × ». $\dfrac{2}{3}$ de $\dfrac{3}{5}$ conduit au calcul :

$\dfrac{2}{3} \times \dfrac{3}{5} = \dfrac{2 \times 3}{3 \times 5} = \dfrac{2}{5}$. Laura va manger les deux cinquièmes du gâteau.

# EXOS

**1*** Effectue les calculs et donne le résultat sous forme de fraction irréductible.

$a = \dfrac{3}{2} + \dfrac{1}{2}$ ;   $b = \dfrac{3}{17} + \dfrac{4}{17}$ ;   $c = \dfrac{19}{25} + \dfrac{7}{25}$ ;

$d = \dfrac{4}{3} + \dfrac{7}{12}$ ;   $e = \dfrac{5}{6} - \dfrac{5}{18}$ ;   $f = 1 + \dfrac{4}{5}$.

**2*** Complète avec des entiers.

1. $\dfrac{3}{4} + \dfrac{3}{4} = \dfrac{\dots}{\dots}$ ;
2. $\dfrac{3}{\dots} + \dfrac{\dots}{10} = 1$ ;
3. $\dfrac{1}{3} + \dfrac{1}{6} = \dfrac{1}{\dots}$
4. $\dfrac{1}{2} + \dfrac{5}{2} = \dfrac{\dots}{1}$ ;
5. $\dfrac{5}{7} \times \dfrac{\dots}{\dots} = \dfrac{15}{28}$ ;
6. $\dfrac{5}{9} \times \dfrac{4}{\dots} = \dfrac{4}{27}$.

**3**** Pour chaque calcul, écris chaque terme sous forme d'une fraction de dénominateur 100 ; additionne les fractions et donne le résultat sous forme décimale.

1. $\dfrac{12}{10} + 0{,}05$ ;
2. $0{,}17 + \dfrac{7}{10}$ ;
3. $\dfrac{2}{10} + 0{,}75 + \dfrac{5}{100}$ ;
4. $\dfrac{18}{2} + \dfrac{16}{4} + 0{,}05 + \dfrac{17}{10}$.

**4**** Lucie achète 5 boîtes de jus de fruits de $\dfrac{1}{3}$ litre chacune. Elle se demande quelle quantité de jus de fruit elle a dans son cabas…

• Lucas dit :

« $\dfrac{1}{3} \approx 0{,}333$ et $5 \times 0{,}333 = 0{,}151\,515$

tu as 0,151 515 litre de jus de fruits ».

• Laura dit : « $5 \times \dfrac{1}{3} = \dfrac{5 \times 1}{5 \times 3} = \dfrac{5}{15} \approx 0{,}3$

tu as 0,3 litre de jus de fruits ».

• Julien dit :

« $5 \times \dfrac{1}{3} = \dfrac{15}{3} \times \dfrac{1}{3} = \dfrac{15 \times 1}{3} = \dfrac{15}{3} = 5$

tu as 5 litres de jus de fruits ».
Qui a tort ? Pourquoi ?

**5**** On partage une somme d'argent entre Laura, Romain, Alice et Paul : les deux cinquièmes à Laura, 15 % à Alice, le quart à Romain et le reste à Paul. Quelle fraction de la somme d'argent reçoit Paul ?

**6**** Calcule l'aire et le périmètre d'un rectangle dont les côtés mesurent $\dfrac{3}{4}$ dm et $\dfrac{5}{6}$ dm.

**7**** Calcule.

1. $\dfrac{7}{3} \times \dfrac{3}{2} \times \dfrac{2}{7}$
2. $\dfrac{4}{3} \times \dfrac{15}{14}$
3. $\dfrac{1}{4} \times \dfrac{1}{3} - \dfrac{2}{3} \times \dfrac{1}{8}$
4. $\dfrac{5}{3} \times \dfrac{4}{3} \times \dfrac{5}{2}$
5. $\left(\dfrac{5}{6} + \dfrac{5}{12}\right) \times \dfrac{1}{5}$

**8**** Complète le tableau suivant.

| × | $\dfrac{1}{2}$ | $\dfrac{1}{5}$ | $\dfrac{3}{4}$ | 0 | 2 | 5 | $\dfrac{3}{10}$ | $\dfrac{5}{8}$ |
|---|---|---|---|---|---|---|---|---|
| $\dfrac{1}{2}$ | | | | | | | | |
| $\dfrac{1}{5}$ | | | $\dfrac{3}{20}$ | | | | | |
| $\dfrac{3}{4}$ | | | | | | | | |
| 0 | | | | | | | | |
| 2 | | | | | | | | |
| 5 | | | | | | | | |
| $\dfrac{3}{10}$ | | | | | | | $\dfrac{9}{100}$ | |
| $\dfrac{5}{8}$ | | | | | | | | |

**9***** Lise a bu deux tiers des trois quarts d'une bouteille d'un litre de jus de fruit. Lise a-t-elle bu plus ou moins de la moitié d'un litre de jus ?

# 5 Relatifs (1)

**NOMBRES ET CALCULS**

**OBJECTIF** • Ordonner les relatifs, se repérer dans le plan

## COURS

● **Définition**
  • L'ensemble des nombres décimaux **relatifs** est constitué :
  – des nombres décimaux positifs : 3 ; 12,2 ; 9,01…
  – des nombres décimaux négatifs : – 5,9 ; – 12 ; – 4,13…
  • 0 est le seul nombre à la fois positif et négatif.

● **Abscisse d'un point**

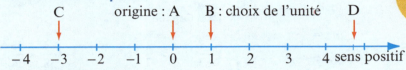

  • (A, B) est un **repère** de l'axe.
  • Sur un axe, le nombre associé à un point s'appelle **abscisse** de ce point.
  D a pour abscisse 4,7 : on note $x_D = 4,7$ ;
  C a pour abscisse –3 : on note $x_C = -3$.

● **Opposé d'un nombre**

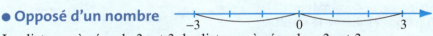

La distance à zéro de 3 est 3, la distance à zéro de – 3 est 3.
On dit que 3 et – 3 sont **opposés**. – 9,2 a pour opposé 9,2 ; on note aussi opp (– 9,2) = 9,2.

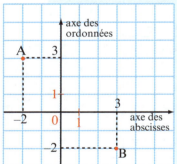

● **Repérage dans le plan**
  • Deux droites graduées perpendiculaires constituent un **repère** du plan.
  • Dans un repère du plan, tout point est repéré par ses **coordonnées**. L'unité choisie ici sur les deux axes est la longueur du côté du carreau. L'**abscisse** de A est – 2, l'**ordonnée** de A est 3. Les **coordonnées** de A sont (–2 ; 3) dans cet ordre. Le point B (3 ; – 2) est différent du point A.

## MÉTHODE

● **Comparer deux décimaux relatifs**
  • Les deux nombres sont **positifs** : vu en 6$^e$.
  • Les deux nombres sont **négatifs** :

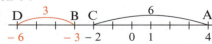

  D est « avant » B donc – 6 < – 3.
  Le plus **grand** est celui qui a la plus **petite** distance à zéro : ils sont donc rangés dans l'ordre inverse de leurs opposés.
  **Exemple :** 9,091 > 9,09  donc – 9,091 < – 9,09.
  • Les deux nombres sont **de signe contraire** : le plus grand est le positif.
  **Exemple :** 4 > – 2.

# EXOS

**1** Ordonne dans l'ordre croissant à l'aide du signe < (range les négatifs entre eux, puis les positifs entre eux, puis recolle les morceaux).

| 2,01 | – 2,11 | 2,10 | – 1,02 |
| – 2,1 | 1,21 | – 1,20 | 1,2 |
| – 2 | – 2,01 | 1,02 | – 1,21 |

**2** Fais une croix dans les cases qui conviennent.

|  | … < – 1,2 | – 1,2 < … < – 1,1 | – 1,1 < … |
|---|---|---|---|
| – 1,15 |  | X |  |
| – 0,08 |  |  |  |
| – 1,201 |  |  |  |
| – 1,097 |  |  |  |
| – 1,101 |  |  |  |

**3** Roméo, éternel étourdi, a encore perdu ses lunettes… Mais où les a-t-il posées la dernière fois ? Pour le savoir, trace les segments correspondant à la bonne réponse.

A  B  C  D  E  F
G  H  I  J  K  L
M  N  O  P  Q  R

| Affirmation | Vrai | Faux |
|---|---|---|
| –1,14 ⩽ –1 | [AM] | [AB] |
| –3 ⩽ –3,0 | [BN] | [DJ] |
| –3,14 ⩽ –3,15 | [EQ] | [IJ] |
| 0 est un nombre négatif. | [EF] | [KL] |
| 1,12 ⩾ 2,11 | [MN] | [CO] |
| –3,01 ⩾ –3 | [GH] | [OP] |
| 5 ⩽ –5 | [JP] | [QR] |
| 0 ⩾ –10 | [AN] | [KR] |
| –2,13 ⩽ –1,23 | [QF] | [LE] |
| –3,01 ⩽ –3,10 | [ER] | [CD] |

**4** **1.** Trace une droite graduée en choisissant l'unité de longueur de façon à placer les points suivants dont les abscisses sont entre parenthèses : M(0,75) ; N(–2) ; P(2,5) ; Q(–1,25).

**2.** Même consigne pour placer :
D(20) ; R(–50) ; E (45) ; P(–35).
Place un point A dont l'abscisse est comprise entre –40 et –45 et le point I dont l'abscisse est l'opposé de celle du point D. Quel mot lis-tu ?

**5** Donne l'abscisse des points M, N, et P.

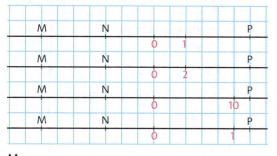

M : ..............................
N : ..............................
P : ..............................

**6** Donne les coordonnées des points G, H, I, J, K et L.

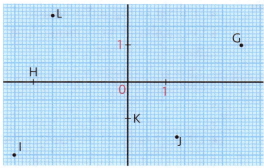

G : ..............................  J : ..............................
H : ..............................  K : ..............................
I : ..............................  L : ..............................

**7** **1.** Trace un repère du plan (prendre le côté du carreau comme unité) puis place les points suivants :
A(– 4 ; 0) ; B(– 3 ; – 2) ; C (0 ; – 2) ; D (2 ; 3) ; E(5 ; 1) ; F(3 ; 1) ; G(3 ; – 3) ; H(1 ; – 5) ; I(– 3 ; – 5).

**2.** Relie les points dans l'ordre alphabétique puis referme.

NOMBRES ET CALCULS

# 6 Relatifs (2)

**OBJECTIF** • Ajouter et soustraire les nombres relatifs

## COURS

### • Addition de deux décimaux relatifs

| Les nombres sont de même signe : | Les nombres sont de signe contraire : |
|---|---|
| 1. on **additionne** leur distance à zéro ; | 1. on **soustrait** la plus petite distance à zéro de la plus grande ; |
| 2. on donne au résultat obtenu le **signe commun** aux deux nombres. | 2. on donne au résultat obtenu le **signe** de celui qui a la **plus grande distance zéro**. |

La somme de deux nombres opposés est égale à **zéro**.

### • Soustraction de deux décimaux relatifs

$a$ et $b$ étant des nombres décimaux relatifs :

$$a - b = a + \text{opp } b = a + (-b)$$
opposé de $b$

Pour soustraire un nombre, on ajoute son opposé : une soustraction se transforme donc en addition.

## MÉTHODE

### • Utiliser la règle d'addition

• **Les nombres sont de même signe**

$2,5 + 7,4 = 9,9$
$-2,5 + (-7,4) = -9,9$

• **Les nombres sont de signe contraire**

$2,5 + (-7,4) = -4,9$
   $\quad\quad\quad\quad\quad\quad 7,4 - 2,5$

$-2,5 + 7,4 = 4,9$
$\quad\quad\quad\quad (7,4 - 2,5)$

### • Utiliser la règle de soustraction

$7,4 - 2,5 = 4,9$   on le savait déjà !    $\quad | \quad$   $-7,4 - 2,5 = -7,4 + (-2,5) = -9,9$

$7,4 - (-2,5) = 7,4 + 2,5 = 9,9$ $\quad\quad\quad | \quad$ $-7,4 - (-2,5) = -7,4 + 2,5 = -4,9$

### • Calculer la distance de deux points d'abscisse donnée

Pour calculer la distance de deux points d'un axe, on soustrait la plus petite abscisse de la plus grande.

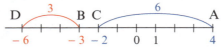

**Attention !** Une distance est un nombre positif.

**Exemple :** distance de A à C : AC = CA = 6 = 4 − (− 2)
distance de B à D : BD = DB = 3 = − 3 − (− 6)

# EXOS

**1** Calcule.

A = 7 − (− 4) ;   B = 3 − (+ 8) ;
C = 4 − (− 5) ;   D = − 7 − (+ 8).

**2** Calcule.

A = 7,5 − (− 3,4) ;   B = 7,3 − (+ 9,8) ;
C = − 5,4 − (− 8,7) ;   D = − 12,5 − (+ 3,8).

**3** Complète le tableau suivant.

| + | − 3 | 2 | 1,5 | − 2,7 | − 5 | 1,2 |
|---|---|---|---|---|---|---|
| − 5 | | | | | | |
| − 2,3 | | | | | | |
| 1,3 | | | | | | |
| − 3 | | | | | | |
| − 1,5 | | | | | | |
| 10 | | 12 | | | | |

**4** Complète le tableau suivant.

| − | − 3 | 2 | 1,5 | − 2,7 | − 5 | 1,2 |
|---|---|---|---|---|---|---|
| − 5 | | | | | | |
| − 2,3 | | | | | | |
| 1,3 | | | | | | |
| − 3 | | | | | | |
| − 1,5 | | | | | | |
| 10 | | 8 | | | | |

**5** Dans chaque cas, calcule : $a + b$ ; $a − b$ ; $− a + b$ ; $− a − b$.

1. $a = 3$ ;   $b = −5$ ;
2. $a = −5,5$ ;   $b = 5,5$ ;
3. $a = −9,1$ ;   $b = −9,1$ ;
4. $a = −17$ ;   $b = 3$.

**6** Sans faire de calculs, repère les résultats identiques.

A = −13,5 + (−3,7) ;   B = 13,5 − (−3,7) ;
C = −13,5 − (+3,7) ;   D = −13,5 − (−3,7) ;
E = 13,5 + (+3,7) ;   F = −13,5 + (+3,7).

**7** Complète avec des entiers relatifs.

a. 5 − ............... = 9 ;   b. − 3 − ............... = 0 ;
c. 5 + ............... = − 9 ;   d. (...............) − 4 = − 7.

**8** Dans chaque cas, calcule :
1. la distance AB ;
2. l'abscisse du milieu de [AB].

a.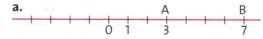

b.

c.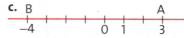

d.

e.

f.

g.

**9** Laura a effectué les calculs suivants. Si elle obtient un point par bonne réponse, quelle sera sa note ?

1. 5 + (− 8) = 3        2. − 15 + (− 15) = − 30
3. − 50 + 17 = − 23     4. (− 7) + (− 9) = − 2
5. 25 + (− 45) = − 20   6. (− 19) − 19 = − 38
7. 20 − (− 20) = 0      8. 20 − 38 = − 18
9. − 9 − (− 11) = − 20  10. 14 − (− 9) = 23

Réponse : ...............................................................

**10** Sur un axe gradué, on place les points A d'abscisse − 2 020 et B d'abscisse $x$, sachant que $x$ est plus grand que − 2 020.
On sait que AB = 1 515. Trouve $x$.

# 7 — Relatifs (3)

NOMBRES ET CALCULS

**OBJECTIF** • Organiser une suite d'opérations

## COURS

• Une expression numérique est une suite d'opérations avec des nombres.

• On lui donne souvent un nom avec une lettre en majuscule.
Par exemple, A = 2 + 3 − 9 est une expression numérique, elle s'appelle A.

• Pour calculer une expression numérique, on peut sans modifier le résultat :
• changer les termes de place. Mais attention au signe !
Par exemple : A = 3 − 4 + 2 − 5
              A = 3 + 2 − 4 − 5
• utiliser la définition de la soustraction.
Par exemple : B = 4 − (−2)
              B = 4 + 2.

## MÉTHODE

• **Calculer une expression**

### 1. Avec des additions

A = −7 + 15,5 + (−9) + 7 + (−5,5)

| ON PEUT | | |
|---|---|---|
| • Regrouper les négatifs d'une part, les positifs d'autre part :<br>A = −7 + (−9) + (−5,5) + 15,5 + 7<br>A =     (−21,5)     + 22,5<br>A = 1 | • Faire des regroupements intéressants :<br>A = (−7 + 7) + [15,5 + (−5,5)] + (−9)<br>A =   0   +   10   + (−9)<br>A = 1 | • Faire les calculs dans l'ordre :<br>A = −7 + 15,5 + (−9) + 7 + (−5,5)<br>A =   8,5   + (−9) + 7 + (−5,5)<br>A =   −0,5   + 7 + (−5,5)<br>A =   6,5   + (−5,5)<br>A = 1 |

### 2. Avec des additions et des soustractions

B = −9 + 8 − (−8) − 5 + (−6)

| ON PEUT | |
|---|---|
| • Transformer chaque soustraction en addition de l'opposé pour n'avoir que des additions et se ramener au cas précédent :<br>B = −9 + 8 + 8 + (−5) + (−6)<br>B = −9 + (−5) + (−6) + 8 + 8<br>B = −20 + 16<br>B = −4 | • Simplifier directement l'écriture de la somme algébrique et la considérer comme une somme de relatifs dont on peut modifier l'ordre des termes :<br>B = −9 + 8 + 8 − 5 − 6<br>B = −9 − 5 − 6 + 8 + 8<br>B = −20 + 16<br>B = −4 |

### 3. Avec des calculs entre parenthèses

C = 8 − (6 − 19) − (2 − 3)     On effectue les calculs entre parenthèses.
C = 8 −  (−13)  − (−1)
C = 8 + 13 + 1     On applique une des méthodes précédentes.
C = 22

# EXOS

**1** Relie chaque expression à son écriture simplifiée.

A = 12 − (+ 9) − (− 7) •     • 12 + 9 − 7
B = 12 − (− 9) + (− 7) •     • 12 + 9 + 7
C = 12 + (− 9) − (+ 7) •     • 12 − 9 + 7
D = 12 − (− 9) + (+ 7) •     • 12 − 9 − 7

**2** Calcule.

A = (− 7) + (− 3,5) + (− 7,1) − (− 3,2) − (− 5,5) ;
B = (− 2,1) − 3,5 + 5,1 − (− 3) − (− 5,1) ;
C = 2,7 − (− 3,8) + 7,5 − 9,1 + (− 4).

**3** Calcule.

A = − 3,7 + 5 − (− 4,1) − 5 + 14,7 − 3 ;
B = 5 − (−1 + 4 − 7,5) + 9 − (− 3,5) ;
C = 8,5 − (− 4,5) + 17 − (31 − 9 + 44).

**4** Pour chacune des phrases suivantes, donne deux exemples qui prouvent qu'elles sont fausses.

1. − $x$ représente toujours un nombre négatif ;
2. la somme de deux négatifs est positive ;
3. la somme d'un positif et d'un négatif est nulle ;
4. la différence entre deux négatifs est négative.

**5** Complète le tableau suivant.

| $x$ | $y$ | $z$ | $x+y-z$ | $x-y+z$ | $-x+y+z$ | $-x-y-z$ |
|---|---|---|---|---|---|---|
| 1 | −5 | −2 | | | | |
| −3 | | 2 | −7 | | | |
| | 5 | −3 | | −3 | | |
| −2 | −5 | | | | −10 | |
| −3 | | −4 | | | | 18 |
| 7 | −7 | | | | | 0 |
| 3 | | −5 | | 14 | | |

**6** Complète par + ou −.

1. (− 5) ... (+ 8) ... (− 4) = (+ 7) ;
2. (+3,7) ... (−15,3) ... (−9,1) = (+28,1) ;
3. (−3,5) ... (−5,5) ... (−9,5) = (−7,5).

**7** Olivier et sa famille partent faire du bateau sur la Côte d'Azur... Arrivé sur place, il vérifie qu'il a bien tout emporté : boussole, gilets de sauvetage, hameçons pour la pêche, tonneaux d'eau pour la soif... et pourtant... qu'a-t-il donc oublié ? Pour le savoir, trace les segments selon ta réponse :

| Affirmation | Vrai | Faux |
|---|---|---|
| (− 5) − (− 4) = (− 1) | [CG] | [AC] |
| (+ 14) + (− 7) = (+ 7) | [GH] | [FB] |
| 5 − 4 + 1 = 0 | [DE] | [KL] |
| 17,1 − 7,1 = 10 | [IJ] | [DJ] |
| − 5 − 4 − 3 − 2 = 14 | [BG] | [CI] |
| (− 9) − (− 5) − (− 4) = 18 | [BD] | [FK] |
| (− 3) − (− 3) = 0 | [JL] | [AG] |
| (−100) − (54 + (− 4)) = −150 | [IH] | [FM] |
| [1 − (1 − (1 + 1)] = 2 | [CH] | [MN] |
| 7 − 4 + 3 = 0 | [HK] | [FG] |

A  B  C  D  E

F  G  H  I  J

M  K  N  L

**8** Rectifie les erreurs commises dans les calculs suivants et retrouve les bons résultats.

A = (− 7) + 3 − (− 4) + 2 − (− 3)
A = 3 + 2 + (− 7) − (− 4) − (− 3)
A =   5   +        (− 14)        = − 9 ;

B = 5 + 7 − 4 + 3 − 2 + 1
B =  12  −   7  −   3  = 2.

**9** On pose $a = − 6$ ; $b = 7$ et $c = − 9$.
Calcule A = $a − (b + c)$  ;  B = $a − (b − c)$ ;
C = $(a − b) + (b − c)$   et   D = $(b − a) − (b − c)$.

A = ............................................................
B = ............................................................
C = ............................................................
D = ............................................................

NOMBRES ET CALCULS

# 8 Expressions littérales

**OBJECTIF** • Utiliser des grandeurs inconnues

## COURS

• Une **expression littérale** est une **suite d'opérations** avec des nombres et des lettres.

• Les lettres sont utilisées pour remplacer les nombres que l'on ne connait pas.
Par exemple : « Je pense à un nombre, je le multiplie par 3 et j'ajoute 5 au résultat ».
Je ne connais pas le nombre, je vais utiliser une lettre à la place, on utilise souvent la lettre x mais ce n'est pas une obligation.

• On va traduire l'énoncé avec notre lettre et écrire une expression algébrique :
$3x + 5$ traduit alors le texte.
Une **égalité** est une expression avec le signe =.
Une **équation** est une expression littérale avec le signe =.

• **Résoudre une équation**, c'est trouver les nombres par lesquels remplacer les lettres afin que l'égalité soit vérifiée.

## MÉTHODE

• **Comment utiliser une expression littérale ?**

Une formule est une expression littérale.
La formule de l'aire d'un rectangle est égale à : Longueur × largeur.
On peut l'écrire L × l : c'est une expression littérale.
On peut utiliser la formule, par exemple, pour calculer l'aire d'un rectangle de longueur 5 cm et da largeur 2 cm.
L'aire est égale à L × l = 5 × 2 = 10 cm².

• **Comment produire une expression littérale ?**
**Exemple :** Donner la longueur MP en fonction de $x$ :

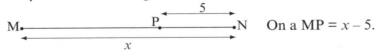

On a MP = $x - 5$.

**Exemple :** Un nombre est un multiple de 7 s'il est dans la table de 7, c'est-à-dire si le reste de sa division euclidienne par 7 est 0.
Ainsi 56 est multiple de 7 car 56 = **7** × 8 mais 124 ne l'est pas car 124 = **7** × 17 **+ 5**.
Plus généralement, un **multiple de 7** s'écrit sous la forme **7 × n** (ou **7n**) avec n entier.

• **Comment tester une égalité ?**
**Exemple :** L'égalité $4x = 3x + 7$ n'est pas vérifiée pour $x = 5$.
En effet, si $x = 5$ alors $4x = 4 \times 5 = \mathbf{20}$ et $3x + 7 = 3 \times 5 + 7 = 15 + 7 = \mathbf{22}$.
20 ≠ 22 donc $4x \neq 3x + 7$ pour $x = 5$.
Cette égalité est vérifiée pour $x = 7$ :
en effet, si $x = 7$ alors $4x = 4 \times 7 = \mathbf{28}$ et $3x + 7 = 3 \times 7 + 7 = 21 + 7 = \mathbf{28}$.

# EXOS

**1** ⋆⋆ Écris la longueur MN en fonction de x dans les cas suivants.

1. MN = x × 3

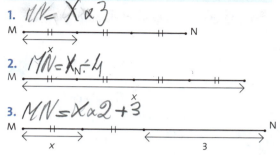

2. MN = x_N ÷ 4

3. MN = x × 2 + 3

**2** ⋆ Je choisis un nombre x. Je lui retranche 4. Je multiplie le résultat obtenu par 7. Écris ce calcul en fonction de x.

..................................................................

**3** ⋆ Écris en fonction de x :

1. la somme de x et de 7 ;
2. le produit de x par 6 ;
3. la somme du produit de x par 6 et de 7 ;
4. la somme du produit de 6 par 7 et de x ;
5. le produit de 6 par la somme de x et de 7.

**4** ⋆
1. L'égalité 7x − 5 = 2x + 3 est-elle vérifiée pour x = 0 ;  pour x = 5 ;  pour x = 1,6 ?

2. L'égalité 5x − 11 = 2x + 4 est-elle vérifiée pour x = 0 ;  pour x = 5 ;  pour x = 1,6 ?

**5** ⋆⋆ Retrouve les multiples de 7 parmi les nombres suivants (n désigne un entier naturel).

63 ;  1 225 ;  785 ;  7 × n ;  7 × n + 3 ;  7 × n + 7.

**6** ⋆⋆
1. Complète par un nombre ou une lettre.
4 × (...... + 7) = 4y + ......
5 × (......a − ......) = 10...... − 5

2. Développe.
6 × (x + 8) ;   5 (3x − 4)

**7** ⋆⋆
1. Complète.
4 × a + 4 × b = 8 × (a + b) ; 7x − 7y = 7(x − y) ;
6a + 4b = 2 × ...... + 2 × ......
        = 2 × (...... + ......) = 2(...... + ......).

2. Factorise.
9x − 9y ;       4 × x + 4 × 3.

**8** ⋆⋆ Il y a des grumeaux dans la pâte à crêpes ! Évidemment, Yann y a laissé tomber quelque chose... mais quoi donc ? Pour le trouver, relie les nombres vérifiant les égalités proposées.

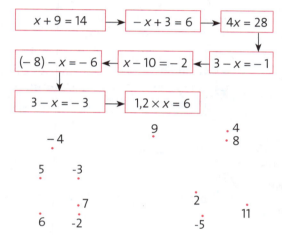

**9** ⋆⋆⋆ Le périmètre d'un disque de rayon r est $2\pi r$ et l'aire d'un disque de rayon r est $\pi r^2$.
En prenant 3,14 comme valeur approchée de $\pi$ :

1. Calcule l'aire d'un disque de 9 cm de diamètre.

2. Calcule le rayon d'un cercle dont le périmètre est 628 dm.

**10** ⋆⋆⋆ Parmi les expressions suivantes, retrouve celles qui représentent le périmètre du rectangle ABCD et celles qui représentent son aire.

a. 3 + a + 14
b. (3 + a) × 2 + 14
c. 3 + a + 7 + 3 + a + 7
d. (3 + a) × 7
e. 2a + 20
f. 21 + a

ORGANISATION ET GESTION DE DONNÉES

# 9 Proportionnalité

**OBJECTIF** • Reconnaître et utiliser les situations de proportionnalité

## COURS

Si des triangles ont un côté commun, leur aire est proportionnelle à la hauteur correspondant à ce côté.

Situation → Tableau → Graphique

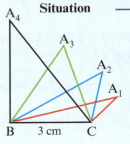

| hauteur (cm) | 1 | 2 | 3 | 4 |
|---|---|---|---|---|
| aire (cm²) | 1,5 | 3 | 4,5 | 6 |

× 1,5

$$\frac{1,5}{1} = \frac{3}{2} = \frac{4,5}{3} = \frac{6}{4} = 1,5$$

• On calcule l'aire des triangles $A_1$ BC, $A_2$ BC, $A_3$ BC, $A_4$ BC.

• **Tous** les quotients sont égaux. Les nombres de la seconde ligne s'obtiennent en multipliant ceux de la première par un même nombre : 1,5.

• **Tous** les points sont alignés avec l'origine.

## MÉTHODE

● **Comment reconnaître la proportionnalité dans un tableau ?**

| 11 | 24 | 16 |
|---|---|---|
| 38,5 | 84 | 56 |

$\frac{38,5}{11} = \frac{84}{24} = \frac{56}{16} = 3,5$. C'est un tableau de proportionnalité, le coefficient est 3,5 car tous les rapports sont égaux au même coefficient 3,5.

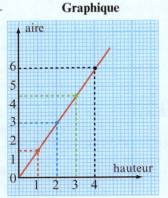

● **Compléter un tableau de proportionnalité**

**Exemple :** Compléter les tableaux suivants.

| 4 | 9 |
|---|---|
| 11 | ? |

On calcule le **coefficient de proportionnalité** :
si 4 objets coûtent 11 €, 1 objet coûte $\frac{11}{4} = $ **2,75 €**
et 9 objets coûtent 9 × 2,75 = 24,75 €.

| 12 | 9 |
|---|---|
| 10 | ? |

Si 12 objets coûtent 10 €, alors 1 objet coûte $\frac{10}{12} = \frac{5}{6}$ €
et 9 objets coûtent $9 \times \frac{5}{6} = \frac{45}{6} = 7,5$ €.

● **Comment utiliser la règle de trois ?**

On sait que 3 kg de fraises coûtent 6,9 €. Combien coûtent 2 kg de fraises ?
Avec la règle de 3 :
**Étape 1 :** 3 kg coûtent 6,9 € (on connait le prix de 3 kg)
**Étape 2 :** 1 kg coûte : 6,9 ÷ 3 = 2,3 € (on divise par 3 pour avoir le prix de 1 kg)
**Étape 3 :** 2 kg coûtent : 2,3 × 2 = 4,6 € (on multiplie par 2 pour avoir le prix de 2 kg)
Donc les 2 kg de fraises coûtent 4,6 €.
**Remarque :** On parle de règle de 3 car il y a **3 étapes**. On dit aussi « retour à l'unité » car, dans l'étape 2, on cherche la valeur d'une unité (ici, la valeur de 1 kg).

# EXOS

**1** Réponds par Vrai ou Faux en justifiant la réponse.

**a.** La taille et l'âge sont proportionnels.

**b.** L'aire d'un rectangle est proportionnelle à sa longueur.

**c.** Le prix et le nombre de litres dans une station service sont proportionnels.

**d.** La part d'un gâteau et le nombre de personnes qui vont manger le gâteau sont proportionnels.

**2** On sait que 2 kg de fraises coutent 5 €. Complète en t'aidant de la règle de 3.

**a.** 4 kg de fraises coutent ......... €.

**b.** 10 kg de fraises coutent ......... €.

**c.** 1 kg de fraises coute ......... €.

**d.** 500 g de fraises coutent ......... €.

**3** Les tableaux suivants sont-ils des tableaux de proportionnalité ?

| 0,1 | 0,5 | 1 | 1,2 | 1/3 |
|---|---|---|---|---|
| 0,3 | 1,5 | 3 | 3,6 | 1 |

| 6 | 1,5 | 21 | 17 | 9,3 |
|---|---|---|---|---|
| 2 | 0,5 | 7 | 6 | 3,1 |

**4** Un rectangle mesure 15 cm de longueur et $x$ centimètres de largeur. Écris la formule donnant son périmètre P en fonction de $x$.
Calcule P pour $x = 5$ cm ; puis pour $x = 10$ cm. P est-il proportionnel à $x$ ?

**5** Complète les tableaux de proportionnalité suivants.

| 12,5 |    | 10 | 1 |
|---|---|---|---|
| 5 | 10 |    |   |

| 6 | 27 | 3,6 |    |
|---|---|---|---|
| 4 |    |    | 22 |

**6** On sait que 1,5 kg de haricots coûtent 2 € 70. Combien coûtent :
**1.** 500 g ;   **2.** 1 kg ;
**3.** 5 kg ;   **4.** 1,8 kg ?

**7** On s'intéresse à l'aire de rectangles dont la longueur mesure 10 cm.

**a.** Explique pourquoi la largeur doit être un nombre compris entre 0 cm et 10 cm.

**b.** Si la largeur mesure 1 cm à quoi est égale l'aire ?

**c.** Complète le tableau suivant :

| Largeur en cm | 0,5 | 1 | 2 | 5 | 7 | 10 |
|---|---|---|---|---|---|---|
| Aire en cm² |  | 10 |  |  |  |  |

**d.** On a tracé la représentation graphique de l'aire des rectangles en fonction de leur largeur.

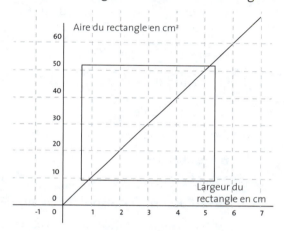

Détermine graphiquement la largeur afin que l'aire du rectangle soit égale à 25 cm². Retrouve ensuite ce résultat par le calcul.

**8** Dans une station service, avec 12 €, j'ai pu mettre 9 litres d'essence.

**1.** Avec le même prix, complète les phrases suivantes :
  **a.** Avec 6 €, je peux avoir ......... litres d'essence.
  **b.** Avec 3 €, je peux avoir ......... litres d'essence.
  **c.** Avec 120 €, je peux avoir ......... litres d'essence.
  **d.** Pour avoir 18 litres d'essence, il me faut ......... €.
  **e.** Pour avoir 50 litres d'essence, il me faut ......... €.
  **f.** Un litre d'essence coute ......... €.

**2.** Dans la même station, le lendemain, le prix d'un litre d'essence a augmenté de 5 %.
Combien de litres peut-on alors avoir avec 12 € ?

# 10 Pourcentages

ORGANISATION ET GESTION DE DONNÉES

**OBJECTIF** • Reconnaître et utiliser les pourcentages

## COURS

● **Définition** : Un pourcentage est un **nombre**. On peut l'écrire de plusieurs manières :
- avec le **symbole %** ;
- avec une **fraction** ;
- avec un **nombre décimal**.

**Exemples :** $25\% = \dfrac{25}{100} = 0{,}25$   $10\% = \dfrac{10}{100} = 0{,}1$   $200\% = \dfrac{200}{100} = 2$

● **Propriété :** Appliquer un pourcentage à un nombre consiste à multiplier le pourcentage par ce nombre.

**Exemple :** Calculer 30 % de 25€.

On a sait que $30\% = \dfrac{30}{100} = 0{,}3$

On peut calculer $\dfrac{30}{100} \times 25 = 7{,}5$ ou encore $0{,}3 \times 25 = 7{,}5$.

Donc 30 % de 25 € est égal à 7,5 €.

● **Vocabulaire :**

25% d'un prix correspond au quart du prix.

50% d'un prix correspond à la moitié du prix.

100% d'augmentation d'un prix revient à le doubler.

## MÉTHODE

● **Comment calculer un pourcentage en utilisant une proportion ?**

Déterminer le pourcentage arrondi à l'unité de l'utilisation de la lettre « e » (avec un accent ou sans un accent) présente dans la phrase suivante : « Louane est une élève sérieuse et appliquée. »
On compte le nombre total de lettres de cette phrase : 36.
Parmi ces lettres, on retrouve la lettre « e » 12 fois.
Le pourcentage d'utilisation de la lettre « e » est donc égal à :
$\dfrac{12}{36} = \dfrac{12 \times 1}{12 \times 3} = \dfrac{1}{3} = 0{,}333\ldots = 33\%$ arrondi à l'unité.

● **Comment calculer un pourcentage en utilisant la proportionnalité ?**

**Exemple :** Sur 1 500 élèves d'un lycée, 930 déjeunent à la cantine.
Quel est le pourcentage de demi-pensionnaires ?
(Calculer ce pourcentage, c'est trouver combien il y aurait de demi-pensionnaires s'il y avait cent élèves dans ce lycée.)

| 1 500 | 100 |
|---|---|
| 930 | $x$ |

Cela revient donc à compléter le tableau de proportionnalité ci-dessus en utilisant la règle de 3 :
On trouve $x = 62$ donc **62 %** des élèves sont demi-pensionnaires.

# EXOS

**1** Quel pourcentage représente chaque fraction ?

$\dfrac{1}{2}$ ; $\dfrac{1}{4}$ ; $\dfrac{3}{4}$ ; $\dfrac{1}{10}$ ; $\dfrac{2}{5}$ ; $\dfrac{1}{20}$.

**2** Quel est le pourcentage de voyelles dans le mot *mathématique* ? et dans le mot *proportionnalité* ?

**3** Complète.

**1.** 15 euros de hausse sur un objet valant 30 euros c'est ......... % d'augmentation.

**2.** 20 euros de hausse sur un objet valant 80 euros c'est ......... % d'augmentation.

**3.** 7 euros de hausse sur un objet valant 35 euros c'est ......... % d'augmentation.

**4.** 10 euros de hausse sur un objet valant 10 euros c'est ......... % d'augmentation.

**4** Réponds par Vrai ou Faux en justifiant ta réponse.

**a.** Une baisse de 100 % d'un prix correspond à la gratuité du produit.

**b.** Si le prix d'un article double, le pourcentage d'augmentation est de 200 %.

**c.** Le prix d'un objet subi une augmentation de 10 % puis une augmentation de 20 %, cela veut dire que le prix de l'objet a augmenté en tout de 30 %.

**d.** Le nombre 0,3 est égal à 3 %.

**5** Un téléphone coute 150 €. Complète.

**a.** 10 % du prix est égal à ............... €.
**b.** 20 % du prix est égal à ............... €.
**c.** 30 % du prix est égal à ............... €.
**d.** 40 % du prix est égal à ............... €.
**e.** 50 % du prix est égal à ............... €.
**f.** 100 % du prix est égal à ............... €.
**g.** 200 % du prix est égal à ............... €.

**6** Dans un collège de 650 élèves, il y a 312 garçons. 6 % des élèves ont plus de 16 ans.

**1.** Quel est le pourcentage de garçons dans ce collège ? .................................................

**2.** Combien y a-t-il d'élèves de plus de 16 ans ?
.................................................

**3.** Quel est le pourcentage de filles dans ce collège ? .................................................

**7** Dans le collège A, de 700 élèves, 18 % des élèves apprennent le russe.
Dans le collège B, de 620 élèves, 20 % des élèves apprennent le russe.
« 18% c'est moins que 20 %, il y a donc moins d'élèves qui apprennent le russe dans le collège A », dit Laura. « Faux, c'est le contraire », lui répond Romain. Qui a raison ?

**8** En septembre, un objet coûtait 50 euros.

**1.** En novembre, il augmente de 10 %. Quel est son nouveau prix ? .................................

**2.** En décembre, son prix augmente à nouveau de 10 %. Quel est le prix de cet objet après la seconde augmentation ? .................................

**3.** Quelle a été, en euros, l'augmentation totale du prix de l'objet ? .................................

**4.** De quel pourcentage son prix a-t-il augmenté ? .................................

**5.** Vrai ou faux ? Si le prix d'un objet augmente deux fois de 10 % alors ce prix a augmenté de 20 %. .................................

**9** Réponds par vrai ou faux.

|  | Vrai | Faux |
|---|---|---|
| **1.** Diminuer un prix de 50 % revient à le diviser par 2. |  |  |
| **2.** Augmenter un prix de 50 % revient à le multiplier par 2. |  |  |
| **3.** Augmenter un prix de 100 % revient à le multiplier par 2. |  |  |
| **4.** Diminuer un prix de 100 % revient à le diviser par 2. |  |  |

ORGANISATION ET GESTION DE DONNÉES

# 11 — Échelles / Mouvement uniforme

**OBJECTIF** • Calculer et utiliser l'échelle d'une figure

## COURS

Les distances sur un plan, une carte, un dessin, etc., réalisées « à l'échelle » sont proportionnelles aux distances réelles. Si un véhicule se déplace à vitesse constante, les distances parcourues sont proportionnelles aux durées. On dit que le mouvement est **uniforme**.

## MÉTHODE

### ● Utiliser une échelle

**Exemple :** Une carte routière est à l'échelle 1/200 000e (au deux cent millième). À combien de km correspond une distance de 3,5 cm **sur la carte** ? Par combien de cm sur la carte sera représentée une distance réelle de 23 km ?

● Une échelle 1/200 000e signifie que **1 cm sur la carte** représente **200 000 cm, soit 2 km en réalité**. Il s'agit d'une réduction (on représente la réalité en « plus petit »).

● On peut alors compléter un tableau de proportionnalité de coefficient 2 :

| Distance sur la carte (cm) | 1 | 3,5 | $y$ | → $y = 23 \div 2 = 11,5$ |
|---|---|---|---|---|
| Distance sur le terrain (km) | 2 | $x$ | 23 | → $x = 2 \times 3,5 = 7$ |

3,5 cm **sur la carte** représentent **7 km en réalité**.
23 km **dans la réalité** sont représentés par **11,5 cm sur la carte**.

### ● Calculer une échelle

**Exemple :** Une fourmi mesure 6 mm. Elle est représentée sur un dessin avec une longueur de 9 cm. Quelle est l'échelle de ce dessin ?

● L'échelle est donnée par la fraction : $\dfrac{\text{longueur sur dessin}}{\text{longueur réelle}}$,

les **deux longueurs** étant exprimées dans la **même unité**.
9 cm = 90 mm donc l'échelle de ce dessin est 90/6 = 15.
L'échelle est 15/1. Il s'agit d'un agrandissement (on représente la réalité en « plus grand »).

● On peut aussi utiliser un tableau de proportionnalité :

| Longueurs sur le **dessin** en **mm** | 90 | $x$ | → $x = 90 \div 6 = 15$ |
|---|---|---|---|
| Longueurs **réelles** en **mm** | 6 | 1 | |

Une fois le tableau complété, on peut lire l'échelle : $\dfrac{15}{1}$.

### ● Reconnaître un mouvement uniforme

**Exemple :** Le mouvement représenté par le tableau ci-contre est-il uniforme ?

| Distances en km | 24 | 16 |
|---|---|---|
| Durées en min | 60 | 40 |

Un mouvement est uniforme s'il y a proportionnalité entre distance et durée.

Ici $\dfrac{60}{24} = 2,5$ et $\dfrac{40}{16} = 2,5$. Il s'agit donc bien d'un mouvement uniforme.

# EXOS

**1** * Observe le dessin et réponds à la question.

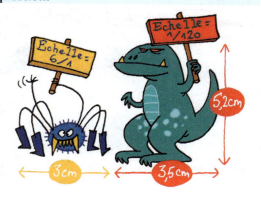

Quelles sont les dimensions réelles de l'araignée et du dinosaure ?

**2** * 1. Convertis en minutes.
1 h 25 min : ..................................................
2 h 08 min : ..................................................

2. Convertis en heures et minutes.
99 min : ..................................................
212 min : ..................................................

3. Complète avec un nombre décimal.
30 min = .......... h ; 15 min = .......... h ;
6 min = .......... h ; 1 h 30 min = .......... h ;
1 h 15 min = .......... h ; 1 h 12 min = .......... h.

**3** ** La course du lièvre et de la tortue s'est passée de la manière suivante :

• le trajet mesurait 3 km ;

• le lièvre et la tortue sont partis en même temps (à 10 h du matin) ;

• la tortue a effectué tout le trajet à 1,5 km/h ;

• le lièvre a effectué le trajet ainsi :
– course : 3 minutes à 18 km/h ;
– arrêt : 1 heure ;
– marche : 3 km/h sur 900 m ;
– course : 3 minutes à 15 km/h ;
– arrêt : 30 min ;
– course : 6 km/h sur le reste du trajet.

1. Qui est arrivé le premier ?

2. Quelle a été la vitesse moyenne du lièvre sur tout le trajet ?

**4** ** Un motard se déplace d'un mouvement uniforme.

1. Complète le tableau ci-dessous.

| Durée du parcours en min | 60 | 45 |  |
|---|---|---|---|
| Distance parcourue en km | 48 |  | 100 |

2. Le motard part de Paris pour aller à Montargis. Sachant qu'il a un rendez vous à 13 h 15 et que la distance à parcourir est de 140 km, à quelle heure (au plus tard) doit-il prévoir son départ de Paris ?

**5** ** Sur une carte à l'échelle 1/200 000$^e$, la distance entre deux villages est représentée par un segment de 10 cm.

1. Quelle est la distance réelle entre les deux villages ?

2. Quelle serait la longueur d'un segment représentant cette distance sur une carte à l'échelle 1/250 000$^e$ ?

**6** ** Sur un plan, on a l'indication suivante :

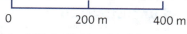

Quelle est l'échelle du plan ?

**7** *** Voici le plan d'un appartement.

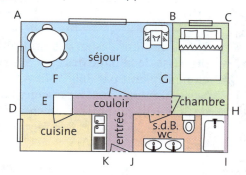

Sur le plan, on a : AB = 4 cm ; BC = 1,5 cm ; DE = 1 cm ; EF = 0,5 cm ; CH = AD = 2,5 cm ; IH = 1 cm ; IJ = 2,5 cm et KJ = 0,7 cm.

Sachant que le plan est à l'échelle 1/150$^e$, quelles sont les dimensions de chaque pièce ?

ORGANISATION ET GESTION DE DONNÉES

# 12 Relevés statistiques

**OBJECTIF** • Effectuer une étude statistique

## COURS

On peut traduire des données statistiques par un tableau, un histogramme, un diagramme circulaire.

## MÉTHODE

Les 40 enfants d'une crèche ont été répartis en 4 sections : bébés de 4 à 12 mois, petits de 12 à 20 mois, moyens de 20 à 28 mois et grands de 28 à 36 mois.

### ● Traduire des données statistiques par un tableau récapitulatif

| Section des… | bébés | petits | moyens | grands | Total |
|---|---|---|---|---|---|
| Âges $x$ (en mois) | $4 < x \leq 12$ | $12 < x \leq 20$ | $20 < x \leq 28$ | $28 < x \leq 36$ | |
| Effectif | 8 | 12 | 5 | 15 | 40 |
| Fréquence | $\frac{8}{40}$ | $\frac{12}{40}$ | $\frac{5}{40}$ | $\frac{15}{40}$ | $\frac{40}{40}$ |
| Fréquence (en %) | 20 | 30 | 12,5 | 37,5 | 100 |

8 enfants sur 40 sont dans la section des petits : la fréquence est $\frac{8}{40} = 0{,}2 = \frac{20}{100} = 20\,\%$.

On calcule les fréquences en divisant chaque effectif par l'effectif total.

### ● Traduire des données statistiques par un diagramme circulaire et un histogramme

| Section des… | bébés | petits | moyens | grands | Total |
|---|---|---|---|---|---|
| Âges $x$ (en mois) | $4 < x \leq 12$ | $12 < x \leq 20$ | $20 < x \leq 28$ | $28 < x \leq 36$ | |
| Effectif | 8 | 12 | 5 | 15 | 40 |
| Mesure de l'angle (en degrés) | 72 | 108 | 45 | 135 | 360 |
| Hauteur de la barre (en mm) | 16 | 24 | 10 | 30 | 80 |

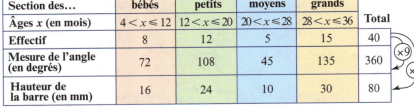

**1.** Les mesures des angles sont proportionnelles aux effectifs : on passe de la ligne des effectifs à celle des mesures des angles en multipliant par $360 \div 40 = 9$.

Si les 40 enfants sont représentés par un secteur angulaire de 360° (disque entier), un enfant est représenté par un secteur de $360 \div 40$ et 8 enfants sont représentés par un secteur de $(360 \div 40) \times 8 = 72°$.

**2.** Les hauteurs des barres sont proportionnelles aux effectifs.

**Diagramme circulaire**

**Histogramme**

# EXOS

**1** * Un professeur dresse un diagramme en bâtons à partir des notes d'une interrogation écrite :

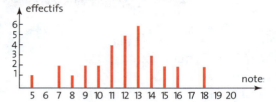

**1.** Combien y a-t-il d'élèves dans cette classe ? ............................................................

**2.** Combien d'élèves ont obtenu 12 ? ...............

**3.** Quelles sont les notes qui n'ont pas été obtenues ? ...............................................

**4.** Combien d'élèves ont eu au moins 12 ?
............................................................

**5.** Quelle est la note maximale ? ..................

**6.** Calcule la fréquence d'apparition de chaque note. ...............................................
............................................................
............................................................

**2** * Voici les 100 premières décimales de $\pi$ :
14159  26535  89793  23846  26433  83279
50288  41971  69399  37510  58209  74944
59230  78164  06286  20899  86280  34825
34211  70679

**1.** Donne la fréquence d'apparition de chaque chiffre.

**2.** Quelle est la fréquence d'apparition d'un chiffre pair ? d'un chiffre impair ?

**3** ** Une enquête a été effectuée auprès de 250 familles possédant une télévision. On a obtenu les résultats suivants :

**a.** Êtes-vous abonné au satellite ?

| oui | non |
|---|---|
| 86 | 164 |

**b.** Combien de personnes composent la famille ?

| 1 | 2 | 3 | 4 | 5 | 6 |
|---|---|---|---|---|---|
| 22 | 63 | 72 | 60 | 25 | 8 |

**c.** Combien de temps regardez-vous la télévision par jour ?

| moins d'1h | 1h à 2h | 2h à 3h | 3h à 4h | plus de 4h |
|---|---|---|---|---|
| 15 | 91 | 116 | 22 | 6 |

**d.** Êtes-vous satisfait des programmes proposés ?

| Très satisf. | Satisf. | Moyen | Pas satisf. |
|---|---|---|---|
| 104 | 63 | 69 | 14 |

**1.** Représente les tableaux précédents par :
• un diagramme en bâtons (**b**) ;
• un histogramme (**c**) (la catégorie « plus de 4 h » sera assimilée à « 4 h à 5 h ») ;
• un diagramme circulaire (**d**) ;
• un diagramme semi-circulaire (**a**).

**2.** Détermine la fréquence de chaque effectif pour les tableaux **c.** et **d.**

**4** *** Deux collèges présentent ainsi leurs taux de passage de 5$^e$ à 4$^e$.

Collège HUGO

| 5$^e$ A | 5$^e$ B | 5$^e$ C | 5$^e$ D | 5$^e$ E |
|---|---|---|---|---|
| 91 % | 57 % | 89 % | 53 % | 85 % |

Collège PROUST

| 5$^e$ A | 5$^e$ B | 5$^e$ C | 5$^e$ D | 5$^e$ E |
|---|---|---|---|---|
| 91 % | 50 % | 85 % | 50 % | 84 % |

**1.** Représente ces données sur un même histogramme, en traçant des rectangles rouges pour le collège Hugo et des rectangles bleus pour le collège Proust. Dans lequel de ces deux collèges préférerais-tu être élève ?

**2.** Voici les effectifs des classes concernées :

Collège HUGO

| 5$^e$ A | 5$^e$ B | 5$^e$ C | 5$^e$ D | 5$^e$ E |
|---|---|---|---|---|
| 22 | 28 | 18 | 32 | 12 |

Collège PROUST

| 5$^e$ A | 5$^e$ B | 5$^e$ C | 5$^e$ D | 5$^e$ E |
|---|---|---|---|---|
| 22 | 18 | 28 | 12 | 32 |

**a.** Calcule le nombre d'élèves passés en 4$^e$ dans chaque classe (arrondis les résultats).

**b.** Représente ces nouvelles données sur un double histogramme similaire au premier.

**c.** Calcule le pourcentage global d'élèves de chaque collège passés en 4$^e$.

**d.** As-tu changé d'avis ?

# 13 NOMBRES ET CALCULS
# Statistiques : caractéristiques de position et analyse

**OBJECTIF** • Calculer une moyenne

## COURS

Pour comparer des séries statistiques, on peut calculer **leur moyenne**.
• **Définition :** La moyenne d'une série statistique est le quotient de la somme des valeurs par le nombre de valeurs.

**Exemple :** Malika a parcouru 14 km lundi, 17 km mardi, 13 km mercredi, 15 km jeudi et 11 km vendredi.
En moyenne, elle a parcouru 14 + 17 + 13 + 15 + 11 = 70 ÷ 5 = 14 km par jour.

## MÉTHODE

● **Comment calculer une moyenne avec des coefficients ?**

La moyenne est égale au quotient de la somme de chaque valeur multipliée par son coefficient par la somme des coefficients.

**Exemple :** Julian a obtenu 12/20 coefficient 3, puis 11/20 coefficient 2 enfin 20/20 coefficient 1. La somme des coefficients est égale à 3 + 2 + 1 = 6

La moyenne est donc égale à $\dfrac{12 \times 3 + 11 \times 2 + 20 \times 1}{3 + 2 + 1} = \dfrac{36 + 22 + 20}{6} = \dfrac{78}{6} = 13$.

Appliquer un coefficient revient au même que d'avoir plusieurs fois la même note. Pour le calcul on va trouver le même résultat si un élève a eu 3 fois 12/20, 2 fois 11/20 et une fois 20/20.

● **Comment calculer une moyenne avec des classes ?**

On utilise la valeur moyenne de la classe.
Avec l'exemple de la page précédente :

| Section des… | bébés | petits | moyens | grands |
|---|---|---|---|---|
| Âges $x$ (*en mois*) | $4 < x \leq 12$ | $12 < x \leq 20$ | $20 < x \leq 28$ | $28 < x \leq 36$ |
| Effectif | 8 | 12 | 5 | 15 |

Au total, il y a 40 enfants dans cette crèche.
Les enfants de la section des « bébés » ont entre 4 et 12 mois. En moyenne les enfants de cette section ont 4 + 12 ÷ 2 = 16 ÷ 2 = 8 mois. On fait les mêmes calculs pour les autres sections.
Pour calculer la moyenne, on peut remplacer chaque classe par sa valeur moyenne :

| Section des… | bébés | petits | moyens | grands |
|---|---|---|---|---|
| Âge moyen de la section (*en mois*) | 8 | 16 | 24 | 32 |
| Effectif | 8 | 12 | 5 | 15 |

L'âge moyen dans la crèche est égal à :
$\dfrac{8 \times 8 + 12 \times 16 + 5 \times 24 + 15 \times 32}{8 + 12 + 5 + 15} = \dfrac{856}{40} = 21{,}4$ mois = 21 mois et 12 jours
(1 mois = 30 jours, alors 0,4 mois = 0,4 × 30 = 12 jours)
**Dans cette crèche, l'âge moyen est donc de 21 mois et 12 jours.**

# EXOS

**1** Réponds aux questions

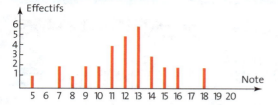

**a.** Complète le tableau.

| Note |  |  |  |  |  |  |  |
|------|--|--|--|--|--|--|--|
| Effectif |  |  |  |  |  |  |  |

**b.** Calcule la moyenne des notes.

**c.** L'enseignant a oublié de représenter la note d'un élève qui a eu 18. Quelle est la nouvelle moyenne de la classe ?

**2** Calcule la moyenne des notes suivantes :
12 ; 10 ; 8 ; 15 ; 18 ; 5 ; 12.

Moyenne : ..............................................................

**3** Voici le temps passé, en minutes, par jour devant la télévision par les élèves d'une classe de 5e :

| Temps (t) | $40 \leq t < 60$ | $60 \leq t < 80$ | $80 \leq t < 100$ | $100 \leq t < 120$ |
|---|---|---|---|---|
| Effectifs | 5 | 8 | 7 | 11 |

**a.** Quel est le nombre d'élèves de cette classe ?

**b.** Calcule le temps moyen passé devant la télévision par les élèves.

**c.** Détermine la proportion d'élèves de cette classe qui ont passé entre 1 h et 1 h 20 devant la télévision.

**4** On souhaite comparer la production de deux variétés de blé : la variété Alpha et la variété Gamma. Pour cela on compte le nombre de grains de 130 épis de chaque variété.

**Variété Alpha :**

| Nb de grains | $30 \leq n < 40$ | $40 \leq n < 45$ | $45 \leq n < 50$ | $50 \leq n < 55$ | $55 \leq n < 60$ |
|---|---|---|---|---|---|
| Nb d'épis | 4 | 9 | 36 | 48 | 33 |

**Variété Gamma :**

| Nb de grains | $30 \leq n < 40$ | $40 \leq n < 45$ | $45 \leq n < 50$ | $50 \leq n < 55$ | $55 \leq n < 60$ |
|---|---|---|---|---|---|
| Nb d'épis | 4 | 49 | 22 | 17 | 38 |

**a.** Représente sur le même graphique les résultats obtenus avec les deux variétés de blé, en utilisant deux couleurs différentes.

**b.** Calcule, pour chaque variété, la moyenne du nombre de grains.

**c.** Si on doit choisir entre les deux variétés, laquelle choisis-tu ? Pourquoi ?

**d.** Détermine, pour chaque variété, la proportion du nombre d'épis donnant plus de 50 grains. Est-ce que ce calcul peut faire évoluer la réponse donnée en **c.** ?

**5** Après avoir fait 5 contrôles de mathématiques, la moyenne de Jade est de 14/20. Quelle sera sa nouvelle moyenne si elle obtient 16/20 à la prochaine évaluation ?

Choisis la bonne réponse en la justifiant.

**a.** 16/20      **b.** 14,33/20      **c.** 14,5/20

**6** Sur une bouteille de soda rouge de 1 litre, on peut lire « contient 250 g de sucre ».
Sur une bouteille de soda vert de 2 litres, on peut lire « contient 350 g de sucre ».

Quelle est la teneur moyenne de sucre dans chacune de ces deux bouteilles ?

**7** Au bout de 15 matchs, l'équipe de handball de Montpellier a marqué, en moyenne, 30 buts par match. La saison compte 25 rencontres.

**a.** Est-il possible que la moyenne de buts sur l'ensemble de la saison soit égale à 35 ?

**b.** Si oui, donne la moyenne de buts par match pour les 10 derniers matchs.
Sinon, explique pourquoi.

**NOMBRES ET CALCULS**

# 14 Le hasard

**OBJECTIF** • Calculer une probabilité

## COURS

• Lorsque l'on lance une pièce de monnaie on peut obtenir deux résultats : « Pile » ou « Face ». On dit que l'on a une chance sur deux d'obtenir « pile » et une chance sur deux d'obtenir face, si la pièce est « bien équilibrée ».

• Avec un dé non truqué à 6 faces on a une chance sur six d'obtenir « 1 ».
On peut déterminer la probabilité d'obtenir un résultat, cette probabilité correspond à une fraction comprise entre 0 et 1.
La fraction correspond à une traduction de la phrase « une chance sur 6 » :

• On peut écrire le résultat du calcul sous la forme d'une fraction, d'un nombre à virgule, ou d'un pourcentage.

**Exemple :** $\frac{1}{6} = 0{,}1666\ldots \approx 16{,}67\,\%$

• Une expérience est liée au hasard lorsque l'on ne peut pas prévoir le résultat. On parle aussi d'expérience aléatoire. Par exemple, lorsqu'on lance une pièce de monnaie, on ne peut pas savoir à l'avance si le résultat sera « Pile » ou « Face ».
L'expérience aléatoire consiste à jeter en l'air la pièce.

## MÉTHODE

• **Comment calculer une probabilité ?**

**Exemple 1 :** On met dans un sac, 10 boules indiscernables au toucher. Il y a 4 boules vertes, 3 boules noires et 3 boules blanches. On tire au hasard une boule.

On cherche la probabilité que la boule tirée soit blanche.

Comme il y a 3 boules blanches parmi les 10 boules, on a 3 chances sur 10 d'obtenir une boule blanche.

On dit alors que la probabilité d'obtenir une boule blanche est égale à $\frac{3}{10}$.

Comme $\frac{3}{10} = 0{,}3 = \frac{30}{100} = 30\,\%$, on peut dire que la probabilité d'obtenir une boule blanche est égale à 0,3, ou encore que l'on a 30 % de chance d'obtenir une boule blanche.

**Exemple 2 :** On s'intéresse à un jeu de 32 cartes.

On retourne les cartes sur une table. Quelle est la probabilité d'obtenir un As ?
Dans le jeu de cartes, il y a 4 As. On a donc 4 chances sur 32 d'obtenir un As.

La probabilité d'obtenir un As est donc égale à $\frac{4}{32} = 4 \times 14 \times 8 = \frac{1}{8}$. On a donc 1 chance sur 8 d'obtenir un As.

# EXOS

**1**★ Lors d'une loterie, cinq boules sont tirées au hasard chaque semaine parmi 49 boules identiques numérotées de 1 à 49. Les gagnants du gros lot sont les joueurs qui ont choisi les cinq numéros tirés. Le montant total du prix est partagé entre les gagnants. Un journal publie les numéros gagnants de la semaine précédente ainsi qu'une liste des numéros qui ne sont plus sortis depuis longtemps.
Répond par Vrai ou Faux et explique ta réponse.

**a.** Le numéro qui n'est pas sorti depuis longtemps a plus de chances de sortir.

**b.** Les numéros de la semaine précédente ont moins de chance de sortir car ils sont déjà sortis.

**c.** Il n'y a peu de chance pour qu'un numéro sorte deux fois de suite.

**d.** La combinaison formée par les numéros « 1, 2, 3, 4, 5 » a moins de chance de sortir qu'une autre combinaison de 5 chiffres.

**e.** Si on a joué plusieurs fois la même combinaison de chiffres et qu'elle n'est pas sorti, on a plus de chance qu'elle sorte au prochain tirage.

**f.** Ce n'est pas la peine de rejouer une combinaison de chiffre qui est déjà sorti.

**2**★ Répond par Vrai ou Faux et justifie la réponse.

On lance un dé équilibré.

**a.** On a moins de chance d'obtenir un 6 qu'un 4.

**b.** Le numéro « 1 » est le numéro qui a le plus de chance de tomber.

**3**★ On a lancé un dé 10 fois de suite et on a obtenu à chaque fois « 6 ».

Cela veut-il dire que l'on est très chanceux ou alors que le dé est certainement truqué ?

**4**★★ Dans un sac contenant 27 billes indiscernables au toucher, on compte 3 billes rouges, 20 billes vertes et 4 billes blanches.

On tire, au hasard et sans regarder, une bille.

**a.** Détermine la probabilité que la bille tirée soit rouge.

**b.** Détermine la probabilité que la bille tirée soit verte.

**5**★★ On considère un jeu de 32 cartes que l'on a retournées sur la table. Voici la composition du jeu de cartes :

Cœur/Pique/Trèfle/Carreau
Et 1 carte de chaque : AS, Roi, Dame, Valet, 10, 9, 8, 7 pour chacune.
Les cartes avec un cœur et celles avec un carreau sont rouges, les autres sont noires.
On tire une carte au hasard sans la regarder. Donne le résultat sous la forme d'une fraction ou d'un nombre.

**a.** Détermine la probabilité que la carte tirée soit un Valet.

**b.** Détermine la probabilité que la carte tirée soit un cœur.

**c.** Détermine la probabilité que la carte tirée soit le Valet de cœur.

**d.** Détermine la probabilité que la carte tirée soit de couleur rouge ou de couleur noire.

**e.** Détermine la probabilité que la carte tirée soit de couleur rouge et de couleur noire.

**6**★★★ Un code secret est composé d'une lettre, d'un chiffre compris entre 0 et 9 et d'une lettre.

**a.** Combien de possibilités a-t-on pour la première lettre ?

**b.** Combien de possibilités a-t-on pour le chiffre ?

**c.** Combien de possibilités a-t-on pour la dernière lettre ?

**d.** Combien de possibilités a-t-on pour le code ?

**e.** Quelle est la probabilité pour que la première lettre du code soit la lettre N ?

**f.** Quelle est la probabilité que le chiffre soit le 5 ?

**g.** Quelle est la probabilité que la dernière lettre soit la lettre P ?

**7**★★★ Dans une classe de 28 élèves, il y a 18 filles et 10 garçons. On choisit au hasard un nom dans la liste.

**a.** Quelle est la probabilité pour que ce soit une fille ? Donne le résultat sous la forme d'une fraction que l'on ne peut plus simplifier.

**b.** Quelle est la probabilité que ce soit un garçon ? Donne le résultat sous la forme d'un pourcentage arrondi à l'unité.

GÉOMÉTRIE

# 15 Symétrie centrale

**OBJECTIF** • Représenter le symétrique d'une figure

## COURS

### • Définition

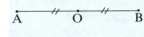

| B est le symétrique de A par rapport à O | signifie | O est le milieu du segment [AB] |

On dit aussi : B est l'image de A dans la symétrie de centre O
A et B sont symétriques par rapport à O
(si B est l'image de A, A est l'image de B).
Seul le point O est symétrique de lui-même.

### • Propriétés

Par une symétrie centrale :
– l'image d'une droite $d$ est une droite $d'$ parallèle à $d$ ;
– l'image d'une demi-droite est une demi-droite parallèle à celle-ci ;
– l'image d'un segment est un segment parallèle à celui-ci de même longueur ;
– l'image d'un angle est un angle de même mesure ;
– l'image d'un cercle est un cercle de même rayon.

## MÉTHODE

### • Tracer le symétrique

#### • d'un point

On trace la demi-droite [MO).

On trace le cercle de centre O et de rayon OM.

N, intersection de la demi-droite et du cercle, est le symétrique de M.

#### • d'une droite

On choisit deux points A et B sur $d$ et on trace leurs symétriques respectifs A' et B'.

#### • d'une demi-droite

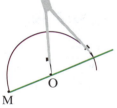

On trace le symétrique M' de M et le symétrique P' d'un point P choisi sur [Mx).

[M'y)//[Mx)

#### • d'un segment

On trace les symétriques des extrémités du segment.

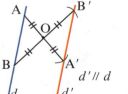

A'B' = AB
[A'B'] // [AB]

#### • d'un angle

On trace les symétriques des demi-droites [Ax) et [Ay).

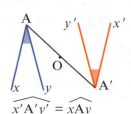

$\widehat{x'A'y'} = \widehat{xAy}$

# EXOS

**1**★ Complète la phrase suivante en traçant le symétrique de chaque petit segment ou arc de cercle par rapport à la croix ou à la droite en pointillés.

Je suis un :

J'habite au :

**2**★ Dans chaque cas, trace le symétrique de la figure par rapport au point O. Comment s'appelle la figure totale obtenue à chaque fois ?

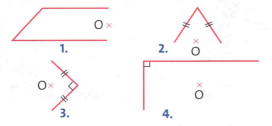

**3**★★ Cet étourdi de Jérôme est parti à une réception en oubliant quelque chose à la maison… Mais quoi ?!… Tu le sauras en réalisant ce programme.

1. Trace au crayon à papier, sans appuyer :
– un segment [BO] de longueur 2 cm ;
– D symétrique de B par rapport à O ;
– un demi-cercle de diamètre [BD] ;
– A, le point de ce demi-cercle tel que DA = 2 cm ;
– C symétrique de A par rapport à O ;
– E symétrique de B par rapport à D ;
– F symétrique de C par rapport à A ;
– G symétrique de E par rapport à B ;
– H symétrique de F par rapport à O.

2. Repasse au feutre bleu :
ABCDA ;  AFED ;  BGHC
… et gomme les traits de crayon.

**4**★★ Reproduis chaque figure et trace son symétrique par rapport au point O.

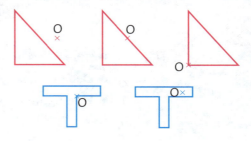

**5**★★ Trace le symétrique de chaque partie par rapport à la croix, ou à la droite en pointillés, afin de découvrir l'un des plus célèbres paradoxes du raisonnement.

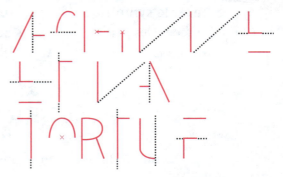

**6**★★★ Observe la figure suivante et réponds aux questions en cochant vrai ou faux.

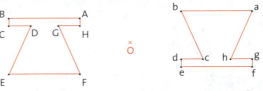

1. L'angle $\widehat{bah}$ est le symétrique de l'angle $\widehat{DEF}$ par rapport à O ;   ❏ vrai   ❏ faux
2. g est le symétrique de B par rapport au point O.   ❏ vrai   ❏ faux
3. c est le symétrique de G par rapport au point O ;   ❏ vrai   ❏ faux
4. C et H sont symétriques par rapport au point D ;   ❏ vrai   ❏ faux
5. [Ea] et [Hd] ont le même milieu ;
6. Fb = Ad ;   ❏ vrai   ❏ faux
7. FO = Ob.   ❏ vrai   ❏ faux

GÉOMÉTRIE

# 16 Symétrie et figures

**OBJECTIF** • Reconnaître les éléments de symétrie d'une figure

## COURS

- Les figures noires sont **symétriques par rapport au point O**.
- Deux figures symétriques sont **superposables**.
- Une figure a un **centre de symétrie** lorsque chaque point de la figure a son symétrique sur la figure.

## MÉTHODE

● **Tracer le symétrique d'une figure dans une symétrie centrale**

• On repère les points intéressants de la figure et on trace leurs symétriques.

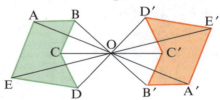

• On décompose la figure en segments, cercles… et on utilise les propriétés de conservation.

**Exemple :** Pour tracer le symétrique de la figure noire par rapport à O :

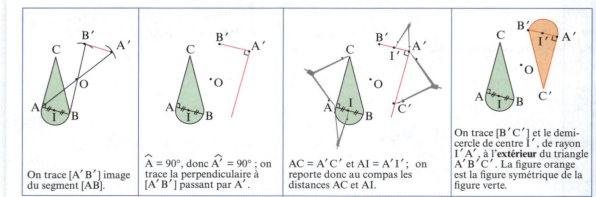

| On trace [A′B′] image du segment [AB]. | $\widehat{A} = 90°$, donc $\widehat{A'} = 90°$ ; on trace la perpendiculaire à [A′B′] passant par A′. | AC = A′C′ et AI = A′I′ ; on reporte donc au compas les distances AC et AI. | On trace [B′C′] et le demi-cercle de centre I′, de rayon I′A′, à l'**extérieur** du triangle A′B′C′. La figure orange est la figure symétrique de la figure verte. |

● **Reconnaître un centre et un axe de symétrie dans une figure usuelle**

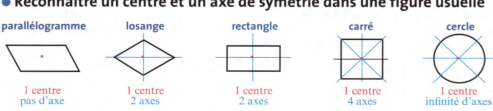

| parallélogramme | losange | rectangle | carré | cercle |
|---|---|---|---|---|
| 1 centre pas d'axe | 1 centre 2 axes | 1 centre 2 axes | 1 centre 4 axes | 1 centre infinité d'axes |

# EXOS

**1** ★ Les figures 𝒜 et 𝒜' sont-elles symétriques par rapport au point O ?

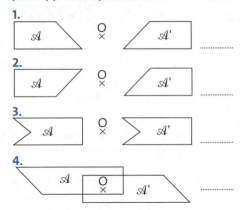

1. ..................
2. ..................
3. ..................
4. ..................

**2** ★ Parmi les lettres suivantes, quelles sont celles qui admettent :

1. un seul axe de symétrie ? ..........................
2. au moins deux axes de symétrie ? ..................
3. un centre de symétrie ? ..............................
4. aucun élément (axe ou centre) de symétrie ? ..........................................................

A C E O H I
L N S T W Z

**3** ★ Les figures suivantes ont-elles un centre de symétrie ?

1.           2.           3.           4.

**4** ★★ Reproduis ces figures sur du papier quadrillé et trace leur symétrique par rapport au point O.

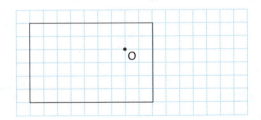

**5** ★★ Complète les figures afin qu'elles soient symétriques par rapport au point noir.

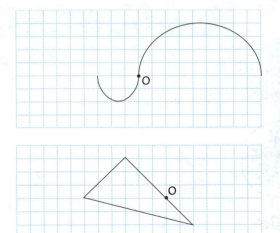

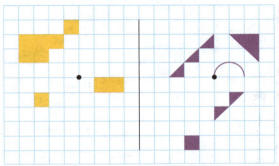

**6** ★★ EFGH est un rectangle de centre I. Parmi ces affirmations, lesquelles sont vraies ?

1. (FH) est axe de symétrie de EFGH.
2. I est centre de symétrie de EFGH.
3. H est le symétrique de F par rapport à I.
4. H est le symétrique de F par rapport à (EG).
5. La médiatrice de [EF] est axe de symétrie de EFGH.
6. EFGH a quatre axes de symétrie.

**7** ★★★ Reproduis le dessin ci-dessous ; construis le symétrique $(F_1)$ de la figure (F) par rapport à la droite $d_1$ ; puis le symétrique $(F_2)$ de la figure obtenue $(F_1)$ par rapport à la droite $d_2$.
Que peut-on dire des figures (F) et $(F_2)$ ?

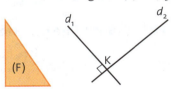

GÉOMÉTRIE

# 17 Angles et parallélisme

**OBJECTIF** • Connaître et utiliser le vocabulaire lié aux angles

## COURS

• **Définitions**

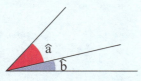

$\hat{a}$ et $\hat{b}$ sont **adjacents**.

$\hat{a}$ et $\hat{b}$ sont **complémentaires** : $\hat{a} + \hat{b} = 90°$.

$\hat{a}$ et $\hat{b}$ sont **supplémentaires** : $\hat{a} + \hat{b} = 180°$.

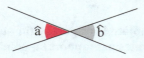

$\hat{a}$ et $\hat{b}$ sont **opposés par le sommet**.

$\hat{c}$ et $\hat{e}$, $\hat{f}$ et $\hat{d}$ sont **alternes internes**.

$\hat{a}$ et $\hat{e}$, $\hat{d}$ et $\hat{h}$, $\hat{b}$ et $\hat{f}$, $\hat{c}$ et $\hat{g}$ sont **correspondants**.

• **Propriétés**

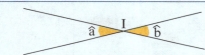

$\hat{a}$ et $\hat{b}$ sont symétriques par rapport à I, donc $\hat{a} = \hat{b}$.
**Deux angles opposés par le sommet ont même mesure.**

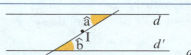

$d \parallel d'$

Si les droites d et d' sont parallèles, alors les angles alternes internes ont la même mesure. Et réciproquement : Si les angles alternes internes ont la même mesure, alors les droites d et d' sont parallèles. C'est aussi vrai pour les angles correspondants.

## MÉTHODE

• **Calculer les angles**

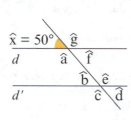

Sans mesurer, calculer $\hat{a}, \hat{b}, \hat{c}, \hat{d}, \hat{e}, \hat{f}, \hat{g}$.

$\hat{a}$ et $\hat{x}$ sont supplémentaires, donc $\hat{a} = 180° - 50° = 130°$.
$\hat{f}$ et $\hat{x}$ sont opposés par le sommet, donc $\hat{f} = \hat{x} = 50°$.
$\hat{a}$ et $\hat{g}$ sont opposés par le sommet, donc $\hat{g} = \hat{a} = 130°$.
$\hat{a}$ et $\hat{e}$ sont alternes internes, donc $\hat{e} = \hat{a} = 130°$.
$\hat{f}$ et $\hat{b}$ sont alternes internes, donc $\hat{b} = \hat{f} = 50°$.
$\hat{b}$ et $\hat{d}$ sont opposés par le sommet, donc $\hat{d} = \hat{b} = 50°$.
$\hat{e}$ et $\hat{c}$ sont opposés par le sommet, donc $\hat{c} = \hat{e} = 130°$.

• **Démontrer une propriété**

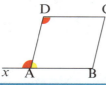

Les angles $\widehat{xAD}$ et $\widehat{ADC}$ sont alternes internes.
Si on sait qu'ils ont la même mesure, alors on peut dire que le quadrilatère ABCD a deux côtés parallèles.

# EXOS

**1** En observant la figure ci-dessous, complète les phrases suivantes à l'aide des termes : complémentaires, supplémentaires, opposés par le sommet.

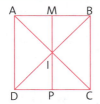

ABCD est un carré

$\widehat{MAI}$ et $\widehat{IAD}$ sont ..................
$\widehat{MIA}$ et $\widehat{CIP}$ sont ..................
$\widehat{BIP}$ et $\widehat{DIP}$ sont ..................
$\widehat{DIC}$ et $\widehat{BIA}$ sont ..................
$\widehat{DIP}$ et $\widehat{CIP}$ sont ..................
$\widehat{MIC}$ et $\widehat{PIC}$ sont ..................

**2** En observant la figure ci-dessous, complète les phrases à l'aide des termes : alternes internes ou correspondants.

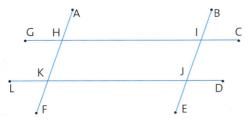

HIJK est un parallélogramme

$\widehat{GHK}$ et $\widehat{HKJ}$ sont ..................
$\widehat{LKH}$ et $\widehat{GHA}$ sont ..................
$\widehat{KJI}$ et $\widehat{HIB}$ sont ..................
$\widehat{HIJ}$ et $\widehat{IJD}$ sont ..................
$\widehat{AHC}$ et $\widehat{HKJ}$ sont ..................
$\widehat{KJI}$ et $\widehat{CIJ}$ sont ..................

**3** 1. Observe la figure, puis réponds vrai ou faux aux propositions ci-dessous.

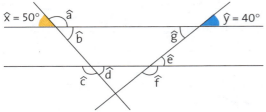

a. $\widehat{x}$ et $\widehat{c}$ sont correspondants.
b. $\widehat{x}$ et $\widehat{c}$ sont supplémentaires.
c. $\widehat{x} + \widehat{a} = \widehat{a} + \widehat{b}$.
d. $\widehat{a}$ et $\widehat{c}$ sont alternes internes.
e. $\widehat{f}$ et $\widehat{e}$ sont opposés par les sommets.
f. $\widehat{g}$ et $\widehat{e}$ sont alternes internes.
g. $\widehat{y}$ et $\widehat{e}$ sont correspondants.
h. $\widehat{c}$ et $\widehat{d}$ sont adjacents.
i. $\widehat{b} + \widehat{g} = \widehat{d} + \widehat{e}$.
j. $\widehat{d}$ et $\widehat{f}$ sont correspondants.

| | V | F |
|---|---|---|
| a | | |
| b | | |
| c | | |
| d | | |
| e | | |
| f | | |
| g | | |
| h | | |
| i | | |
| j | | |

2. Sans mesurer, calcule les angles $\widehat{a}$, $\widehat{b}$, $\widehat{c}$, $\widehat{d}$, $\widehat{e}$, $\widehat{f}$ et $\widehat{g}$ en justifiant chaque calcul.

*Dans les exercices 4 et 5, les mesures indiquées sur la figure ne sont pas respectées.*

**4** On sait que les droites (ED) et (BC) sont parallèles.

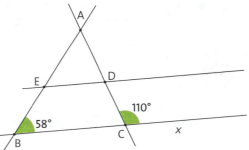

Complète :
$\widehat{BCD}$ et $\widehat{DCx}$ sont ......... donc $\widehat{BCD}$ = ...... − 110° = ......°
$\widehat{ADE}$ et $\widehat{BCD}$ sont ............ donc $\widehat{ADE}$ = ...... = ......°
$\widehat{EBC}$ et ......... sont ............ donc $\widehat{AED}$ = ...... = ......°
La .................. des angles d'un .................. vaut 180° :
donc $\widehat{BAC}$ = .........° − (.........° + .........°) = .........°.

On a ainsi calculé tous les angles du triangle AED.

**5** Les droites (AB) et (DE) sont parallèles.
1. Cite deux couples d'angles alternes internes.
2. Calcule, en justifiant, les angles inconnus.

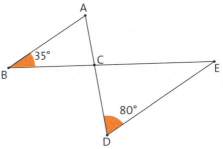

# GÉOMÉTRIE

# 18 Constructions de triangles

**OBJECTIF** • Organiser une construction géométrique

## COURS

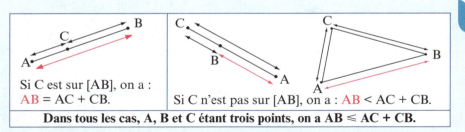

Si C est sur [AB], on a : AB = AC + CB.
Si C n'est pas sur [AB], on a : AB < AC + CB.
**Dans tous les cas, A, B et C étant trois points, on a AB ≤ AC + CB.**

● Dans un triangle, la **mesure d'un côté** est inférieure à la somme des mesures des deux autres côtés. Trois nombres positifs étant donnés, on ne peut donc pas toujours construire un triangle dont les côtés ont ces trois nombres pour mesures.
Ainsi 2, 4 et 1 ne peuvent mesurer (dans la même unité) les côtés d'un triangle car 2 + 1 < 4.

● La médiatrice d'un segment est une droite qui coupe le segment perpendiculairement en son milieu.

## MÉTHODE

● **Construire un triangle**

● On connaît la longueur des trois côtés.

**Exemple :** Construire un triangle ABC tel que AB = 3 cm, AC = 2,4 cm et BC = 2 cm.

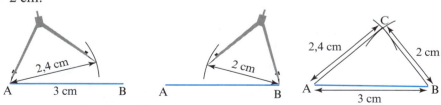

● On connaît la longueur de deux côtés et l'angle compris entre ces côtés.

**Exemple :** Reproduire le dessin ci-contre en respectant les mesures indiquées.

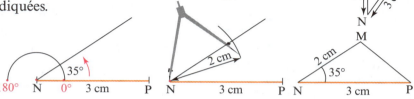

● On connaît la longueur d'un côté et les deux angles qui lui sont adjacents.

**Exemple :** Dessiner un triangle TAP tel que PA = 4 cm, $\widehat{TAP}$ = 110° et $\widehat{TPA}$ = 25°.

# EXOS

**1** Construis un triangle BOF tel que BO = 7 cm ; $\widehat{B}$ = 45° et $\widehat{O}$ = 80°.

Trace ensuite les médiatrices des 3 côtés du triangle.

**2** Construis un triangle BOL rectangle en O vérifiant BO = 5 cm et $\widehat{B}$ = 60°.

Trace ensuite les médiatrices des 3 côtés du triangle.

**3** Construis un triangle MOU tel que MO = 12 cm ; OU = 7 cm ; MU = 9 cm.

Trace ensuite les médiatrices des 3 côtés du triangle.

**4** Construis un triangle PIF tel que PI = 7 cm ; $\widehat{P}$ = 50° et $\widehat{F}$ = 80°.

Trace ensuite les médiatrices des 3 côtés du triangle.

**5** Construis un triangle MUR rectangle en U vérifiant MU = 7 cm et $\widehat{R}$ = 55°.

Trace ensuite les médiatrices des 3 côtés du triangle.

**6** Pour tracer un triangle ABC tel que AB = 6 cm ; $\widehat{ABC}$ = 55° et AC = 5,2 cm, suis le programme de construction suivant.

1. Trace un segment [AB] mesurant 6 cm.

2. Trace un angle mesurant 55° de sommet B et dont un côté est [AB].

3. Trace le cercle de centre A et de rayon 5,2 cm. En combien de points le cercle coupe-t-il le deuxième côté de l'angle ?

4. Combien de triangles répondent à la question ? Sont-ils superposables ?

**7** Trace les figures ci-dessous en vraie grandeur. Pour la seconde figure, commence par tracer le triangle ABC.

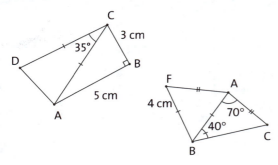

**8** Dans chaque cas, construis la figure en respectant les données ou explique clairement la raison pour laquelle la figure n'est pas réalisable.

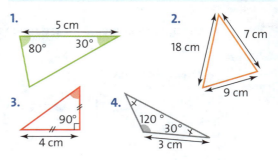

**9** Réponds par vrai ou faux.

1. On peut tracer un triangle dont les côtés mesurent 4,2 cm ; 6,3 cm ; 2,4 cm : ..................

2. On peut tracer un triangle dont les côtés mesurent 24 cm ; 8 cm ; 13 cm : ..................

3. On peut tracer trois points L, O et I tels que LO = 2,4 cm ; LI = 7 cm ; OI = 4,6 cm : ..................

4. On peut tracer un triangle TOC tel que TO = OC = 14 cm et TC = 30 cm : ..................

5. Il existe au moins deux triangles non superposables dont les côtés mesurent 9 cm ; 5 cm ; 8 cm : ..................

6. Il existe au moins deux triangles non superposables dont les angles mesurent tous 60° : ..................

7. Il existe au moins deux triangles rectangles non superposables dont deux côtés mesurent 5 cm : ..................

**10** Trace un segment [AB] mesurant 10 cm.

1. Place un point $C_1$ tel que :
$AC_1$ = 8 cm et $BC_1$ = 6 cm.

2. Place un point $C_2$ tel que :
$AC_2$ = 7 cm et $BC_2$ = 5 cm.

3. Place un point $C_3$ tel que :
$AC_3$ = 6 cm et $BC_3$ = 5 cm.

4. Place un point $C_4$ tel que :
$AC_4$ = 5 cm et $BC_4$ = 5 cm.
Que peut-on dire de $C_4$ ?
Compare $AC_4 + BC_4$ avec AB.

GÉOMÉTRIE

# 19 Angles dans un triangle

**OBJECTIF** • Connaître et utiliser les propriétés liées aux angles

## COURS

La somme des angles d'un triangle vaut 180°.   $\widehat{A} + \widehat{B} + \widehat{C} = 180°$.

● **Triangle isocèle**

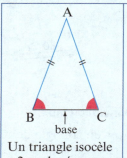

Un triangle isocèle a 2 angles égaux si  AB = AC, alors  $\widehat{B} = \widehat{C}$.

Si un triangle a 2 angles égaux, alors il est isocèle si  $\widehat{M} = \widehat{N}$, alors MP = NP.

● **Triangle équilatéral**

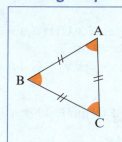

Un triangle équilatéral a 3 angles égaux.
$\widehat{A} = \widehat{B} = \widehat{C} = 60°$.

Si un triangle a ses 3 angles égaux, alors il est équilatéral si  $\widehat{M} = \widehat{N} = \widehat{P} = 60°$, alors MN = PN = MP.

## MÉTHODE

● **Calculer la mesure d'un angle**

**Exemple :** Calculer l'angle $\widehat{C}$ connaissant les angles $\widehat{A}$ et $\widehat{B}$.

$\widehat{A} + \widehat{B} + \widehat{C} = 180°$
$40° + 90° + \widehat{C} = 180°$
$130° + \widehat{C} = 180°$
$\widehat{C} = 180° - 130°$
$\widehat{C} = 50°$

● **Construire un triangle**

**Exemple :** Construire un triangle ABC isocèle de base [BC] tel que $\widehat{BAC} = 80°$ et BC = 4 cm.

| 1<sup>re</sup> étape | 2<sup>e</sup> étape | 3<sup>e</sup> étape |
|---|---|---|
| On fait un schéma. 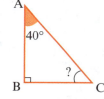 | On calcule $\widehat{B}$ et $\widehat{C}$ pour se ramener au cas où l'on connaît un côté et les deux angles adjacents. AB = AC  donc  $\widehat{B} = \widehat{C}$ $80° + \widehat{B} + \widehat{C} = 180°$ $\widehat{B} + \widehat{C} = 180° - 80°$ $\widehat{B} + \widehat{C} = 100°$ $\widehat{B} = \widehat{C} = \dfrac{100°}{2} = 50°$ | On trace le triangle.  |

# EXOS

**1** ⭐ Détermine, sans mesurer, les longueurs demandées ou les mesures des angles demandées, en observant les figures (volontairement fausses !).

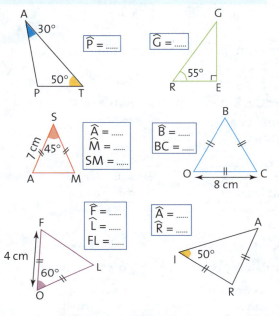

**2** ⭐ Sans effectuer de construction, dis quelle est la particularité d'un triangle dont deux angles mesurent 64° et 26°.

**3** ⭐ Sans effectuer de construction, dis quelle est la particularité d'un triangle dont deux angles mesurent 126° et 74°.

**4** ⭐⭐ Construis un triangle BAF tel que BA = 7 cm ; $\widehat{B}$ = 50° et $\widehat{F}$ = 70°.

**5** ⭐⭐ Observe le dessin suivant et détermine, *sans mesurer* au rapporteur, les angles $\hat{b}$, $\hat{c}$, $\hat{f}$, $\hat{g}$, $\hat{k}$, $\hat{d}$ (A, F, E sont alignés).

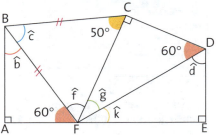

**6** ⭐⭐ Observe le dessin suivant.

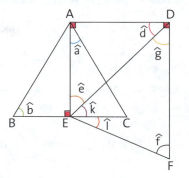

On sait que :
ABC est équilatéral, ADE est isocèle et rectangle en A, DEF est isocèle en D.

Détermine les angles (sans mesurer au rapporteur) : $\hat{b}$, $\hat{a}$, $\hat{e}$, $\hat{d}$, $\hat{g}$, $\hat{f}$, $\hat{k}$, $\hat{i}$.

**7** ⭐⭐ **1.** Reproduis le dessin de l'exercice 5 sachant que AB = 5 cm.

**2.** Reproduis le dessin de l'exercice 6 sachant que AB = 5 cm.

**8** ⭐⭐ Construis un triangle rectangle dont l'hypoténuse (le côté opposé à l'angle droit) mesure 8 cm et dont un angle mesure 45°.

**9** ⭐⭐ Construis un triangle isocèle BOC de base [BC] tel que $\widehat{BOC}$ = 68° et BC = 5 cm.

**10** ⭐⭐⭐ Reproduis la figure ci-dessous en respectant les mesures indiquées.

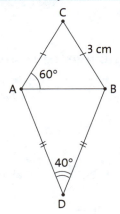

GÉOMÉTRIE

# 20 Parallélogrammes

**OBJECTIF** • Connaître et utiliser les propriétés des parallélogrammes

## COURS

### ● Définition
Un parallélogramme est un quadrilatère dont les côtés opposés sont parallèles.

### ● Propriétés
● Un parallélogramme a un centre de symétrie : le point d'intersection de ses diagonales.
En conséquence :

**dans un parallélogramme**

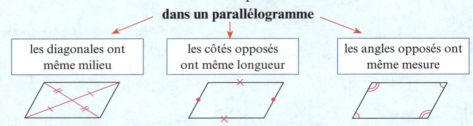

| les diagonales ont même milieu | les côtés opposés ont même longueur | les angles opposés ont même mesure |

● Réciproquement : **si** on **sait** qu'un quadrilatère possède **une** des propriétés suivantes :

| les diagonales ont même milieu | les côtés opposés ont la même longueur (quadrilatère non croisé) | les côtés opposés sont parallèles |

**alors** on **est sûr** que ce quadrilatère est un **parallélogramme**.

## MÉTHODE

### ● Tracer un parallélogramme
**Exemple :** On connaît la longueur des côtés : 2,7 cm et 1,3 cm.

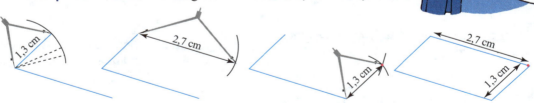

### ● Distinguer deux situations réciproques

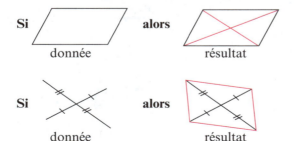

Si un quadrilatère est un parallélogramme, alors ses diagonales ont même milieu.

Si les diagonales d'un quadrilatère ont même milieu, alors ce quadrilatère est un parallélogramme.

# EXOS

**1** Construis un parallélogramme POLI dont deux côtés mesurent 3 cm et 4 cm.

**2** Construis un parallélogramme BIDE dont les diagonales mesurent 3 cm et 4 cm.

**3** Complète les parallélogrammes ABCD.

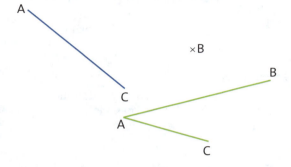

**4** Trace le parallélogramme ABCD de centre I tel que B soit sur $d_1$ et D sur $d_2$.

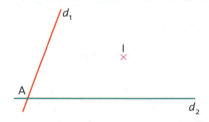

**5** Pour chacune des affirmations suivantes, fais un dessin prouvant qu'elles sont fausses.

**1.** Un quadrilatère ayant ses diagonales de même longueur est un parallélogramme.

**2.** Un quadrilatère ayant deux côtés de même longueur est un parallélogramme.

**3.** Un quadrilatère ayant deux côtés parallèles est un parallélogramme.

**6** **1.** Construis un parallélogramme RSTU tel que RS = 5 cm ; RT = 4 cm et ST = 2,5 cm.

**2.** Construis un parallélogramme ABCD de centre O tel que AB = 54 mm ; AC = 8 cm et BD = 6 cm. *(Fais d'abord une figure à main levée sur laquelle tu reporteras les données.)*

**7** Observe la figure ci-dessous : MNPR est un parallélogramme. *(Les mesures indiquées sur la figure ne sont pas respectées.)*

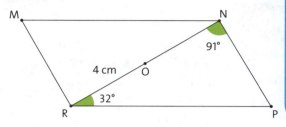

**1.** En justifiant les réponses, calcule RN, $\widehat{MNR}$ et $\widehat{MRN}$.

**2.** Construis MNPR en vraie grandeur.

**8** Observe la figure suivante et réponds à la question.

On sait que le périmètre de ABCD est 21 cm.

Pourquoi ABCD est-il un parallélogramme ? *(Les mesures indiquées sur la figure ne sont pas respectées.)*

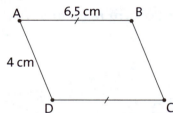

**9** Voici un énoncé : « Trace deux cercles C1 et C2 de même centre O et de rayons différents. Trace un diamètre [AB] du cercle C1 et un diamètre [CD] du cercle C2. Prouve que ACBD est un parallélogramme. »

**1.** Fais un dessin.

**2.** Retrouve l'erreur commise dans la démonstration suivante : « [AB] est un diamètre de C1 donc O est le milieu de [AB]. De même O est le milieu de [CD]. Les diagonales du quadrilatère ACBD ont le même milieu. Or les diagonales d'un parallélogramme ont le même milieu donc ACBD est un parallélogramme. »

**3.** Rédige une démonstration correcte.

## GÉOMÉTRIE

# 21 Quadrilatères particuliers

**OBJECTIF** • Reconnaître et tracer les rectangles, losanges, carrés

### COURS

- Les rectangles, les losanges et les carrés sont des parallélogrammes : ils ont donc toutes les propriétés des parallélogrammes.

- **Si** un quadrilatère possède *une* des propriétés suivantes :

| il a 3 angles droits | c'est un parallélogramme *et* il a un angle droit | c'est un parallélogramme *et* ses diagonales ont même longueur |

**alors** ce quadrilatère est un **RECTANGLE**.

- **Si** un quadrilatère possède *une* des propriétés suivantes :

| il a 4 côtés de même longueur | c'est un parallélogramme *et* 2 côtés consécutifs ont même longueur | c'est un parallélogramme *et* ses diagonales sont perpendiculaires |

**alors** ce quadrilatère est un **LOSANGE**.

- **Si** un quadrilatère est à la fois un rectangle et un losange, **alors** c'est un **CARRÉ**.

### MÉTHODE

- **Construire un quadrilatère**

Tracer un rectangle PLAF de centre I tel que $\widehat{PIF} = 36°$ et FL = 2 cm.

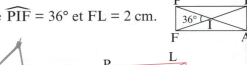

 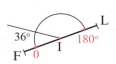 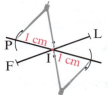 

- **Reconnaître un quadrilatère**

Quelle est la nature des quadrilatères TRUC et PALE ?

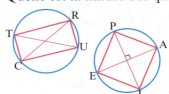

• TRUC : [TU] et [RC] sont deux diamètres d'un même cercle, donc :
1. TU = RC ;
2. [TU] et [RC] ont même milieu : le centre du cercle.

De **2** on déduit que les diagonales du quadrilatère TRUC ont même milieu, donc TRUC est un parallélogramme.
De **1** on déduit que le parallélogramme TRUC a ses diagonales de même longueur, donc TRUC est un **rectangle**.

• PALE : c'est un rectangle au même titre que TRUC. De plus, ses diagonales sont perpendiculaires ; c'est donc à la fois un rectangle et un losange. PALE est un **carré**.

# EXOS

**1.** Construis un rectangle FLOP de centre I tel que FL = 7,5 cm et FI = 4,2 cm.

**2.** Construis un rectangle BAZE tel que BZ = 8 cm et BA = 6 cm.

**3.** Construis un losange IJKL de centre O tel que LJ = 62 mm et IO = 2,4 cm.

**4.** Trace un losange dont un côté mesure 5 cm et une diagonale mesure 7 cm.

**5.** 1. Construis un carré dont un côté mesure 4 cm.
2. Construis un carré dont une diagonale mesure 4 cm.

**6.** Construis un rectangle DALI de centre S tel que IA = 8 cm et $\widehat{ASL}$ = 45°.

**7.** Reproduis les figures suivantes en respectant les mesures *(dessins volontairement faux)*.

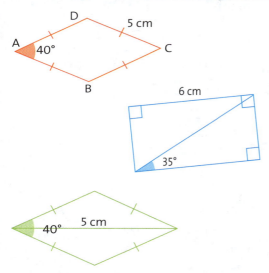

**8.** Utilise les indications du dessin pour donner la nature exacte des parallélogrammes ci-dessous *(dessins volontairement faux)*.

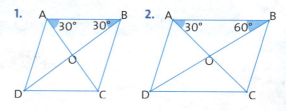

**9.** 𝒞 est un cercle de centre I et de rayon 3 cm. A est un point de ce cercle.

Place sur 𝒞 les points R, T, S tels que ARTS soit un rectangle avec AR = 2 cm.

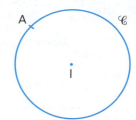

**10.** Pour chacune des affirmations suivantes, fais un dessin prouvant qu'elles sont fausses.

**1.** Un quadrilatère ayant ses diagonales de même longueur est un rectangle.

**2.** Un quadrilatère ayant au moins deux angles droits est un rectangle.

**3.** Un losange a ses diagonales de même longueur.

**4.** Un quadrilatère ayant ses diagonales de même longueur et perpendiculaires est un carré.

**5.** Un quadrilatère ayant deux côtés consécutifs de même longueur est un losange.

**11.** On considère le parallélogramme ABCD ci-dessous. *(Les mesures indiquées sur la figure ne sont pas respectées.)*

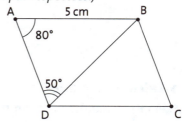

**1.** Calcule $\widehat{ABD}$.
**2.** Quelle est la nature du triangle ABD ?
**3.** Détermine AD.
**4.** Quelle est la nature exacte de ABCD ?

# 22 Aires

GÉOMÉTRIE

**OBJECTIF** • Utiliser les formules de calcul d'aires de figures simples

## COURS

### • La hauteur

La hauteur est une droite qui part d'un sommet et qui coupe le côté opposé perpendiculairement.

Ici, (AH) est la hauteur issue de A, on dit aussi **la hauteur correspondante** au côté [BC].

### • Aire du parallélogramme

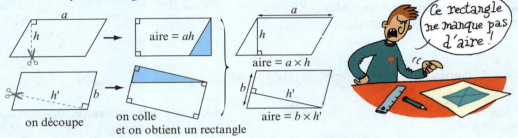

Aire du parallélogramme : $\mathcal{A}$ = **côté × hauteur correspondante.**

### • Aire du triangle

Le triangle est la « moitié » d'un parallélogramme !

Aire du triangle : $\dfrac{b \times h_1}{2}$ ou $\dfrac{a \times h_2}{2}$ ou $\dfrac{c \times h_3}{2}$.

Aire du triangle : $\mathcal{A} = \dfrac{\textbf{côté} \times \textbf{hauteur correspondante}}{2}$.

## MÉTHODE

### • Calculer une aire

**Exemple :** Calculer l'aire du triangle ABC ci-contre :

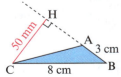

côté intéressant : [AB]  　AB = **3 cm**  　$\dfrac{5 \times 3}{2} = \dfrac{15}{2} = 7{,}5$
hauteur correspondante : [CH]　CH = 50 mm = **5 cm**

L'aire du triangle est **7,5 cm²**.

# EXOS

**1*** Calcule l'aire des figures ci-dessous.

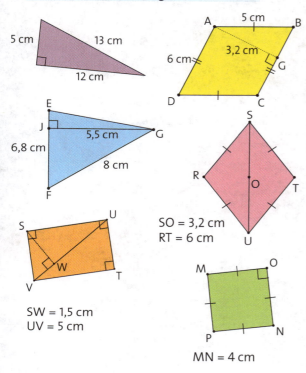

**2*** Trace un carré de 28 cm de périmètre. Calcule son aire.

**3*** Trace un carré dont l'aire est 64 cm². Calcule son périmètre.

**4*** ABCD est un parallélogramme.

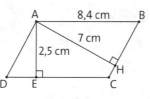

1. Complète : l'aire de ABCD est BC × ......... = ......... × AE.
2. Calcule l'aire de ABCD.
3. Calcule BC.

**5**** La longueur d'un rectangle est de 16 cm. Son aire est 144 cm². Calcule le périmètre de ce rectangle.

**6**** Vrai ou faux ? Les indications données sur la figure ci-dessous ne permettent pas de calculer l'aire du triangle ABC.

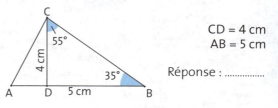

CD = 4 cm
AB = 5 cm

Réponse : ...............

**7**** Complète le tableau concernant des triangles de côté *a* et de hauteur correspondante *h*.

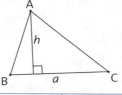

| *a* | 3,2 cm | 7 m | |
|---|---|---|---|
| *h* | 6 cm | | 6 dm |
| *a* × *h* | | | |
| Aire du triangle | | 28 m² | 1 200 cm² |

**8***** 1. Trace deux triangles rectangles non superposables d'aires 20 cm².

2. Trace deux triangles non superposables dont un côté mesure 7 cm et d'aire 14 cm².

**9***** Observe le dessin puis complète la démonstration.

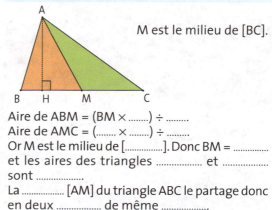

M est le milieu de [BC].

Aire de ABM = (BM × ..........) ÷ ..........
Aire de AMC = (.......... × ..........) ÷ ..........
Or M est le milieu de [..............]. Donc BM = ..............
et les aires des triangles .............. et .............. sont ..............
La .............. [AM] du triangle ABC le partage donc en deux .............. de même ..............

*Livret de corrigés p. 16*

# Histoire-Géo et EMC

## Histoire

1. Byzance et l'Europe carolingienne .......... 120
2. De la naissance de l'islam à la prise de Bagdad par les Mongols .......... 122
3. La Méditerranée, espace de contact .......... 124
4. L'ordre seigneurial : la formation et la domination des campagnes .......... 126
5. L'affirmation de l'État monarchique .......... 128
6. L'émergence d'une nouvelle société urbaine .......... 130
7. Le monde au temps de Charles Quint et de Soliman le Magnifique .......... 132
8. Humanisme, réformes et conflits religieux .......... 134
9. Du prince de la Renaissance au roi absolu .......... 136
10. Se repérer dans l'espace et dans le temps .......... 138

## Géographie

11. La croissance démographique et ses effets .......... 140
12. Richesse et pauvreté dans le monde .......... 142
13. Les inégalités devant la santé et l'alphabétisation .......... 144
14. La gestion de l'eau .......... 146
15. La question de l'énergie .......... 148
16. Les ressources alimentaires : comment nourrir l'humanité ? .......... 150
17. Le changement global et ses effets .......... 152
18. Prévenir les risques industriels et technologiques .......... 154

## Enseignement moral et civique

19. Des êtres humains, une seule humanité .......... 156
20. Le droit et la règle pour vivre avec les autres .......... 158
21. Le jugement : penser par soi-même et avec les autres .......... 160
22. L'engagement individuel et collectif : la sécurité et les risques majeurs .......... 162
23. L'engagement individuel et collectif : citoyenneté et solidarité .......... 164

+ • une évaluation page 274
  • une carte de l'Union européenne et des repères historiques en fin d'ouvrage

# 1 Byzance et l'Europe carolingienne

**OBJECTIF** • Découvrir la place de la religion dans l'Europe du Moyen Âge

## COURS

### ● Au IXe siècle, deux empires chrétiens sont en contact

● L'**Empire byzantin** se consolide sous le règne de Justinien (527-565). Sa capitale est Constantinople jusqu'à sa chute en 1453. L'empereur se fait appeler **basileus**. Les lois de l'empire sont regroupées dans le **code Justinien**, rédigé en grec.

● L'**Empire carolingien** est fondé en 751 par Pépin le Bref. Son fils **Charlemagne** en agrandit le territoire, qu'il divise en 300 comtés contrôlés par des envoyés des souverains : les **missi dominici**. Charlemagne se fait couronner empereur à Rome en 800.

### ● Une religion, deux églises

● Ces empires sont chrétiens, comme le montrent la basilique Sainte-Sophie à Constantinople ou la chapelle d'Aix-la-Chapelle. Mais les pratiques religieuses sont différentes : les Églises des deux empires se séparent en 1054 lors du **schisme**.

● Le **pape**, chef des chrétiens d'Occident, dirige l'**Église catholique** romaine. Il siège à Rome. Le **patriarche** de Constantinople est à la tête de l'**Église orthodoxe**.

## MÉTHODE

### ● Élaborer un dossier sur un thème précis

**Présenter l'Église catholique romaine et l'Église orthodoxe**

● **Rechercher des documents** dans les ouvrages spécialisés ou non, les répertorier.

● **Classer les documents suivants des rubriques** : les édifices, les rites, les écritures, la hiérarchie, les fêtes…

● **Mettre en forme chaque rubrique** : noter les titres, sélectionner les documents, présenter chaque document avec une indication de sa nature, de sa date, de sa provenance, de son intérêt.

● **Rédiger une représentation générale de la recherche** avec une table des matières (un sommaire), une brève introduction qui annonce le sujet et une conclusion pour récapituler l'essentiel.

# EXOS

**1** Place au bon endroit sur la frise chronologique les lettres correspondant à ces événements :

**A.** Justinien devient empereur  **B.** Chute de Constantinople  **C.** Schisme  **D.** Couronnement de Charlemagne

**2** Coche la bonne réponse pour chacune des questions suivantes.

1. Dans l'Empire chrétien d'Orient, la langue officielle est :
   ❏ le latin
   ☒ le grec
   ❏ l'arabe

2. Le chef de l'Église byzantine s'appelle :
   ❏ le pape
   ☒ le patriarche
   ❏ le prêtre

3. L'alphabet cyrillique a été inventé par :
   ❏ Cyrille et Justinien
   ❏ Théodora et Justinien
   ☒ Cyrille et Méthode

4. Les Carolingiens ont succédé aux :
   ❏ Mérovingiens
   ❏ Capétiens
   ❏ Valois

5. Le traité de Verdun qui partage le royaume de Charlemagne a lieu en :
   ❏ 800    ☒ 843    ❏ 1054

**3** Relie chaque proposition à l'Église correspondante.

a. Le Pape vit à Rome et est le chef de l'Église.
b. Les prêtres peuvent se marier.       • Église orthodoxe
c. La messe est dite en grec.           • Église catholique
d. Les icônes sont vénérées.

**4** Observe le document puis réponds aux questions.

Mosaïque du portail de Sainte-Sophie, à Constantinople. Les empereurs Justinien (à gauche) et Constantin (à droite) sont représentés avec la Vierge protectrice de Byzance.

1. Qu'est-ce qu'une mosaïque ?
Assemblage de petit morceau pour composer disposé de façon à faire un dessin

2. Quelle est la couleur dominante ? Pourquoi selon toi ?
...................................................
...................................................

3. Identifie les éléments représentés sur la mosaïque. Attribue à chacun son numéro.

ville de Constantinople • — 1
basilique Sainte-Sophie • — 2

4. Que viennent faire les empereurs ?
Costantin y Justinien
...................................................

5. Entoure sur la mosaïque ce qui prouve que l'on parle grec dans cet empire.

# 2 De la naissance de l'islam à la prise de Bagdad par les Mongols

**OBJECTIF** • Identifier les caractéristiques du monde musulman

## COURS

### • L'islam, troisième religion monothéiste

• L'islam est né en Arabie au VIIe siècle. Le Coran est son livre sacré : pour les musulmans, il rassemble la parole de Dieu révélée au prophète **Mahomet** et fixe les règles religieuses et les règles de vie.

• **622**, date du départ de Mahomet de la Mecque pour Médine (**Hégire**), est le début du calendrier musulman.

### • Un empire conquérant

• Grâce aux conquêtes, les **califes**, successeurs de Mahomet, constituent un empire qui s'étend de l'Espagne à l'Indus. Les vizirs et les émirs gouvernent les provinces en leurs noms. La dynastie **omeyyade** s'impose en 661 et choisit Damas pour capitale. En 750, les **Abbassides** s'installent à Bagdad. Cette ville devient leur capitale jusqu'à sa prise en 1258 par les Mongols dirigés par Houlégou (ou Hulagu Khan).

• Des peuples différents sont regroupés dans ce vaste empire. L'**arabe** s'impose comme la langue des administrateurs et, d'une manière générale, des habitants des villes.

### • Une prospérité réelle et une civilisation brillante

• Le monde musulman est prospère : il développe un commerce florissant et des villes peuplées à l'artisanat réputé. Les villes s'organisent autour de la **mosquée** et du palais.

• Les musulmans ont su conserver l'héritage des brillantes civilisations de l'Antiquité et enrichir leur savoir au contact des Indiens, des Chinois et des Byzantins (navigation, architecture, irrigation, connaissances scientifiques, techniques et littéraires).

## MÉTHODE

### • Étudier le plan d'un bâtiment

**La mosquée de Kairouan en Tunisie**

• **Identifier le genre du bâtiment** (public, civil ou religieux) : c'est une mosquée, édifice public religieux.
• **Examiner le plan général** (projection de l'édifice sur un plan horizontal) : c'est un rectangle orienté vers La Mecque.
• **Nommer les différentes parties** : minaret, cour, salle de prière…

# EXOS

**1** * Place sur le plan les éléments de la mosquée.

A. la cour
B. la salle de prière
C. le minaret

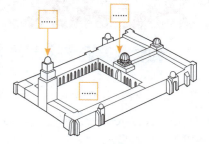

**2** ** Relis le Cours, observe la carte ci-dessous et coche la bonne colonne du tableau.

### Le monde musulman à la fin du VIIᵉ siècle

|  | Vrai | Faux |
|---|---|---|
| 1. Mahomet a conquis l'Égypte. |  |  |
| 2. Les quatre premiers califes ont considérablement agrandi le territoire musulman. |  |  |
| 3. Damas est la capitale de l'empire musulman entre 661 et 750. |  |  |
| 4. Les califes omeyyades ont conquis l'Espagne. |  |  |
| 5. Les Abbassides ont installé leur capitale en Afrique. |  |  |
| 6. Le territoire des Abbassides s'étend sur trois continents. |  |  |

**3** ** Associe les phrases aux piliers de l'islam. Reporte les numéros dans les bonnes cases.

la profession de foi ......
la prière ......
l'aumône ......
le jeûne du mois de ramadan ......
le pèlerinage ......

1. Ne rien absorber du lever au coucher du Soleil.
2. « Il n'y a de dieu que Dieu, et Mahomet est son prophète. »
3. « Donnez les meilleures choses que vous avez acquises. »
4. Elle doit être faite cinq fois par jour en direction de La Mecque.
5. Aller une fois dans sa vie à La Mecque.

**4** *** Complète le texte avec les mots suivants.

bazars – épices – ivoire – caravansérail – soie – souks – pierres précieuses – caravanes – esclaves

Les longues ........................ de chameaux se croisent dans la cour du ........................ L'une d'entre elles rapporte de la lointaine Asie de la ........................, des ........................ et des ........................, alors qu'une autre se prépare pour un long voyage vers l'Afrique à la recherche d' ........................ et d' ........................ . Ces précieuses marchandises seront bientôt vendues dans les échoppes des ........................ ou dans les boutiques des ........................ .

# 3 La Méditerranée, espace de contact

**OBJECTIF** • Montrer la Méditerranée comme une zone de contact entre les civilisations

## COURS

### ● Trois ensembles politiques et religieux

• Autour de la Méditerranée, entre le VIe et le XIIIe siècles, trois ensembles sont en contact.

• L'**Occident chrétien**, au Nord-Ouest, est installé sur un territoire hérité de l'Empire romain d'Occident. Il est marqué par le **christianisme romain**.

• L'**Empire byzantin** est au Nord-Est. Ce territoire est hérité de l'Empire romain d'Orient et la religion dominante y est le **christianisme orthodoxe**.

• Le **monde musulman**, au Sud, occupe un vaste espace allant de la péninsule ibérique au Moyen-Orient, construit par des conquêtes. Sa religion dominante est l'**islam**.

### ● Des relations militaires, commerciales et culturelles

• Ces trois civilisations entretiennent des **contacts militaires** dans le cadre de **guerres saintes** (en Espagne avec la Reconquista et en Palestine, avec les croisades), des **contacts commerciaux** avec le développement des échanges et le développement de villes portuaires (Venise, Gênes, Pise). Elles ont aussi des **contacts culturels**, par exemple avec les découvertes scientifiques.

• Les échanges sont donc nombreux malgré les dangers que présente cette mer (pirates, tempêtes…).

## MÉTHODE

### ● Analyser un édifice

**La mosquée-cathédrale de Cordoue**

● **Observer la photographie.**
La photographie représente l'intérieur de la cathédrale de Cordoue, qui a d'abord été une mosquée construite à partir de 785. Cordoue est une ville d'Andalousie, au Sud de l'Espagne qui a fait partie du royaume al-Andalus (711 à 1492).

● **Rechercher les principales caractéristiques.**
L'intérieur de la cathédrale contient un labyrinthe de colonnes de marbre à double rangées d'arcades, avec des arcs outrepassés (en forme de fer à cheval), typiques de l'art des Omeyyades. La pierre et la brique s'y mélangent. La lumière pénètre par de grandes ouvertures.

# EXOS

## 1. Observe la carte puis réponds aux questions.

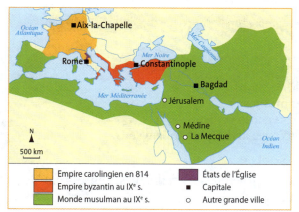

1. Quelle est la capitale de l'Empire byzantin ?
..................................................................

2. De quel autre empire chrétien s'est-il séparé ?
..................................................................

3. Décris l'étendue des territoires sur lesquels le monde musulman est présent au IX$^e$ siècle.
..................................................................
..................................................................
..................................................................
..................................................................

## 2. Lis le texte suivant et réponds aux questions.

### Ibn Djubayr chez Guillaume II, roi catholique de Sicile

L'attitude du roi est vraiment extraordinaire. Il a une conduite parfaite envers les musulmans ; il leur confie des emplois, il choisit parmi eux ses officiers et tous, ou presque tous, gardent secrète leur foi et restent attachés à la foi de l'islam. Le roi a pleine confiance dans les musulmans et se repose sur eux dans ses affaires et de l'essentiel de ses préoccupations, à tel point que l'intendant de sa cuisine est un musulman. […]
Il a des médecins et des astrologues car il s'en préoccupe grandement et y tient tant que lorsqu'il apprend qu'un médecin ou un astrologue est de passage dans son royaume, il ordonne qu'on le retienne et le comble de tant de moyens d'existence qu'il en oublie sa patrie. […]
Un autre trait que l'on rapporte de lui et qui est extraordinaire, c'est qu'il lit et écrit l'arabe.

Ibn Djubayr, *Voyages*, 1184.

1. Souligne les passages qui montrent la tolérance politique et religieuse des rois normands de Sicile.

2. Quelles sont les deux pratiques scientifiques évoquées dans le texte ?
..................................................................

3. Quelle caractéristique de Guillaume II montre le mélange de culture chez les souverains méditerranéens ?
..................................................................

## 3. Complète la grille suivante à l'aide des définitions et trouve le nom du personnage mystère.

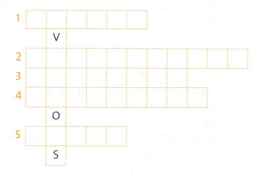

1. Successeur de Mahomet, chef religieux et politique pour les musulmans.

2. Guerre en Espagne qui chassa les musulmans au profit des rois catholiques.

3. Expédition militaire entreprise par les chrétiens.

4. Forme de christianisme dominante dans l'Empire byzantin.

5. Port d'Italie du Nord qui domine le commerce méditerranéen.

**Personnage mystère :** _ V _ _ _ O _ S : Né à Cordoue, il fut un grand philosophe du Moyen Âge qui étudia le droit et fut le médecin du calife d'Espagne. Son nom arabe était « Ibn Rochd ».

# 4 L'ordre seigneurial : la formation et la domination des campagnes

**OBJECTIF** • Comprendre le fonctionnement de la société féodale

## COURS

### ● Une société divisée en trois ordres

L'Église divise la société en trois catégories fixes :
- **le clergé**, regroupant les prêtres et les moines ;
- **les chevaliers** qui combattent pour protéger la société ;
- ceux qui travaillent, les plus nombreux : **les artisans et les paysans**.

### ● Le développement du système féodal

● Le Moyen Âge est une époque rude et violente. Les seigneurs s'entourent de chevaliers qui combattent pour eux. En échange, ils protègent leurs vassaux et leurs donnent une terre : un **fief**.

● Ce **contrat vassalique** est scellé lors de la cérémonie de l'hommage.

### ● La seigneurie, le cadre de vie des paysans

● La seigneurie est un domaine agricole que les paysans cultivent pour le seigneur ou pour la communauté religieuse qui le possède. La **réserve** est exploitée directement pour le seigneur. Les terres, appelées **tenures**, sont louées aux paysans en échanges de redevances et de corvées.

● Pour obtenir plus de terres cultivables ou habitables, de grands défrichements sont entrepris.

● Dans la seigneurie, tous les habitants sont soumis à la justice exercée par le seigneur et aux impôts et taxes qu'il prélève. Certains paysans sont libres, ce sont les **vilains**. D'autres sont liés à la propriété du seigneurs : les **serfs**. Ils peuvent devenir libres par l'affranchissement que le seigneur leur accorde.

## MÉTHODE

### ● Construire un tableau des activités de chaque ordre

● **Faire l'inventaire** des activités des hommes du Moyen Âge : prier, combattre, cultiver.
● **Associer chaque activité à un ordre :** prier avec clergé.
● **Récapituler** sous forme de tableau :

| Ordre | Activités |
|---|---|
| Clergé | prier, baptiser, célébrer la messe, donner les sacrements, prendre soin des corps et des âmes… |
| Chevaliers | combattre les ennemis, protéger les paysans, défendre le château… |
| Paysans, artisans | cultiver les terres, entretenir la seigneurie, fabriquer les outils et les objets… |

## EXOS

**1** Rattache chaque affirmation au serf ou au vilain.

1. Ne peut quitter librement la seigneurie.
2. Peut se marier sans l'autorisation du seigneur.
3. Peut témoigner en justice.
4. Ne peut pas transmettre ses biens à ses enfants.

Serf : ..................................................
Vilain : ..................................................

**2** Relie par une flèche chaque nom à son emplacement sur le dessin.

**3** Observe la représentation de la seigneurie puis complète la légende avec les lettres correspondantes.

1. l'église
2. le château
3. le moulin du seigneur
4. le gibet
5. la réserve, terres proches du château gardées par le seigneur
6. les tenures

Seigneurie de Wismes (Pas-de-Calais), XIV$^e$-XV$^e$ siècles.

**4** Attribue au seigneur ou au vassal les devoirs qui lui correspondent.

- le service militaire pendant 40 jours
- l'aide en argent
- la protection contre les ennemis
- le don du fief
- le conseil

- le vassal
- le seigneur

**5** Relie les occupations d'un paysan à ses obligations à l'égard du seigneur.

1. En hiver, le paysan cure le fossé.
2. À Noël, il apporte des poules au seigneur.
3. À Pâques, il apporte des moutons.
4. À la Saint-Jean, il fauche les prés.
5. À la Saint-Denis, il paie le cens.
6. En automne, il fait la corvée au château.
7. Deux fois par an, il moud ses grains au moulin banal.

- payer des redevances
- se soumettre aux banalités
- faire des corvées

# 5 L'affirmation de l'État monarchique

**OBJECTIF** • Relever les éléments fondateurs de la monarchie française

## COURS

### ● Les rois capétiens au pouvoir

● En principe, le roi de France est choisi par les grands seigneurs, mais les premiers Capétiens font couronner leur fils aîné de leur vivant et l'associent au trône. La couronne devient héréditaire. Le roi est sacré à Reims et enterré à Saint-Denis.

● Le renforcement du pouvoir royal provoque l'affaiblissement des grands féodaux. Le roi n'est plus suzerain mais **souverain**, et tous les habitants du royaume deviennent ses **sujets**.

### ● La construction de l'État : l'œuvre de grands personnages

● **Philippe Auguste** (1180-1224) affaiblit son rival le roi d'Angleterre et s'empare de nombreux fiefs que celui-ci possédait en France. Il affirme son rôle de défenseur de la France (victoire de Bouvines, 1214).

● Après la régence de **Blanche de Castille**, le règne de **Louis IX** dit **saint Louis** (1226-1270) est marqué par la prospérité et la participation à deux croisades.

● **Philippe le Bel** (1285-1314) renforce l'autorité royale en développant l'administration. Pour résoudre ses problèmes financiers, il lève de nouveaux impôts, s'empare des biens des Juifs et des Templiers et réunit les premiers états généraux.

### ● Guerres et renforcement du pouvoir royal

● La **guerre de Cent Ans** (1337-1453) oppose la France, dirigée par la dynastie des Valois, et l'Angleterre. La chevalerie française est décimée aux batailles de Crécy, Poitiers et Azincourt. Le royaume est dévasté et le roi, Charles VII (1422-1461), se réfugie à Bourges. Jeanne d'Arc le rencontre en 1429 et l'aide à gagner la guerre.

● Le roi s'appuie sur une armée permanente et de nouveaux impôts (aides, taille, gabelle) pour reconquérir et renforcer son pouvoir. **Louis XI** (1461-1483), en éliminant le puissant duc de Bourgogne, agrandit encore le domaine royal.

## MÉTHODE

### ● Rédiger une courte biographie

**Une biographie de saint Louis**

● **Lire** une chronologie rapide : voir exercice 3, p. 129.

● **Repérer les faits marquants.**

● Les **classer** sous l'une des rubriques suivantes :
– le roi pacificateur :
le traité de Paris en 1229 ;
– le roi chrétien :
la croisade en 1249 ;
– le roi aux pouvoirs respectés :
la monnaie royale en 1262…

# EXOS

**1** Remets les cartes dans l'ordre chronologique.

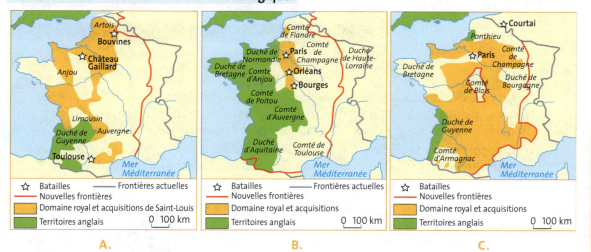

A.   B.   C.

**1. Le royaume en 1180** : un domaine royal très petit face à de très importantes possessions anglaises. Carte ..................

**2. Le royaume en 1270** : le domaine royal s'est agrandi au détriment des possessions anglaises. Carte ..................

**3. Au début du XIVe s.** : le domaine royal s'étend dans toutes les directions alors que les Anglais ne possèdent plus que la Guyenne. Carte ..................

**2** Relie chaque terme à sa définition.

ordonnance • • impôt sur la richesse payé au roi chaque année par ceux qui ne sont ni clercs, ni nobles

suzerain • • représentant du roi dans les provinces nord du domaine royal

bailli • • décision du roi qui s'applique à tout le royaume

taille royale • • seigneur ayant des vassaux

**3** Lis attentivement la biographie de saint Louis. Souligne, dans la couleur demandée, les dates qui correspondent aux rubriques suivantes : le roi pacificateur en rouge ; le roi chrétien en vert ; le roi aux pouvoirs respectés en bleu.

**1226 : 6 novembre** : mort de Louis VIII.
**29 novembre** : Louis IX est sacré à Reims à l'âge de 11 ans.
**1229** : Le traité de Paris met fin aux troubles religieux du Languedoc.
**1234** : Louis IX épouse Marguerite de Provence (14 ans). Elle apporte à la couronne les terres de la vallée du Rhône.
**1235** : Trêve pour 5 ans avec l'Angleterre.
**1241** : Louis IX vient à bout de la révolte des barons du Midi. Il défait les Anglais à Saintes. Il fait construire la Sainte-Chapelle.
**1249** : Louis IX participe à la 7e croisade.

**1250** : Après sa captivité, il consolide des places occupées en Syrie.
**1252** : Blanche de Castille, sa mère, meurt. Louis IX rentre en France.
**1258** : Traité entre le roi d'Aragon et le roi de France. Le roi abolit le duel judiciaire et les guerres privées pour instaurer une justice plus conforme aux principes de l'Église.
**1262** : Le roi impose la monnaie royale (écu d'or).
**1270** : Il part pour la 8e croisade. La peste le terrasse à Carthage.
**1297** : Le pape Boniface VIII le déclare saint.

# 6 L'émergence d'une nouvelle société urbaine

## COURS

**OBJECTIF** • Repérer les grandes transformations du XIe au XIIIe siècles

### • L'économie et les échanges se réveillent

• Le renouveau des échanges nécessite l'amélioration des moyens de transport : routes, ponts, auberges se multiplient. Les marchands, surtout italiens et flamands, se retrouvent dans des grandes **foires** comme celles de Champagne.

• Le commerce est alimenté par la production des artisans regroupés selon leur métier dans des corporations. Ils travaillent le bois, les étoffes, le métal, l'or.

### • Les villes se développent

• Les villes sont plus nombreuses. Elles sont encore petites, formées de maisons en bois, resserrées à l'intérieur des remparts. De nouveaux bâtiments sont construits : la halle, les églises, quelquefois la cathédrale. À l'extérieur de l'enceinte de la ville se développent des quartiers appelés **faubourgs**.

• Pour obtenir des droits et des **franchises** de leur seigneur, les **bourgeois** forment une commune. Mais seuls les plus riches artisans et marchands appartiennent au Conseil de la ville.

• Au XIIe siècle, Paris, avec ses 10 000 habitants, est l'une des villes les plus peuplées de l'Occident.

## MÉTHODE

### • Analyser le plan d'une ville

**La ville de Bruges au XIIe et XIIIe siècles**

• **Rappeler sa situation géographique :** Bruges se situe en Flandres, près de la mer du Nord (lien avec l'Angleterre).

• **Repérer ses activités :** le port au sud-ouest et la Halle nous rappellent les fonctions commerciales de la ville.

• **Observer sa croissance et son dynamisme :** à la fin du XIIIe siècle, Bruges s'étend au-delà de la première ceinture de canaux. C'est une ville riche (activité commerciale, croissance urbaine et nombreuses églises).

## EXOS

**1** Coche la bonne réponse parmi les propositions suivantes.

1. Les corporations sont des associations :
   ❏ de membres d'une même profession
   ❏ de membres d'une même ville

2. Les foires sont :
   ❏ des lieux de détente
   ❏ des marchés

3. Les bourgeois sont :
   ❏ les habitants d'une ville qui ne dépendent plus d'un seigneur
   ❏ les habitants des bourgs autour de la ville

4. Les franchises sont :
   ❏ de nouveaux impôts
   ❏ des libertés urbaines

5. Les échevins sont les membres :
   ❏ du Conseil de la ville
   ❏ d'une corporation d'artisans

**2** Reporte dans chaque encadré le numéro correspondant aux éléments représentés sur le sceau.

1. *sigilum* (sceau) – 2. *Valencenis* (nom de la ville) – 3. les remparts – 4. les tours du château – 5. l'étendard

A : ......
B : ......
C : ......
D : ......
E : ......

Sceau de la ville de Valenciennes, XIVᵉ siècle

**3** Retrouve les mots effacés dans le dessin à l'aide du schéma ci-dessous.

**Lettre de change envoyée à Mario de Bolado à Genève**

1. ......................................
2. ......................................
3. ......................................

# 7 Le monde au temps de Charles Quint et de Soliman le Magnifique

**OBJECTIF** • Mesurer les conséquences des grandes découvertes

## COURS

### • La prise de Constantinople

En 1453, Constantinople est prise par les **Ottomans**. Ils la baptisent **Istanbul** et en font la capitale de leur empire. Elle est le carrefour des routes commerciales vers l'Inde. Riche et prospère, **Soliman Le Magnifique** soutient son rayonnement. Cette prise oblige les Européens à chercher d'autres routes vers les Indes.

### • Les grands voyages de découvertes aboutissent

Tout au long du xv$^e$ siècle, des aventuriers portugais et espagnols explorent les océans. Le Génois **Christophe Colomb**, financé par la reine d'Espagne, découvre en 1492 l'Amérique du Sud. **Vasco de Gama** relie l'Inde par le sud de l'Afrique. **Magellan** accomplit le premier tour du monde au début du xvi$^e$ siècle.

### • Les Européens modèlent l'Amérique latine et les comptoirs en Afrique

• Les empires maya, aztèque et inca ne peuvent résister aux **conquistadores** et à leurs armes à feu. Massacres, pillages et destructions ont raison des brillantes civilisations précolombiennes.

• Les Portugais installent des **comptoirs** sur les côtes d'Afrique, dans l'océan Indien. Les Espagnols se déploient en Amérique du Sud. Ils imposent leur religion, leurs langues qui se mêlent aux cultures locales et à celles des esclaves.

### • L'Empire de Charles Quint place l'Europe au centre du monde

• Les Espagnols organisent le « Nouveau Monde » à leur service, exploitant dans de vastes plantations la main-d'œuvre indienne bientôt relayée par la **traite des esclaves** africains. L'ouverture de mines d'or et d'argent provoque un afflux de monnaie qui favorise les échanges avec l'Asie.

• Ainsi s'enrichit la façade atlantique de l'Europe, désormais ouverte sur le monde.

## MÉTHODE

### • Tirer des informations d'une carte

**Étude de la carte « Les grands voyages de découverte », p. 138**

• **Repérer les trajets de chaque voyage en suivant l'ordre de la légende.**
La découverte de la Chine (Marco Polo), le passage du Cap de Bonne Espérance (Bartolomeu Diaz), la route des Indes par le contournement de l'Afrique (Vasco de Gama), la traversée de l'Atlantique Nord (Jacques Cartier, Jean Cabot), la traversée de l'Atlantique (Christophe Colomb), le tour du monde (Magellan).

• **Comparer la situation des différentes monarchies** pour lesquelles naviguaient ces aventuriers.

• **Estimer l'ampleur de ces découvertes :**
– découverte du continent américain ;
– confirmation que la Terre est ronde ;
– amélioration des instruments de navigation.

# EXOS

**1** Lis ce texte puis souligne les différentes nationalités ou religions présentes à Istanbul. Entoure les raisons pour lesquelles on retrouve des ambassadeurs dans cette ville.

« Pera ou Galata est édifiée par les Genevois [Génois] […]. Quant au port, c'est l'un des plus beaux et plus commodes, que je pense, qui soit au monde […]. Cette cité de Pera […] est séparée de murailles en trois parties : en l'une desquelles habitent les vrais Perots [descendants des premiers Génois] ; en l'autre les Grecs, en la troisième les Turcs […] et quelque peu de Juifs. […] Les Français et les vrais Pérots vivent selon la loi de l'Église romaine, à la différence des Grecs […]. Se tiennent ordinairement dedans la ville les Ambassadeurs de France et les bailles [chef de communauté] des Vénitiens, et Florentins […] tant pour entretenir les ligues et confédérations d'amitié, qu'ils ont avec le Grand Seigneur (le Sultan, le chef des Ottomans), que pour le trafic et commerce de marchandise […]. »

Nicolas de Nicolay, *Les Navigations*, 1575.

**2** Observe cette illustration puis réponds aux questions.

Christophe Colomb débarque à Hispanola (Haïti) en 1492, gravure de Bry.

**1.** Que plantent les Espagnols en arrivant à Haïti ? Pourquoi ?
..................................................................
..................................................................
..................................................................

**2.** Que leur tendent les Indiens ?
..................................................................

**3.** Quelle conséquence la découverte du continent américain a-t-elle sur l'économie dans le monde ?
..................................................................
..................................................................
..................................................................
..................................................................

**3** Identifie les différents éléments qui ont permis les grandes découvertes.

**1.** : ..................................................

**2.** : ..................................................

**3.** : ..................................................

**4.** : ..................................................

# 8 Humanisme, réformes et conflits religieux

**OBJECTIF** • Saisir les changements culturels et religieux à partir du XVe siècle

## COURS

### ● Le renouveau de la pensée et de l'art

● À partir du XVe siècle, en Italie, les penseurs développent une nouvelle vision du monde, centrée sur l'homme dont ils veulent tout connaître.
L'invention de l'imprimerie favorise la diffusion de ces **idées humanistes**.

● Les artistes, aidés par de riches mécènes, proclament la nouvelle naissance de l'art ou **Renaissance**.
Depuis ce foyer italien, la Renaissance gagne, au début du XVIe siècle, la France puis le reste de l'Europe.

### ● Une crise religieuse

● À cette même époque, le monde chrétien connaît une nouvelle crise. Les fidèles sont hantés par l'idée de leur **salut**. Depuis que la Bible a été traduite dans les langues vernaculaires (parlées), ils peuvent la lire eux-mêmes. Ils aspirent à une religion simple, fondée sur la Bible et dirigée par une Église corrigée de ses abus.

● Luther, soutenu par les princes allemands, amorce cette **Réforme protestante**. Calvin répand ces idées en France puis en Suisse. Les souverains anglais se proclament chefs de leur Église.

● En réponse à ces critiques, la papauté entreprend de réformer l'Église par le concile de Trente puis de reprendre le terrain perdu en créant notamment les tribunaux de l'Inquisition.

● Ces oppositions religieuses sont à l'origine de violences et de guerres en Angleterre et en France avec les guerres de religion à la fin du XVIe siècle.

## MÉTHODE

### ● Analyser une œuvre d'art : une sculpture
**Une nymphe de la fontaine des Innocents à Paris, Jean Goujon, 1549**

● **Définir le support** (statue, bas-relief…) et **le genre** (religieux, historique, portrait…) :
c'est un bas-relief profane décoratif d'inspiration antique.

● **Décrire la composition :**
une composition en hauteur pour s'inscrire entre deux pilastres (colonnes plates).

● **Analyser l'exécution** (technique, détails, style…) :
un bas-relief en pierre, peu saillant. Un souci du détail et du réalisme (coiffure, draperie) à la façon antique.

# EXOS

**1** Lis le texte attentivement. Place dans la grille ce que doit apprendre Pantagruel pour devenir... le mot surligné.

> Lettre de Gargantua à son fils Pantagruel
> J'entends et veux que tu apprennes les langues parfaitement. Premièrement la grecque secondement la latine puis l'hébraïque...
> Qu'il n'y ait histoire que tu ne tiennes en mémoire présente. Des arts libéraux, géométrie, arithmétique, musique, je t'en donnais quelque goût quand tu étais encore petit et l'astronomie, saches-en tous les canons... Et par fréquentes anatomies, acquiers-toi parfaite connaissance de l'autre monde qui est l'homme.
> Rabelais, *Pantagruel*, chap. VIII.

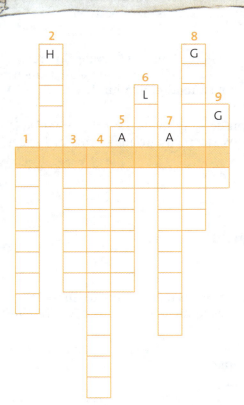

**3** Observe l'œuvre représentée et coche la bonne réponse.

Michel-Ange, *Pietà*, 1499.

1. Cette œuvre est :
   ❏ un bas-relief   ❏ une statue

2. Le sujet est :
   ❏ historique
   ❏ religieux
   ❏ mythologique

3. Le sculpteur est :
   ❏ français
   ❏ italien
   ❏ espagnol

**4** Lis le texte suivant, puis repère les éléments demandés.

« Que nul de quelque nation, état ou condition ne se permette dorénavant imprimer ou écrire, vendre ou acheter, distribuer, lire, […] défendre, communiquer […] des livres, écritures ou doctrines […] qu'on fait […] ledit Martin Luther [...] ou autres auteurs d'autres sectes hérétiques erronées ou abusives réprouvées de l'Église. Sous peine pour ceux qui auraient commis une de ces erreurs […] d'être exécutés par le feu, et les autres, à savoir les hommes par l'épée, et les femmes par la fosse. »

Ordonnance de Charles Quint, empereur du Saint-Empire, 1531.

1. Qui Charles Quint dénonce-t-il ? Souligne les réponses dans le texte.
2. Entoure les peines que risquent leurs fidèles.

**2** Élimine de la liste les châteaux qui ne sont pas de la Renaissance.

AMBOISE                  VERSAILLES
BLOIS                    MONTSÉGUR
CHÂTEAU-GAILLARD         CHAUMONT
CHAMBORD                 AZAY-LE-RIDEAU

**5** Dans la liste de mots suivante, entoure en rouge ce qui se rapporte à la religion catholique et en bleu ce qui se rapporte à la religion protestante.

les sept sacrements – le pape – Calvin – pasteur – Luther – église – prêtre – temple – le culte des saints – le salut par la foi seule

# 9 Du prince de la Renaissance au roi absolu

**OBJECTIF** • Cerner le rôle de la royauté en France à partir du XVIᵉ siècle

## COURS

### ● Les rois cherchent à imposer leur autorité

Le XVIᵉ et le début du XVIIᵉ siècle sont des périodes pendant lesquelles le pouvoir royal alterne entre puissance et faiblesse.

● Sous les règnes de **François Iᵉʳ** (1515-1547) puis de son fils **Henri II** (1547-1559), le pouvoir royal se renforce : la volonté royale devient source de loi, le roi ordonne l'usage du français pour tous les actes officiels tel l'état civil.

● Mais les quarante ans de **guerres de religions** (1562-1598) remettent en cause l'autorité monarchique. Devenu roi en 1589, **Henri IV** doit conquérir son royaume et imposer la paix civile par l'**édit de Nantes** en 1598.

● Au début du XVIIᵉ siècle, les régences assurées par les reines Marie de Médicis puis Anne d'Autriche, pendant la minorité de leurs fils, fragilisent le pouvoir.

### ● Louis XIV, le roi absolu

● Dès sa prise de pouvoir en 1661, **Louis XIV** renforce l'autorité royale. Son règne, jusqu'en 1710, marque l'apogée de la monarchie absolue de droit divin, selon laquelle le roi tient son pouvoir de Dieu et n'a de compte à rendre qu'à lui. Il s'entoure de Conseils mais gouverne sans Premier ministre.

● Le **château de Versailles** est une illustration de ce pouvoir. Le roi y organise la Cour pour attirer, contrôler et affaiblir la noblesse. Il en fait une vitrine de l'art et du savoir-faire français.

## MÉTHODE

### ● Étudier la représentation d'un monument

**Le château de Versailles, peinture de Denis Martin, 1722**

● **Présenter le document :** ce tableau, peint en 1722, après le règne de Louis XIV, présente l'entrée du château.

● **Décrire :** c'est une vaste construction très symétrique de style classique, prolongée par des jardins.

● **Expliquer :** la taille du château permet au roi de regrouper dans un même lieu, la Cour, les Conseils et tous les organes indispensables à l'exercice du pouvoir. Le choix du style classique marque la volonté d'ordre et de stabilité de Louis XIV.

● **Conclure :** le château de Versailles est le reflet du pouvoir absolu tel que l'a conçu Louis XIV.

## EXOS

**1.** Lis le texte et relie les informations à ce qu'elles identifient.

*Henri IV s'adresse au parlement de Paris, qui refuse d'enregistrer l'édit de Nantes.*

Vous me devez obéir. Si l'obéissance était due à mes prédécesseurs, il m'est dû autant et plus de dévotion, parce que j'ai rétabli l'État, Dieu m'ayant choisi pour me mettre au royaume, qui est mon héritage et acquisition. Je couperai la racine de toutes séditions, faisant raccourcir tous ceux qui les suscitent. J'ai sauté sur des murailles, je sauterai bien sur des barricades.

1. nature
2. auteur
3. date
4. destinataire
5. circonstances
6. sujet

a. le roi Henri IV
b. le parlement de Paris
c. le refus d'enregistrer l'édit de Nantes
d. un discours
e. les raisons d'obéir au roi
f. 1598

**2.** Identifie ces personnages à partir de leur portrait et de l'un des événements de leur règne.

1. Il rétablit la paix civile par l'édit de Nantes de 1538.
Réponse : ...........................

2. Il installe le pouvoir royal en 1682 à Versailles.
Réponse : ...........................

3. Il impose l'utilisation du français pour les textes officiels.
Réponse : ...........................

**3.** Attribue à chacun des rois que tu as identifiés dans l'exercice précédent le symbole et le personnage qui lui correspond. Remplis le tableau.

- **Symbole :** la salamandre – le panache blanc – le soleil
- **Événement :** la bataille de Marignan (1515) – assassinat par Ravaillac (1610) – révocation de l'édit de Nantes (1685)
- **Personnage :** Léonard de Vinci – Sully – Colbert

|  | 1. ............... | 2. ............... | 3. ............... |
|---|---|---|---|
| Symbole |  |  |  |
| Événement |  |  |  |
| Personnage |  |  |  |

# 10 Se repérer dans l'espace et dans le temps

## COURS

**OBJECTIF** • Savoir se repérer dans l'espace et dans le temps

### ● L'expansion de la chrétienté du XIe au XIIIe siècle

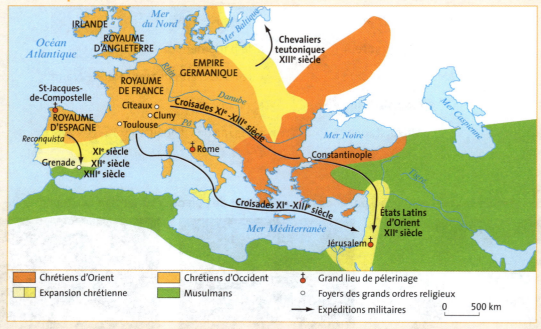

### ● Les grands voyages de découverte

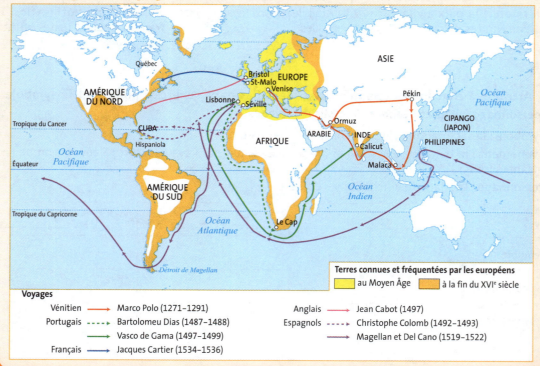

● L'inégal développement en 2009 selon l'IDH (indice de développement humain)

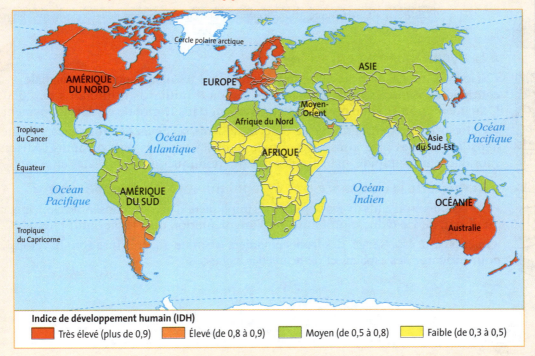

Indice de développement humain (IDH)
- Très élevé (plus de 0,9)
- Élevé (de 0,8 à 0,9)
- Moyen (de 0,5 à 0,8)
- Faible (de 0,3 à 0,5)

● La scolarisation dans le monde en 2009

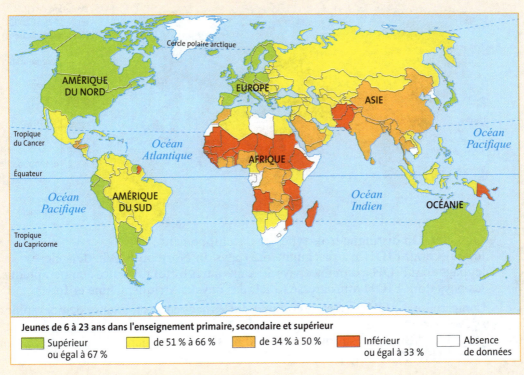

Jeunes de 6 à 23 ans dans l'enseignement primaire, secondaire et supérieur
- Supérieur ou égal à 67 %
- de 51 % à 66 %
- de 34 % à 50 %
- Inférieur ou égal à 33 %
- Absence de données

# 11 La croissance démographique et ses effets

**OBJECTIF** • Mettre en relation croissance démographique et développement d'un pays

## COURS

### ● La dynamique démographique

● Si le taux annuel de croissance diminue (de 2 à 1,4 %), la **population mondiale continue de croître** (on devrait passer de 6 à 9 milliards d'humains en 2050). L'augmentation se situe presque exclusivement dans le monde en développement.

● Cette fracture démographique détermine **trois schémas de croissance** : limitée dans les pays les plus aisés ; très rapide dans les pays les plus démunis (Afrique subsaharienne) ; rapide, mais freinée par des politiques anti-natalistes en Asie.

### ● L'impact de la croissance démographique sur le développement

● Les besoins croissants de ces populations impliquent d'investir dans le développement du niveau de vie (éducation, santé…), l'augmentation du PIB ne suffit plus.

● Face à cette croissance, des **fronts pionniers** (comme au Brésil) se sont développés pour procurer des espaces et de nouvelles richesses.

## MÉTHODE

### ● Interpréter une carte

**L'évolution de l'indice de développement humain (IDH) dans le monde entre 1995 et 2003**

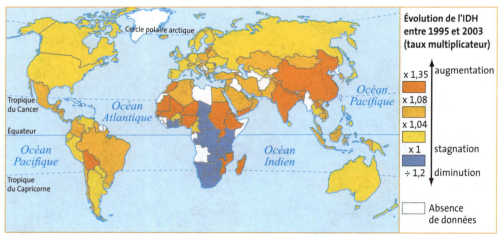

● **Observer.** On distingue trois types de développement :
– les pays dont l'IDH n'a pas augmenté (pays du Nord au PIB/h. déjà élevé) ;
– les pays dont l'IDH a diminué (pays africains à très forte croissance démographique) ;
– les pays dont l'IDH a progressé (quelques pays d'Afrique, Chine et Inde).

● **Comprendre.** L'IDH permet de comprendre les liens entre croissance démographique et développement, de saisir l'émergence de nouvelles puissances qui rendent le clivage Nord/Sud trop simpliste (le Nord n'est pas homogène, des pays du Sud ont intégré le Nord).

## EXOS

**1.** Observe la carte puis réponds aux questions.

1. Cite trois pays européens où la croissance démographique annuelle permet le renouvellement des générations (>2 ‰).
...................................................................

2. Cite trois pays européens où elle est négative.
...................................................................
...................................................................

3. Quelles peuvent être les problèmes posés par le vieillissement de la population pour le développement des pays ?
...................................................................
...................................................................
...................................................................
...................................................................

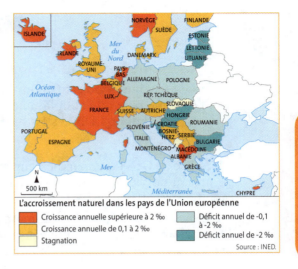

L'accroissement naturel dans les pays de l'Union européenne
- Croissance annuelle supérieure à 2 ‰
- Croissance annuelle de 0,1 à 2 ‰
- Stagnation
- Déficit annuel de -0,1 à -2 ‰
- Déficit annuel de -2 ‰

Source : INED.

**2.** Observe la photographie suivante et réponds aux questions.

**Campagne pour limiter la croissance démographique en Inde**

1. Comment est composée cette affiche : un texte seul, un dessin seul, un texte et un dessin ?
...................................................................

2. Que représente l'affiche ? Combien sont-ils ?
...................................................................
...................................................................

**3.** La traduction du texte qui se trouve en haut de l'affiche de l'exercice 2 dit : « Deux ou trois enfants, pas plus ! Suivez les conseils des médecins. » Rédige, en quelques lignes, un petit texte pour présenter puis expliquer cette affiche.
...................................................................
...................................................................
...................................................................
...................................................................

**4.** Observe le graphique puis réponds aux questions.

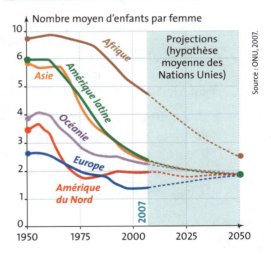

1. Quel est le nombre moyen d'enfants par femme en Afrique en 1950 ? En 2000 ?
...................................................................

2. Compare la situation de l'Afrique à celle des autres continents. À l'aide de la carte de l'IDH p. 140, essaye de l'expliquer.
...................................................................
...................................................................
...................................................................
...................................................................

# 12 Richesse et pauvreté dans le monde

**OBJECTIF** • Appréhender l'inégale répartition des richesses

## COURS

### • Lutter contre la pauvreté : un objectif international

L'ONU a fixé huit « objectifs pour le millénaire ». Le premier est de « supprimer l'extrême pauvreté et la famine ». Pour mesurer l'ampleur du problème et les progrès à accomplir, l'ONU s'est basée sur des indicateurs.

### • Des indicateurs

• L'indice de **GINI** est un indicateur synthétique d'inégalités de salaires, de revenus, de niveau de vie. 0 étant l'égalité, 1 la situation la plus inégalitaire, la moyenne mondiale se situe à 0,67.

• L'indice de développement humain (**IDH**), calculé à partir de l'espérance de vie à la naissance, le taux d'alphabétisation des adultes et le niveau de vie, permet de mesurer le progrès général d'un pays.

• L'indice de pauvreté humaine (**IPH**) mesure la répartition de ce progrès et sert à déchiffrer les formes de dénuement qui subsistent en distinguant les critères selon les types de pays (industrialisés ou en développement) : espérance de vie à 40 ans, illettrisme ou analphabétisme, niveau de revenu ou accès aux soins.

### • Les seuils de pauvreté

• Ils peuvent se définir de manière absolue (fixé à 1,25 $ par jour) ou de manière relative (par rapport à un revenu moyen).

• En général, on distingue un seuil de **pauvreté absolue** dans les pays en développement et un seuil de **pauvreté relative** dans quelques pays développés.

### • Bilan en l'espace d'une génération

• De 1980 à 2005, le nombre de pauvres dans le monde a baissé de 1,9 milliard (50 % de la population totale) à 1,4 milliard (25 %). Mais, alors que l'Asie du Sud-Est a réduit la pauvreté de 79 à 18 % de la population, l'Afrique stagne à 50 %.

• D'où l'importance d'un **partenariat mondial pour le développement**.

## MÉTHODE

### • Lire une caricature

• **Observer la composition de la caricature :** un personnage ventripotent s'éloigne d'un récipient dont il vient de consommer une partie du contenu.

• **Décrire chaque élément :** le personnage, à l'air repu, porte un chapeau et un pantalon noir à l'occidentale, son énorme ventre a la forme de l'hémisphère Nord. Le récipient à moitié vide abandonné a la forme de l'hémisphère Sud.

• **Comprendre et interpréter le message :** les richesses naturelles des pays pauvres de l'hémisphère Sud sont exploitées par les pays riches et industrialisés de l'hémisphère Nord, gros dévoreurs d'énergie et de matières premières.

## EXOS

### 1. Observe les photographies ci-dessous, puis réponds aux questions.

Situe Le Cap et Paris sur un planisphère, puis recopie et complète le tableau suivant pour caractériser les habitats représentés.

|  | Le Cap | Paris |
|---|---|---|
| Niveau d'IDH (aide-toi de la carte p. 139) | ………. | ………. |
| Dimension du bidonville | ………. | ………. |
| Ouvertures (portes, fenêtres) | ………. | ………. |
| Matériaux utilisés | ………. | ………. |
| Commodités | ………. | ………. |
| Proximité avec le voisinage | ………. | ………. |

Bidonville, Le Cap, Afrique du Sud.

Bidonville, Paris, France.

### 2. Associe chaque pictogramme à la signification qui lui correspond.

A.   B.   C.   D.   E.   F.   G.   H.

**1.** réduire la pauvreté et la faim dans le monde : ……

**2.** soutenir l'éducation primaire : ……

**3.** lutter pour l'autonomisation des femmes : ……

**4.** baisser la mortalité infantile : ……

**5.** améliorer la santé maternelle : ……

**6.** combattre le sida, le paludisme et autres maladies : ……

**7.** préserver l'environnement : ……

**8.** mettre en place un partenariat mondial pour le développement : ……

### 3. Lis le texte suivant, puis souligne les mots en gras dans la couleur du thème qui leur correspond dans le schéma.

La **déforestation** actuelle s'explique essentiellement par les coupes liées aux besoins de la population en bois de chauffe. […] Au-delà des risques de **glissement de terrain** qu'engendre le déboisement lors de catastrophes naturelles (inondations, séismes, ouragans), « déforestation et **pauvreté** sont intimement liées en Haïti » selon Clémentine Lavande, chef des investissements pour Haïti de Yunus Social Business. « Plusieurs études ont démontré que la déforestation est l'une des principales racines de la pauvreté car elle entraîne **érosion des sols**, **dégradation des champs**, **raréfaction des ressources en eau** et **baisse des revenus agricoles** » détaille-t-elle.

Nicolas Blain, « Haïti, 150 millions d'arbres plantés », www.courantpositif.fr, 17 avril 2013.

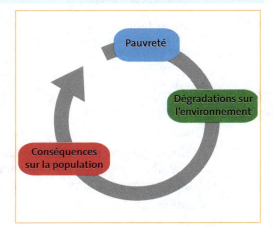

# 13 Les inégalités devant la santé et l'alphabétisation

**OBJECTIF** • Repérer les liens entre santé, alphabétisation et niveau de développement

## COURS

### ● Les inégalités d'espérance de vie et d'éducation à l'échelle mondiale

- **L'espérance de vie**, qui dépasse 75 ans dans les pays du Nord, est de 40 ans en Afrique subsaharienne où les conditions de vie sont souvent insalubres. L'**accès à l'eau potable** y est difficile, la sous-alimentation est fréquente.

- Cette inégalité devant la santé s'accroît en fonction de l'**accès aux soins**. Chaque année, 1,5 million d'enfants meurent de diarrhées dans les pays pauvres.

- Alors que la quasi totalité des enfants sont scolarisés dans les pays riches, le développement des pays pauvres est freiné par le **taux encore faible de scolarisation**.

- 774 millions d'adultes ne savent ni lire ni écrire dans le monde (⅕ de la population mondiale), essentiellement en Afrique et en Asie. Le **travail des enfants**, le manque d'infrastructures scolaires et les guerres sont des éléments d'explication.

### ● Niveau de développement et inégalités

- L'organisation mondiale de la santé (**OMS**) coordonne des actions internationales : elle finance par exemple des campagnes de vaccination dans les pays pauvres. L'OMS et les **ONG** (organisations non gouvernementales) incitent les populations des pays développés à aider les plus pauvres.

- Les gouvernements et les organismes internationaux (UNICEF et UNESCO) agissent pour favoriser la **scolarisation des filles** dans le monde, car 64 % des analphabètes sont des femmes. Leur **alphabétisation** est une condition majeure du développement : elle permet d'assurer leur avenir, la santé et l'éducation des enfants.

## MÉTHODE

### ● Commenter des données chiffrées

**Les victimes du sida dans le monde en 2010**

| | | | |
|---|---|---|---|
| Afrique subsaharienne | 1,2 million | Afrique du Nord et Moyen Orient | 35 000 |
| Asie du Sud et du Sud-Est | 250 000 | Amérique du Nord | 20 000 |
| Amérique latine | 67 000 | Europe occidentale et centrale | 9 900 |
| Europe orientale et Asie centrale | 90 000 | Caraïbes | 9 000 |
| Asie de l'Est | 56 000 | Océanie | 1 600 |

Source : rapport ONUSIDA/OMS, 2011.

- **Observer.** Le virus ignore les frontières : toutes les régions du monde sont touchées.

- **Mettre en perspective.** Le nombre des décès n'est pas proportionnel à la population : les Caraïbes comptent 9 000 victimes sur 250 millions d'habitants, l'Afrique subsaharienne en compte 1,2 million sur 450 millions habitants.

- **Commenter.** Les régions du monde où la mortalité due au sida est forte sont aussi les plus pauvres.

## EXOS

**1** Relie chaque définition avec la notion qui correspond.

1. pandémie
2. infrastructures sanitaires
3. taux d'alphabétisation
4. espérance de vie
5. analphabète

a. nombre moyen d'années de vie d'une personne dans un pays
b. épidémie qui s'étend sur un, voire plusieurs continents
c. personne de plus de 15 ans qui ne sait ni lire, ni écrire
d. pourcentage de personnes qui savent lire et écrire dans un pays
e. ensemble des équipements et des établissements liés à la santé

**2** Complète la carte ci-dessous des inégalités face au sida dans le monde en remplissant les carrés avec les données chiffrées de la Méthode p. 144.

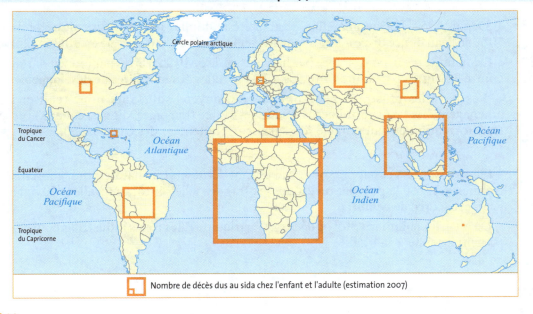

☐ Nombre de décès dus au sida chez l'enfant et l'adulte (estimation 2007)

**3** Compare les deux photographies. Complète le tableau.

Une salle de classe en France

Une école du soir pour les filles au Rajasthan (Inde)

|  | Une classe en France | Une école en Inde |
|---|---|---|
| Dans quel lieu se déroule la leçon ? | dans une classe | dans un grenier |
| Quel est le mobilier de la salle ? | table ba |  |
| Quel matériel scolaire est utilisé ? | tableau projecteur | cahier |
| Qui assiste à la leçon ? | un professeur | une femme |

Livret de corrigés p. 18

145

# 14 La gestion de l'eau

**OBJECTIF** • Comprendre les enjeux de l'accès à cette ressource naturelle

## COURS

### • L'eau, une ressource indispensable pour les humains

• La ressource en eau est **très mal répartie** dans le monde : les régions humides tempérées et tropicales rassemblent l'essentiel des eaux pluviales et fluviales.

• Dans les zones intertropicales, les pluies peuvent provoquer des inondations tandis que certaines régions sont sujettes à des sécheresses durables.

### • Des besoins croissants, une consommation inégale

• Depuis 1950, la **consommation** d'eau a été multipliée par 5. L'agriculture prélève 70 % de l'eau douce disponible. L'industrie et la production d'énergie en utilisent 22 %.

• La quantité d'eau consommée par habitant varie de 10 à 20 litres par jour en Afrique, contre 300 litres par jour en Europe. C'est le reflet des **inégalités de développement**.

• Les pays les plus pauvres n'ont pas de moyens suffisants pour réaliser les aménagements favorisant l'accès à cette ressource (barrages, digues, canaux) ou sa transformation en eau potable (dessalement, traitement des eaux usées).

### • L'eau douce, une ressource à partager

• Fleuves, sources et nappes souterraines sont des réservoirs naturels qui ignorent les frontières. Là où la population est dense (grandes villes, littoraux, vallées fluviales), l'eau est **source de conflit**.

• De plus, les **pollutions** provoquées par l'agriculture, les rejets industriels et urbains portent atteinte à sa qualité.

## MÉTHODE

### • Décrire et analyser un schéma

**Schéma du développement durable**

• **Décrire :** trois cercles se chevauchent deux à deux pour créer sept zones de couleurs différentes portant chacune une caractéristique du développement durable. Chaque cercle représente un pilier : l'**environnement**, la **société**, l'**économie**.

• **Analyser :**
– à l'intersection de l'environnement et de la société se trouve le **vivable** (ce qui permet aux générations actuelles de vivre) ;
– à l'intersection de la société et de l'économie se trouve l'**équitable** (une plus juste répartition entre les groupes humains) ;
– à l'intersection de l'environnement et de l'économie se trouve le **viable** (ce qui préservera le futur) ;
– à l'intersection des trois ensembles se trouve le **durable**.

• **Conclure :** le développement durable est un mode de développement conciliant les aspects sociaux (et culturels), économiques et environnementaux de la planète.

# EXOS

**1. Complète le texte à l'aide des mots suivants.**

douce – douche – économiser – irrigation – maladies – potable – puits – planète – usées

Le problème de l'eau et ses solutions dépendent des lieux. Dans les zones arides, l'important est d'accéder à une plus grande quantité d'eau par l'installation de ........................... ou en rendant l'eau de mer ........................... . Dans les pays du Sud, il s'agit de traiter les eaux ........................... pour éviter les ........................... et réapprovisionner en eau ........................... une population nombreuse. Dans les pays développés, il est urgent d'........................... l'eau, par exemple en utilisant dans l'agriculture des méthodes d'........................... au goutte à goutte, en s'habituant au quotidien à réduire le gaspillage. Ne pas laisser couler l'eau pendant toute la durée de la ........................... fait partie de ces petits gestes qui préservent la ........................... .

**2. Relie chacun des aménagements à son rôle.**

aqueduc • • protection contre les crues
barrage • • transformation de l'eau salée
digue • • traitement des eaux usées
station d'épuration • • transport à distance de l'eau
usine de dessalement • • canalisation des réserves d'eaux

**3. Observe la carte des risques de pénuries d'eau dans le monde et réponds aux questions.**

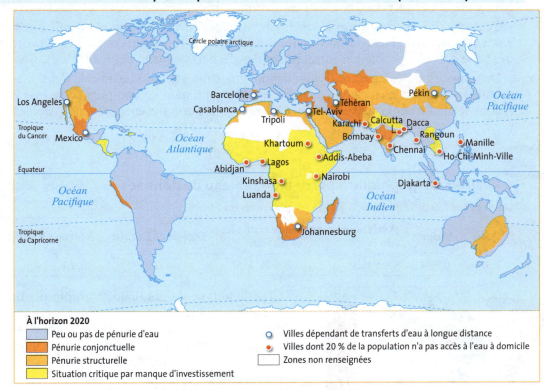

1. Quels sont les lieux les plus exposés aux pénuries d'eau ?
2. Quels pays les moins avancés sont en situation critique ? Appuie-toi sur le nom des villes dont 20 % de la population n'a pas accès à l'eau à domicile.

# 15 La question de l'énergie

**OBJECTIF** • Décrire les enjeux énergétiques

## COURS

### • L'énergie : des besoins toujours plus importants

• L'énergie est indispensable aux activités humaines. On distingue : les énergies **fossiles** (pétrole, gaz naturel, charbon) dont les réserves sont limitées, l'énergie **nucléaire** et les énergies **renouvelables** (éoliennes, énergie hydraulique, géothermie…).

• 75 % de la production énergétique mondiale vient des énergies fossiles. Elle a augmenté de 400 % depuis 1950.

### • L'énergie : enjeu des relations internationales

• La réponse à l'explosion de la demande a été le « tout hydrocarbures » (pétrole et gaz). Or, les zones de production (2/3 des réserves prouvées sont au Moyen Orient) sont différentes de celles de consommation (pays du Nord).

• Ce qui pose un double problème :
– **économique** : prix du baril fixé par les pays producteurs, coût élevé de l'exploitation et du transport (oléoducs, gazoducs) ;
– **politique** : instabilité des régions de production et des régions traversées lors du transport (problème de l'oléoduc de la mer Caspienne à la mer Méditerranée).

### • L'énergie : enjeu du développement durable

• L'exploitation des ressources énergétiques menace l'environnement par l'émission de **gaz à effet de serre**. Les contraintes liées au pétrole ont incité à recourir au nucléaire, qui pose d'autres problèmes : traitement des déchets, sécurité des centrales…

• Deux priorités se dégagent donc : définir une **stratégie** mondiale pour réduire les inégalités, et donc les tensions, par une approche prenant en compte l'économie et l'écologie ; maîtriser la **consommation d'énergie** et recourir aux énergies renouvelables.

## MÉTHODE

### • Réaliser un graphique à partir d'un tableau de données

**Les réserves estimées de pétrole dans le monde en 2005**

| Asie | Afrique | Amérique du Nord | Amérique centrale et du Sud | Europe et Eurasie | Moyen Orient |
|------|---------|------------------|-----------------------------|-------------------|--------------|
| 3,3 % | 9,6 % | 5 % | 8,6 % | 11,7 % | 61,8 % |

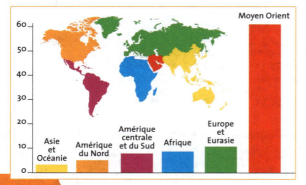

• **Choisir le type de graphique** : graphique de répartition (bâtonnets, cercles), ou graphique d'évolution (courbe reliant les valeurs d'un même phénomène à des dates successives). Ici, on choisit un graphique de répartition.

• **Construire le graphique** : classer les données du tableau par ordre croissant ; puis sur un axe vertical gradué, représenter les continents par un bâtonnet de couleur.

# EXOS

**1** Observe le graphique de la Méthode et la carte des flux pétroliers dans le monde en 2007 ci-dessous. Identifie les principaux pays producteurs et les principaux pays importateurs de pétrole.

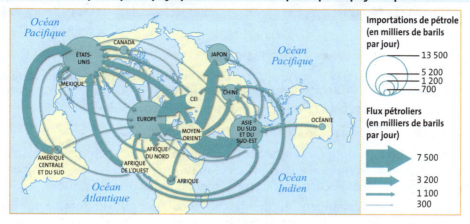

| Pays producteurs | Pays importateurs |
|---|---|
| .................................................. | .................................................. |

**2** Identifie les différentes énergies représentées et classe-les dans le tableau.

    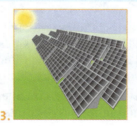  

1.                            2.                            3.                            4.

| Énergie fossile | Énergie renouvelable |
|---|---|
| .................................................. | .................................................. |

**3** Complète le texte avec la liste de mots suivante.

gaz à effet de serre – épuisement – changement climatique – pays en développement – énergies fossiles – environnement – nouvelles routes d'approvisionnement – demande énergétique – stockage du carbone

Devant l'........................ des réserves en ........................ alors que la ........................ croît, devant les menaces pesant sur l'........................, l'Union européenne a cherché à augmenter sa sécurité énergétique en ouvrant de ........................ et a décidé de poser lors du sommet de Copenhague sur le ........................ un certain nombre d'objectifs : « stabiliser les émissions mondiales de ........................ », par réduction d'émission, mais aussi par captage et ........................ et sortir de la « répartition du monde » de Kyoto qui distingue uniquement et de manière rigide pays développés et ........................ .

Livret de corrigés *p. 19*

149

# 16 Les ressources alimentaires : comment nourrir l'humanité ?

**OBJECTIF** • Comprendre ce qui rend difficile l'accès pour tous aux ressources alimentaires

## COURS

### • Une réelle croissance alimentaire

50 % des habitants de la planète ont une **disponibilité alimentaire** quotidienne de 2 700 calories (4 % en 1970). Si la **famine** chronique a reculé, 1 milliard de personnes garde le « ventre creux » (1 milliard d'autres est en surpoids).

### • Un accès inégal aux ressources alimentaires

• Dans les pays développés, la production est supérieure aux besoins, alors qu'ailleurs les cultures sont soumises aux caprices climatiques. Dans les zones tropicales, les plantations de café, de cacao, de coton dépendent des prix de vente.

• Les ressources s'échangent sur un **marché mondialisé** restant dominé par les États qui possèdent les moyens d'échange et de distribution (Amérique du Nord, Union européenne, Japon).

### • Une sécurité alimentaire pas encore garantie

• Les **crises alimentaires** affectent une trentaine de pays (situés surtout en Afrique). Des États subventionnent des nouvelles techniques, soutiennent les producteurs. Mais certains ne peuvent conduire une politique agricole, faute de stabilité politique ou de revenus réguliers.

• Pour satisfaire des **besoins croissants**, les agriculteurs ont eu recours aux engrais et aux pesticides. Mais des cas de nappes d'eau souterraine polluées se multiplient, des allergies alimentaires se développent.

• Le défi actuel est donc de concilier l'**autosuffisance alimentaire** et la qualité des produits.

## MÉTHODE

### • Analyser un article de presse

Nourrir 9,2 milliards d'humains en 2050 est le défi qui se pose à l'agriculture mondiale. Ce défi rend nécessaire d'accroître la production alimentaire mondiale de 70 % d'ici 2050 […]. Les méthodes pour améliorer la fertilité des terres ne peuvent plus fournir de solutions durables : l'irrigation gaspilleuse d'eau bute sur la rareté croissante de la ressource en eau, tandis que le recours massif aux engrais a entraîné une pollution dangereuse pour la santé humaine et pour les milieux. Une autre agriculture reste donc à inventer […]. Mais le changement climatique est en train de compliquer la donne.

Marc Chevalier, « Les sept plaies d'une planète durable », *Alternatives économiques*, n° 83, 2009.

• **Répondre à trois questions préliminaires :** ❶ qui écrit ? ❷ quand ? ❸ sur quoi ? Marc Chevalier, qui est journaliste chez *Alternatives économiques* ❶, écrit en 2009 ❷ sur l'agriculture dans le monde et les pollutions ❸.

• **Repérer les informations essentielles :** les données chiffrées vérifiées, les faits observés, l'analyse du journaliste.

# EXOS

**1.** Retrouve la définition de chacun des mots suivants.

famine – disette – plantation – agriculture commerciale – agriculture vivrière

**1.** Majeure partie de la production consommée par la famille ou les habitants : ..............................

**2.** Production destinée aux marchés nationaux et internationaux : ..............................

**3.** Parcelle consacrée à une culture commerciale dans les pays tropicaux : ..............................

**4.** Situation de sous-alimentation entraînant une surmortalité : ..............................

**5.** Pénurie alimentaire de plus ou moins longue durée : ..............................

**2.** Dans la liste suivante, barre les noms des cultures qui ne sont pas des céréales.

avoine – blé – betterave – cacao – café – colza – maïs – riz – seigle – sorgho

**3.** Quels éléments fondent la sécurité alimentaire d'un pays en voie de développement ? Coche les bonnes réponses.

❏ a. être situé sur un littoral
❏ b. être en guerre
❏ c. être en zone tempérée
❏ d. être en mesure de subventionner certaines productions
❏ e. être capable de lutter contre le réchauffement climatique
❏ f. posséder des ports
❏ g. avoir une main-d'œuvre abondante

**4.** Observe la carte ci-dessous. En t'aidant d'un atlas, retrouve et indique le nom des États qui ont des disponibilités alimentaires insuffisantes.

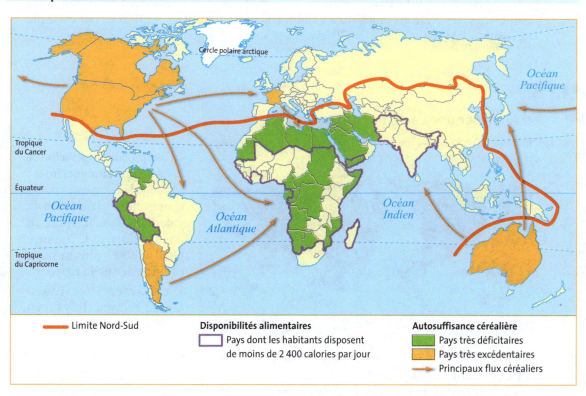

Nom des États : ..............................

# 17 Le changement global et ses effets

**OBJECTIF** • Comprendre les enjeux du changement global

## COURS

### • Du changement climatique au changement global

• Un **système climatique** comprend tout un ensemble d'éléments ayant des liens les uns avec les autres : la surface terrestre, la biosphère, l'atmosphère, l'hydrosphère…

• Le système climatique évolue naturellement : c'est la **variabilité climatique**. Les actions humaines, comme la déforestation ou la production de gaz à effet de serre, peuvent provoquer une évolution du climat : on parle alors de **changement climatique**.

• On parle de **changement global** pour le relier aux multiples phénomènes liés à l'homme qui l'accentuent : mondialisation de l'économie, essor démographique, industrialisation, urbanisation généralisée…

• Le changement climatique ne touche pas toutes les régions du globe de la même façon. À l'échelle locale ou régionale, il peut avoir des conséquences très graves dans certaines régions et être moins visible dans d'autres.

### • Le développement durable

• Les États et les collectivités locales, les entreprises et la société civile définissent des politiques et des actions pour répondre aux besoins actuels tout en préservant les ressources naturelles pour les générations à venir.

• Ces réflexions sont menées à toutes les échelles, locale comme internationale. La conférence des Nations unies sur les changements climatiques (COP21) a par exemple rassemblé 195 pays à Paris en 2015.

## MÉTHODE

### • Analyser une carte par anamorphose

**Émissions cumulées de carbone de 1950 à 2000 par pays**

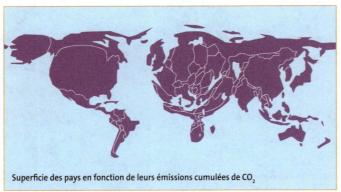

Superficie des pays en fonction de leurs émissions cumulées de $CO_2$

• **Comprendre le principe de la carte par anamorphose :** la taille des pays représentés varie selon la valeur étudiée. Ici, plus un pays a émis de $CO_2$ entre 1950 et 2000, plus sa taille est grande sur la carte.

• **Observer :** les États-Unis, l'Europe (Royaume-Uni, France, Allemagne) et la Chine ressortent. Le continent africain est beaucoup plus petit que sur un planisphère classique.

• **Comprendre :** les pays en développement et la Chine, en forte croissance économique et démographique, sont ceux qui ont produit le plus de $CO_2$ entre 1950 et 2000. Les pays en voie de développement comme ceux d'Afrique produisent peu de $CO_2$.

# EXOS

**1.** Relie chaque expression à sa définition.

1. effet de serre • • a. pollution temporaire et locale marquée par une augmentation de la quantité de polluants dans l'atmosphère

2. pic de pollution • • b. quartier d'une ville conçu et construit pour respecter l'environnement

3. développement durable • • c. mode de développement qui vise à produire des richesses en veillant à réduire les inégalités sans dégrader l'environnement

4. écoquartier • • d. phénomène par lequel l'atmosphère retient une partie de la chaleur émise par la Terre

**2.** Observe le graphique suivant puis répond aux questions.

### Répartition par source des émissions de gaz à effet de serre en France (2010)

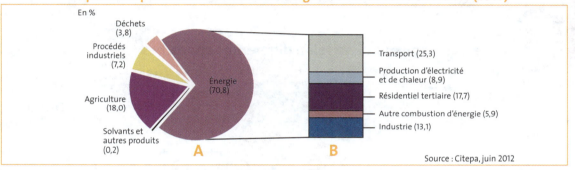

Source : Citepa, juin 2012

**1.** Quel est le secteur qui produit le plus de gaz à effet de serre (diagramme A) ? Quel part représente-t-il ?

..................................................................................................................................................................
..................................................................................................................................................................

**2.** Quelle activité entraînant de la combustion d'énergie produit le plus de gaz à effet de serre (diagramme B) ? Quelle part représente-t-elle ?

..................................................................................................................................................................
..................................................................................................................................................................

**3.** Étudie une politique de développement durable à l'échelle locale.

### Exemples d'aménagements réalisés à Strasbourg et Lyon

Classe les éléments identifiés sur les photographies selon le pilier du développement durable qui leur correspond :

| Pilier économique | Pilier social | Pilier environnemental |
|---|---|---|
|  |  |  |

Livret de corrigés p. 19

153

# 18 Prévenir les risques industriels et technologiques

**OBJECTIF** • Comprendre les causes de l'inégale vulnérabilité des sociétés face aux risques

## COURS

● On distingue les **risques naturels** (inondations, séismes, éruptions, cyclones, tempêtes…) et les **risques provoqués par l'homme** (risques nucléaires, industriels…). Deux critères les définissent : la faible fréquence et l'énorme gravité.

● Le risque majeur est la confrontation entre un **aléa** (phénomène naturel ou technologique) et un **enjeu** (personnes, biens, équipements… menacés par l'aléa). En fonction du niveau de développement, les habitants sont plus ou moins fragilisés face aux risques : la **vulnérabilité** des populations varie.

## MÉTHODE

● **Observer un phénomène selon différentes approches**

**Carte 1 : niveau d'exposition au risque naturel**

**Carte 2 : niveau d'exposition au risque naturel selon une approche économique**

**Carte 3 : niveau d'exposition au risque naturel selon une approche sociale**

● **Décrire :**
– carte 1 : les 2/3 de la planète sont exposés aux risques naturels ;
– carte 2 : forte exposition des pays riches. C'est aussi le cas de certains pays en voie de développement d'Asie et d'Amérique du Sud ;
– carte 3 : forte exposition des pays les plus démunis du « Sud » et d'Asie.

● **Recouper les informations.** On peut distinguer trois groupes de régions :
– les régions à risque faible : Scandinavie, Moyen Orient et Afrique australe ;
– les régions à risque fort : Amérique latine (sauf l'Argentine), Inde et Chine ;
– toutes les autres régions à risque moyen.

● **Conclure :** quelle que soit l'approche et la nature des risques naturels, c'est l'ensemble de la planète qui est menacée. Les mesures de protection ne doivent donc pas être limitées à une zone.

# EXOS

**1** **Complète le tableau avec les éléments suivants, puis réponds aux questions.**

explosion de l'usine AZF – France – Italie – naturel – plus de 17 000 morts – technologique – tremblement de terre

| Lieu de la catastrophe | Pays | Date | Nature | Pertes humaines | Type de risque majeur |
|---|---|---|---|---|---|
| Abruzzes | .............. | 2009 | tremblement de terre | 150 | .............. |
| Bhopal | Inde | 1984 | explosion dans une usine | 30 000 | .............. |
| Toulouse | .............. | 2001 | .............. | 30 | technologique |
| Izmit | Turquie | 1999 | .............. | .............. | naturel |

**1.** Identifie les catastrophes de même type.
.............. et .............. : risque ..............
.............. et .............. : risque ..............

**2.** Compare entre elles les pertes humaines de ces catastrophes. Que constates-tu ?

**2** **Lis le texte puis réponds aux questions.**

Le long combat des victimes de la maladie de Minamata […] touche à sa fin. 2 123 victimes de ce mal […] ont passé, lundi 29 mars, un accord avec le gouvernement et le géant de la chimie Chisso […]. La transaction prévoit le versement à chaque victime d'une indemnité […]. Il a fallu 54 années pour obtenir ces compensations. En 1959, l'origine du mal est enfin identifié : il s'agit du mercure déversé en quantité dans les eaux de la baie de Minamata par l'usine Chisso […]. Ce mercure se retrouve dans les poissons et crustacés, aliments de base de la population locale.
La catastrophe environnementale de Minamata est emblématique : c'est la première d'une lignée témoignant de l'irresponsabilité de certains industriels. […] Le plus souvent, l'origine de ces drames se trouve dans une quête effrénée du profit.

Philippe Mesmer, « Au Japon, les victimes du mercure obtiennent réparation »,
*Le Monde*, 1er avril 2010.

**1.** Que s'est-il passé à Minamata ? Dans quel pays cette baie se situe-t-elle ?

**2.** Quelles ont été les conséquences de la catastrophe pour l'environnement et la population ?

**3.** Qu'ont obtenu les victimes ? Cela a-t-il été facile ?

**3** **Lis le texte suivant et réponds aux questions.**

« Nous savons tous que les pauvres et les pays en développement sont ceux qui souffrent le plus des catastrophes », a souligné M. Ban, notant que « les trois quarts de ceux qui périssent à la suite d'inondations se trouvent dans trois pays asiatiques : Bangladesh, Chine et Inde ».
« Prenons un autre exemple, celui des cyclones : les victimes des cyclones tropicaux sont 17 fois plus nombreuses aux Philippines qu'au Japon, alors que ces deux pays sont également exposés à ce type de phénomène climatique », a-t-il dit.

Extraits de l'allocution de Ban Ki-Moon, mai 2009.

**1.** Quelles sont les catastrophes naturelles citées dans ce texte ?

**2.** Pourquoi le Japon est-il moins affecté que les Philippines par les conséquences des cyclones tropicaux ?

# 19 Des êtres humains, une seule humanité

**OBJECTIF** • Repérer les formes de discrimination

## COURS

### • Différence n'est pas discrimination

65 millions d'habitants, 65 millions d'êtres différents : des hommes, des femmes, des jeunes, des vieux, des riches, des pauvres… vivent en France. Distinguer les particularités permet de mieux connaître les autres et de les respecter. En revanche, dominer ou rejeter l'autre parce qu'il est différent est un acte discriminatoire qui s'oppose au principe d'égalité.

### • Les identités multiples de la personne

Il est impossible de réduire l'être humain à son identité légale. L'identité s'enrichit de choix personnels – la langue, la religion, les opinions politiques, culturelles, etc. – qui doivent être respectés.

### • Lutter contre les discriminations

• La lutte contre les discriminations est l'affaire de tous.
• La loi condamne les discriminations qui portent atteinte à la dignité. En même temps, l'État met en œuvre des moyens pour réduire les inégalités provoquées par les différences.

## MÉTHODE

### • Relier un fait divers à un texte législatif

**Texte 1**

> Une entreprise vient d'être condamnée pour avoir licencié une salariée dont le tort principal était, semble-t-il, de vivre en concubinage avec un délégué syndical employé dans la même société. Mardi 25 novembre, le conseil des prud'hommes de Caen a, en effet, ordonné à l'enseigne de maxidiscompte Ed de verser 15 000 euros « en réparation » du préjudice infligé à cette femme. La Haute Autorité de lutte contre les discriminations et pour l'égalité (Halde), qui avait aussi été saisie de l'affaire, s'est félicitée, jeudi, du jugement.
>
> *Le Monde*, 29 novembre 2008.

**Texte 2**

> Chacun peut se prévaloir de tous les droits et de toutes les libertés proclamés dans la présente Déclaration, sans distinction aucune, notamment de race, de couleur, de sexe, de langue, de religion, d'opinion politique ou de toute autre opinion.
>
> Déclaration universelle des droits de l'homme, 1948, article 2.

• **Indiquer la nature** de chacun des textes :
– le premier est un article de journal racontant un fait divers ;
– le second un texte législatif.

• **Relever les faits** racontés dans le premier texte :
– le licenciement abusif d'une employée pour les opinions de son conjoint ;
– la condamnation.

• **Montrer** que les faits reprochés à l'employeur sont interdits par la Déclaration universelle des droits de l'homme.

# EXOS

**1** Retrouve, pour chacune des photographies, qui sont les victimes d'une discrimination.

A.

◀ Paris, novembre 1942

A. ☐ **1.** les adultes
☐ **2.** les femmes
☒ **3.** les Juifs
☐ **4.** les enfants

B. ☐ **1.** les Noirs
☐ **2.** les Blancs
☒ **3.** les femmes

B.

Toilettes publiques en Afrique du Sud (Johannesburg en 1984) ▶

**2** Coche la bonne colonne du tableau.

|  | Prise en compte de la différence | Discrimination |
|---|---|---|
| **1.** Dans le métro, les personnes handicapées bénéficient des places réservées. | ✗ |  |
| **2.** Un commerçant licencie sa vendeuse parce qu'elle est enceinte. |  | ✗ |
| **3.** Les familles nombreuses bénéficient de tarifs réduits dans les transports en commun. | ✗ |  |
| **4.** Au devoir de géographie, Jean a eu 16/20 et Marc 5/20. | ✗ |  |
| **5.** Le club de natation refuse d'inscrire un jeune parce qu'il est étranger. |  | ✗ |
| **6.** Un propriétaire refuse de louer son appartement à un couple parce qu'il a trois enfants. |  | ✗ |
| **7.** À diplôme égal et à poste égal, les femmes sont moins payées que les hommes. |  | ✗ |

**3** Décris les photographies de l'exercice 1. Quelles sont les formes de discrimination représentées dans les deux cas ? Quel sentiment ces documents t'inspirent-ils ? Connais-tu d'autres formes de discrimination aujourd'hui ?

# 20 Le droit et la règle pour vivre avec les autres

**OBJECTIF** • Comprendre les principes d'une République démocratique

## COURS

### Les principes de la justice en France

• La justice doit être la même pour tous, c'est le principe d'**égalité**. Elle est **gratuite** et **impartiale**, c'est-à-dire neutre. Le **pouvoir judiciaire** est indépendant.
• La France est un **État de droit** : des règles de vie en société s'appliquent à tous. Lorsqu'elles ne sont pas respectées, on fait appel au pouvoir judiciaire.

### Le fonctionnement de la justice

• Le pouvoir judiciaire est composé de différents tribunaux. La **justice civile** juge des **litiges**, la **justice pénale** juge les **infractions**.
• Une personne suspectée bénéficie de la **présomption d'innocence** jusqu'à ce que la justice la déclare coupable.
• En cas de contestation du jugement, on peut « **faire appel** » afin de pouvoir bénéficier d'un second jugement.

### Le parcours d'une loi

• La justice s'appuie sur **le droit**, qui regroupe l'ensemble des lois votées par les élus.
• Les lois sont proposées par le gouvernement (**projet de loi**) ou par un parlementaire (**proposition de loi**). Des débats à l'**Assemblée nationale**, puis au **Sénat** permettent d'en corriger le texte. Le texte est alors voté : il peut être rejeté ou adopté. S'il est adopté, la loi est **promulguée** par le président de la République.

## MÉTHODE

### Montrer l'évolution des textes de référence de la justice

| Texte | Exemple d'article |
|---|---|
| **1789** Déclaration des Droits de l'Homme et du Citoyen | Art. 1. Les Hommes naissent libres et égaux en droit. |
| **1945** Préambule de la Constitution de la IVe République | Art. 3. La loi garantit à la femme, dans tous les domaines, des droits égaux à ceux de l'homme. |
| **1948** Déclaration Universelle des Droits de l'Homme | Art. 1. Tous les êtres humains naissent libres et égaux en dignité et en droits. |
| **1950** Convention européenne de sauvegarde des droits de l'Homme et des libertés fondamentales | Art. 4. Interdiction de l'esclavage et du travail forcé. |
| **1958** Constitution de la Ve République | Art. 1. La France […] assure l'égalité devant la loi de tous les citoyens sans distinction d'origine, de race ou de religion. |
| **1989** Convention internationale sur les droits de l'enfant | Art. 1. Un enfant est un être humain âgé de moins de dix-huit ans, sauf si la majorité est atteinte plus tôt. |

• **Trouver les textes de référence du droit en France** et leur date de création
• **Identifier leur échelle d'application :** la France ; l'Europe, le monde.
• **Choisir des articles-clés** pour montrer qu'ils prennent en compte tout le monde : l'homme, la femme, l'enfant, quelle que soient leur origine, race ou religion, donc tout être humain.

# EXOS

**1.** Relie chaque mot à sa définition.

1. Homme de loi qui défend les intérêts de son client
2. Règle votée par le Parlement et qui doit être respectée par tous
3. Il détient le pouvoir législatif et regroupe le Sénat et l'Assemblée nationale
4. Modification proposée avant le vote d'un texte législatif
5. Magistrat chargé de rendre la justice en appliquant les lois
6. Loi fondamentale d'un État qui en définit l'organisation, ainsi que les droits et libertés des citoyens

a. Parlement
b. Constitution
c. Avocat
d. Juge
e. Loi
f. Amendement

**2.** Lis les extraits de textes qui définissent le statut juridique de l'enfant puis réponds aux questions.

| • Le Code civil | • Le Code du travail | • Le Code pénal |
|---|---|---|
| L'enfant est sous l'autorité parentale. L'enfant a le droit à l'émancipation à partir de 16 ans. | L'enfant a le droit de travailler à partir de 16 ans. | L'enfant a le droit à une justice spécifique : le tribunal pour enfant. L'enfant ne peut être incarcéré avant 13 ans. |

1. Un enfant peut-il aller en prison ? Cite un texte juridique pour justifier ta réponse.
   *oui le code pénal*
2. Un enfant est-il jugé de la même manière qu'un adulte ? Où sont jugés les enfants ?
   *non / au code civil*
3. À partir de quel âge un enfant est-il autorisé à travailler et toucher un salaire ?
   *à 16 ans*

**3.** Entoure en rouge les situations où la Convention internationale des droits de l'enfant n'est pas respectée puis indique pour chaque image le droit de l'enfant concerné.

1. droit à la santé    2. droit à l'éducation    3. droit de l'enfant d'être protégé de l'exploitation

A : 3

B : 1

C : 2

**4.** Voici le parcours d'un loi votée par le Parlement et promulguée. Complète-le à l'aide des mots suivants :

Journal officiel – projet – navette – proposition – président de la République

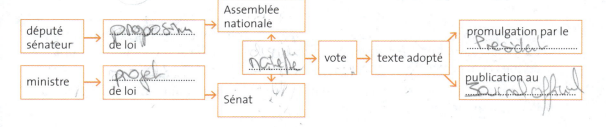

député sénateur → *proposition* de loi → Assemblée nationale
ministre → *projet* de loi → Sénat
*navette* → vote → texte adopté → promulgation par le *Président* / publication au *Journal officiel*

# 21 Le jugement : penser par soi-même et avec les autres

**OBJECTIF** • Comprendre le rôle de la loi dans la mise en œuvre de l'égalité

## COURS

### « Les hommes naissent et demeurent libres et égaux en droits »

• Depuis 1789 en France, le principe d'égalité devant la loi est admis. Il est affirmé dans la **Déclaration des droits de l'homme et du citoyen** rédigée par les députés pendant la Révolution française. Il figure dans le préambule de la Constitution de la République.

• Cependant, de nombreux combats ont été nécessaires pour que ce principe devienne une réalité : c'est seulement en 1848 que l'esclavage a été aboli ; les femmes n'ont obtenu le droit de vote qu'en 1944.

### Liberté et droits fondamentaux

• Pour chaque citoyen sont garanties les **libertés d'expression, d'opinion ou de pensée** ; la **liberté de conscience**, **de religion**, ou encore celle **de circulation**. De façon collective, **le droit de grève et de manifestation**, le **droit d'association** ou la **liberté syndicale** sont protégés.

• Ces droits et libertés peuvent néanmoins rentrer en contradiction entre elles, notamment lorsqu'il s'agit de respecter la vie privée, le droit à l'image ou la dignité de la personne. La loi et la justice sont là pour protéger les victimes.

## MÉTHODE

### Étudier un texte législatif

#### Article 2 de la Constitution de 1958

La France est une république indivisible, laïque, démocratique et sociale.
Elle assure l'égalité devant la loi de tous les citoyens sans distinction d'origine, de race et de religion. Elle respecte toutes les croyances.

*Titre premier de la souveraineté, article 2.*

• **Définir la nature du texte :** c'est un extrait de la Constitution, loi fondamentale adoptée par les Français en 1958 et appliquée depuis.

• **Caractériser un texte législatif.**

**1.** Un texte législatif comme la Constitution se compose de plusieurs articles regroupés par titre.

**2.** Un vocabulaire spécifique est employé : république, indivisible, démocratique. Ce vocabulaire fait référence à des principes généraux et fondamentaux supposés connus et acceptés des Français, c'est pourquoi il n'est pas défini.

**3.** Le texte énonce des principes valables pour tous et permanents, ce qui explique l'emploi du présent de l'indicatif.

# EXOS

## 1. Lis le texte et observe le dessin pour répondre aux questions.

La laïcité vue par le dessinateur Pancho.

« Qu'un homme croie en Dieu ou qu'il soit athée, c'est son affaire personnelle, son affaire privée. L'État n'a pas à s'en inquiéter. Il n'est pas arbitre des croyances : il n'a pas à imposer, ni à interdire un credo. La République, comme telle, s'abstient de privilégier une croyance […]. Athées, agnostiques, croyants en un dieu ou en plusieurs, tous se retrouvent sur un pied d'égalité. »

Henri Pena-Ruiz, *La Laïcité pour l'égalité*, Mille et une nuits, 2001.

1. D'après le dessin, que permet la laïcité dans l'école publique ?
   *le respect envers les autres*
2. D'après le texte, comment peut-on définir la laïcité ?
   *D'après le texte on peut définir la laïcité comme une égalité pour tous*
3. D'après le texte, à quelle condition les enfants de toutes religions peuvent-ils tous aller dans l'école publique ?
   ....................................................................

## 2. Relie par une flèche la loi à ses bénéficiaires.

1. 1848 : abolition de l'esclavage — b. Tous les humains
2. 1882 : instruction primaire obligatoire et gratuite de 6 à 13 ans — a. Tous les enfants
3. 1914 : impôt progressif sur le revenu — d. Tous les habitants de France
4. 1944 : droit de vote pour les femmes de plus de 21 ans — c. Tous les citoyens

## 3. Relie chaque principe fondamental de la République à l'image correspondante.

1. Les représentants élus exercent la souveraineté nationale.  C
2. La démocratie se traduit par le suffrage universel.  B
3. Il peut exister plusieurs partis politiques.  A

A.

B.

VOTE

C.

# 22 L'engagement individuel et collectif : la sécurité et les risques majeurs

**OBJECTIF** • Comprendre les responsabilités individuelles et collectives

## COURS

### ● La sécurité est l'affaire de tous

• Pour bien vivre en société, des règles de sécurité sont nécessaires ; chacun doit les connaître et les respecter. Le Code de la route, les consignes de sécurité dans un collège, les normes de sécurité des produits semblent parfois contraignants, mais ils servent à protéger les individus.

• L'État organise des **campagnes de prévention** pour sensibiliser aux problèmes de sécurité publique et responsabiliser les citoyens.

### ● Des hommes au service de la sécurité

• La police et la gendarmerie ont pour mission d'assurer l'ordre public et de veiller à la sécurité des personnes et des biens.

• Les pompiers portent secours et assistance aux personnes en danger et luttent contre les incendies. 85 % des pompiers sont des volontaires.

### ● Faire face aux risques majeurs

• Des **catastrophes majeures** se produisent sur notre planète. Certaines sont naturelles : séisme, volcan, cyclones, inondations… D'autres sont provoquées par l'homme : pollution, marées noires… Elles nécessitent des moyens d'intervention importants assurés par des organismes nationaux ou internationaux.

• Des **mesures de prévention** permettent de limiter ou d'éviter ces risques majeurs.

## MÉTHODE

### ● Étudier une campagne de prévention

• **Indiquer la nature et l'auteur du document.**
C'est une affiche de la prévention routière.

• **Décrire le document.**
Il est composé d'une photographie coupée représentant un cyclomoteur accidenté et d'une phrase choc. L'utilisation du mot « juste », qui minimise l'oubli du clignotant dans la première partie de la phrase,

devient absurde et choquante quand il concerne la mort.

• **Rechercher le but de ce document.**
Ce document veut faire prendre conscience à tous qu'il faut respecter les règles de sécurité routière, même celles qui semblent moins importantes.

# EXOS

**1** Que signifie chacun des panneaux de signalisation suivants ? Coche la bonne réponse.

1. ☐ a. Interdit aux bicyclettes
   ☐ b. Piste ou bande cyclable obligatoire

2. ☐ c. Arrêt obligatoire à l'intersection
   ☐ d. Arrêt si un véhicule arrive de la droite

3. ☐ e. Accès interdit aux piétons
   ☐ f. Passage protégé pour les piétons

4. ☐ g. Circulation interdite en état d'ivresse
   ☐ h. Chaussée glissante

**2** Les événements suivants représentent-ils un risque majeur ? Coche la bonne colonne.

|   | Oui | Non |
|---|---|---|
| 1. Chassé-croisé sur les routes des juilletistes et aoûtiens. |   |   |
| 2. Violents orages sur Marseille, 9 plages fermées. |   |   |
| 3. Explosion de l'usine AZF à Toulouse. |   |   |
| 4. Ruptures de conduit dans une raffinerie, pollution étendue sur l'estuaire de la Loire. |   |   |
| 5. Catastrophe écologique dans la plaine de la Crau. |   |   |

**3** Dans la liste suivante, distingue les catastrophes naturelles des catastrophes provoquées par l'homme. Coche la bonne colonne.

|   | Catastrophes naturelles | Catastrophes provoquées par l'homme |
|---|---|---|
| 1. septembre 2008 : ouragan dévastateur en Haïti |   |   |
| 2. décembre 2004 : tsunami en Asie du Sud-Est |   |   |
| 3. décembre 1999 : marée noire en Bretagne à la suite du naufrage du pétrolier Erika |   |   |
| 4. août 1999 : séisme en Turquie |   |   |
| 5. février 1997 : déraillement d'un train transportant des matières nucléaires en Moselle |   |   |
| 6. mars 2011 : accident dans la centrale nucléaire de Fukushima (Japon) |   |   |

# 23 L'engagement individuel et collectif : citoyenneté et solidarité

**OBJECTIF** • S'investir dans la solidarité

## COURS

### • Un monde solidaire

• Tout habitant concerné par le sort des autres est un citoyen du monde. Il manifeste sa solidarité à l'égard d'une personne qui est atteinte dans sa dignité, ou pour porter secours à ceux qui ont en besoin.

• La solidarité a pour but de corriger les inégalités nées de situations économiques ou politiques injustes, provoquées par les guerres ou issues de catastrophes naturelles. Elle peut se concrétiser par l'envoi d'objets qui manquent, l'aide à la construction ou par des actions en faveur de ceux qui sont privés de leurs droits.

### • La solidarité instituée

• En France, l'**État** organise la solidarité entre actifs et inactifs, entre les bien-portants et les malades, entre les générations. La Sécurité sociale, par exemple, a été créée pour garantir un système de santé pour tous.

• Dans le monde, qu'il s'agisse des pays pauvres ou des pauvres dans les pays riches, des organismes nationaux, des **organisations non gouvernementales** (ONG) et des associations apportent une aide nécessaire.

## MÉTHODE

### • S'informer par la presse

**La tornade dans le nord de la France – août 2008**

La tornade qui a ravagé Hautmont dans la soirée du dimanche 3 août a fait trois morts, 18 blessés et provoqué un suicide. Son passage a également causé des dégâts à Maubeuge, Neumesnil et Boussières sur Ambre. Près de 800 logements ont été touchés.
Cinq jours après la tornade, la zone sinistrée d'Hautmont ressemble toujours à un champ de ruines. Les habitants s'organisent pour sauver le peu de biens épargnés par la catastrophe. Les bénévoles, qu'ils viennent de la ville ou de plus loin, affluent en nombre.

Le but : apporter des vêtements, de la nourriture et du réconfort aux victimes. Beaucoup de bonne volonté qui nécessite une solide organisation. En mairie, on s'attelle à gérer cet élan de solidarité. Pour l'instant, on ne refuse rien, insiste un conseiller municipal. Plusieurs commerces ont proposé d'offrir des sous-vêtements, des objets pour l'hygiène.

Extrait d'un article diffusé sur le site du journal *La Voix du Nord*, août 2008.

• **Présenter le document :** un reportage écrit diffusé sur le site Internet du journal régional *La Voix du Nord* d'août 2008.

• **Extraire les principales informations :** la tornade a touché plusieurs communes du nord de la France ; elle a provoqué des pertes humaines et des dégâts importants ; la commune d'Hautmont est une zone particulièrement sinistrée ; ce sinistre a déclenché un élan de solidarité ; des bénévoles apportent leur aide ; plusieurs catégories de personnes font preuve de solidarité : les particuliers, les responsables locaux, ceux des entreprises ; la solidarité revêt plusieurs formes : dons de matériel, du temps, de l'attention.

• **En déduire** l'importance des médias pour informer, sensibiliser, mobiliser.

# EXOS

**1** * **Coche les attitudes non solidaires.**

❏ **1.** Un élève qui porte les affaires d'un autre en béquilles.

❏ **2.** Un élève qui souffle la réponse.

❏ **3.** Un élève qui fait semblant de ne pas voir.

❏ **4.** Un grand qui aide un petit.

**2** ** **Qui suis-je ?**

Je suis attentif aux difficultés des autres.
J'aide ceux qui en ont besoin.
Je participe à des actions de solidarité.
Je ne suis pas un cas unique.
Qui suis-je ?

Pour trouver la réponse (en trois mots), remets les lettres suivantes en ordre :

D E D O T Y N E U M I O C N

**Réponse :** .................................. .............. ..............................

**3** ** **Relie les associations à leur but.**

1. Téléthon • • A. solidarité avec les sans-abris

2. ATD-quartMonde • • B. solidarité avec les enfants en détresse

3. Les enfants de Don Quichotte • • C. solidarité avec les plus démunis

4. Les enfants de la Terre • • D. solidarité avec les malades

**4** *** **Parmi ces titres parus dans la presse à propos de la tornade qui a eu lieu dans le nord de la France en août 2008, certains font état de gestes de solidarité. Lesquels ? Coche la bonne réponse.**

❏ **1.** Laurent Lefebvre remporte la course : 1 700 euros récoltés pour les sinistrés.

❏ **2.** En Sambre, on attend les réparations.

❏ **3.** Les dons arrivent de toute la France.

❏ **4.** Après la tornade, l'hôpital achève de panser ses plaies.

❏ **5.** Un match VAFC/Lens pour les sinistrés de la tornade d'Hautmont.

❏ **6.** Demain soir, premier concert en faveur des sinistrés.

❏ **7.** Déductions fiscales pour les dons aux sinistrés.

❏ **8.** Les clubs du Douaisis viennent en aide à celui d'Hautmont pour reconstruire le stade.

# Anglais

1. Parler au présent .............. 168
2. Parler des goûts alimentaires .............. 170
3. Décrire des évènements passés révolus (1) .............. 172
4. Décrire des évènements passés révolus (2) – Exprimer la quantité .............. 174
5. Exprimer la possession .............. 176
6. Poser des questions, situer des choses ou des personnes .............. 178
7. Exprimer l'avenir .............. 180
8. Donner des ordres et énoncer des règles. Parler des activités que l'on aime pratiquer .............. 182
9. Donner des précisions sur une action ou sur quelqu'un .............. 184
10. Décrire une action en cours dans le passé .............. 186
11. Exprimer la capacité, la permission et la possibilité – Exprimer l'éventualité .............. 188
12. Exprimer l'obligation et l'interdiction – Exprimer la nécessité .............. 190
13. Parler d'une quantité imprécise .............. 192
14. Comparer et déduire .............. 194
15. Demander et donner des informations à l'aide des *question-tags* .............. 196
16. Exprimer l'admiration, l'étonnement ou la désapprobation .............. 198
17. Exprimer la conséquence dans le présent, faire un bilan .............. 200

Lexique .............. 202

Verbes irréguliers .............. 203

+ une évaluation page 276

# 1 Parler au présent

**OBJECTIF** • Utiliser et différencier le présent simple et le présent en *be + V-ing*

## COURS

### ● Présent simple : *like*

| Affirmation | Négation | Interrogation |
|---|---|---|
| I / You  like | I / You  do not like (don't) | Do  I / you  like? |
| He / She / It  likes | He / She / It  does not like (doesn't) | Does  he / she / it  like? |
| We / You / They  like | We / You / They  do not (don't) like | Do  we / you / they  like? |

### ● Présent + V-*ing* : *play*

| Affirmation | Négation | Interrogation |
|---|---|---|
| I am (I'm) | I'm not | Am I |
| You are (you're) | You're not | Are you |
| He / She / It  is ('s)  playing | He / She / It  is not ('s)  playing | Is  he / she / it  playing? |
| We / You / They  are ('re) | We / You / They  are not ('re) | Are  we / you / they |

● Les réponses courtes (*yes-no*) se font avec l'auxiliaire seul.
*Do you like tea? – Yes, I do. Are you reading? – No, I'm not.*

● La forme contractée s'emploie à l'oral. La forme entière s'emploie à l'écrit lorsqu'il ne s'agit pas d'un dialogue.

*I like
You like
He likeS*

## MÉTHODE

### ● Parler des habitudes, goûts et opinions : le présent simple

*Every day, I get up at 6 am. I think it's very nice.*
À la 3ᵉ personne du singulier, le verbe prend un « s » à la forme affirmative (*he likes*) et à la forme négative, c'est l'auxiliaire qui prend ce « s » (*he doesn't like*).

### ● Parler des actions en cours : le présent en *be + V-ing*

*He is watching TV just now.*
Pour parler d'**une action qui n'est pas terminée**, on utilise le présent en *be + V-ing*.

### ● Différencier les habitudes et les actions en cours

*She usually has eggs for breakfast but today she is having toasts.*
On utilise les deux présents pour contraster une habitude et une action inhabituelle.

**WORD BANK**

| Verbs | Nouns |
|---|---|
| begin | key |
| drive | lift (GB)/ elevator (US) |
| read | newspaper |
| run | state |
| shine | |
| smile | |
| spend | |
| stand | |

# EXOS

**1** **Entoure le verbe dont la forme convient.**

1. I usually **have** / **am having** tea at 5pm but today I **have** / **am** having coffee.
2. Look, John and Katie **wait** / **are waiting** for the bus.
3. My brother hates spinach, he never **eats** / **is eating** some.
4. My best friend and I **love** / **are loving** English at school.
5. I usually **do** / **am doing** my homework, but today I **do** / **am not doing** them because I am too tired.

**2** **Observe les dessins ci-dessous. Que font les personnages représentés ? Réponds par une phrase complète.**

1. She's calling

2. This girl smile

3. He's running

4. There is sun today

**3** **Complète les phrases suivantes avec l'auxiliaire be (conjugué) ou l'auxiliaire do (conjugué).**

1. are you listening to me?
2. do you speak Spanish?
3. are you reading an interesting book?
4. She is coming with us.
5. I do want to eat that horrible sandwich.
6. does he play golf every day?

**4** **Complète la phrase en décrivant les habitudes d'Andrew.**

*Everyday, Andrew...*

1. (run a mile) ...........................
2. (drink a nice cup of coffee) ...........
3. (read a book) ..........................
4. (play with his cat, Alf) ...............

**5** **Barre l'intrus dans chaque groupe.**

| 1. | 2. | 3. |
|---|---|---|
| like | drive | he sits |
| love | newspaper | he stands |
| think | leave | he is driving |
| drive | smoke | he leaves |

**6** **Complète la deuxième colonne par le verbe manquant dans chaque phrase.**

Mr. Davies is superstitious. Today is Friday 13th, so he is changing all his habits.

| Today, he | but usually, he |
|---|---|
| 1. isn't driving his car | 1. ................... his car. |
| 2. isn't speaking to his black cat | 2. ................... to his cat. |
| 3. ................... to his office | 3. doesn't walk to his office. |
| 4. is leaving at 7 a.m. | 4. ................... at 7 a.m. |
| 5. isn't taking the lift. | 5. ................... the lift. |

Livret de corrigés *p. 20*

# 2 Parler des goûts alimentaires

**OBJECTIF** • Utiliser les noms (in)dénombrables, passer du singulier au pluriel

## COURS

### • Les noms dénombrables

| Singulier | | Pluriel | |
|---|---|---|---|
| a | banana | a lot of | bananas |
| an | orange | some | oranges |
| one | potato | four | potatoes |
| | sandwich | ten | sandwiches |

### • Les noms indénombrables

| | | |
|---|---|---|
| a lot of some | cheese water luggage fruit hair | coffee furniture information traffic |

De nombreux mots dénombrables en français sont indénombrables en anglais :
*furniture     les meubles*

### • La formation du pluriel des noms

| Noms terminés en | Pluriel en |
|---|---|
| 1. -f, -fe, | → – ves |
| 2. -z, -ge, -ch, -s, -sh, -x | → – es (prononcer iz) |
| 3. -y | → – ies (prononcer iz) |
| 4. pluriels irréguliers | → – voir liste ci-dessous |
| 5. noms composés | → – pluriel marqué sur le dernier élément |

**1.** *loaf* → *loaves*   **2.** *box* → *boxes   orange* → *oranges*
**3.** *lady* → *ladies*
**4.** *child* → *children   foot* → *feet   man* → *men*
*penny* → *pence   sheep* → *sheep   tooth* → *teeth   woman* → *women*
**5.** *airport* → *airports   tooth-brush* → *tooth-brushes*

## MÉTHODE

### • Exprimer le souhait

• *I would like **some tea** please. I would like **to drink** orange juice.*
           nom                                verbe

Pour dire ce qu'on voudrait, on utilise l'auxiliaire modal **would** suivi de **like**. Lorsque **would like** est suivi d'un verbe, on ajoute **to** avant le verbe.
• *Would you like a cup of tea? No, I wouldn't.*
**Would** est un auxiliaire : on l'utilise donc pour former les questions et la négation.

### • Classer les noms

*one car / five potatoes* mais *(one) milk* → *some milk*
*car* et *potatoes* sont des noms **dénombrables** mais on ne peut pas compter *milk* : c'est un nom indénombrable. On utilise donc *some* avant *milk* pour dire qu'il s'agit d'une quantité de lait, mais qu'**on ne sait pas laquelle**.

**WORD BANK**

**Nouns**
bread           luggage
butter          meal
car             milk
furniture       stamp
jam             sugar

## EXOS

**1** * Remets les lettres dans le bon ordre pour former des noms indénombrables. (Aide-toi de la banque de mots et du paragraphe « Les noms indénombrables » dans le Cours.)

① MAJ   ③ FECEFO   ⑤ KILM
② TEBURT   ④ DREBA

1. ....................................................
2. ....................................................
3. ....................................................
4. ....................................................
5. ....................................................

**2** ** Remplis la grille de mots croisés, en mettant chaque mot de la liste au pluriel.

**Down**
A. lady     B. glass
C. leaf     D. tooth

**Across**
1. child    5. man
2. car      6. knife
3. foot     7. box
4. day      8. teapot

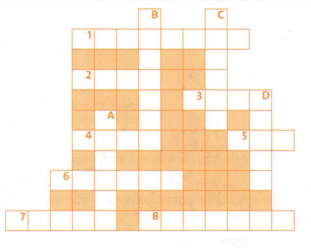

**3** ** Propose quelque chose à boire ou à manger à ton ami anglais. Attention à choisir le bon déterminant : *a/an* ou *some*.

1. Would you like ............
........................... ?
2. Would you like ......
........................... ?

3. Would you like ............
........................... ?
4. Would you like ......
........................... ?

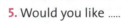

5. Would you like ............
........................... ?
6. Would you like ......
........................... ?

**4** *** Complète avec le mot qui convient : *furniture – sugar – luggage – car*.

1. How much ........................................ do you have?
– I have two suitcases and three bags.
2. Did you buy a lot of ....................................?
– Yes, we bought two armchairs, a table and four chairs.
3. Would you like some .................... in your tea?
4. What a lovely ..................................... ! Is it yours?

# 3. Décrire des évènements passés révolus (1)

**OBJECTIF** • Utiliser le prétérit simple

## COURS

● **Être = be, au prétérit simple**

| Affirmation | Négation | Interrogation |
|---|---|---|
| I / He, She, It } was | I / He, She, It } was not (wasn't) | Was { I? / he, she, it? |
| We / You / They } were | We / You / They } were not (weren't) | Were { we? / you? / they? |

● **Un verbe régulier : arrive**

| Affirmation | Négation | Interrogation |
|---|---|---|
| I / You / He, She, It / We / You / They } arrived | I / You / He, She, It / We / You / They } did not arrive (didn't) arrive | Did { I / you / he, she, it / we / you / they } arrive? |

● La forme contractée s'emploie à l'oral, et à l'écrit, lorsqu'il s'agit d'un dialogue.

● Pour les réponses courtes avec *yes* ou *no*, on emploie la forme pleine à la forme affirmative, la forme contractée à la forme négative :
*Did she arrive yesterday? – No, she didn't.*

● Le prétérit des verbes réguliers se forme en ajoutant **-ed** à la base verbale mais simplement à la forme affirmative.

● Dans un verbe se terminant en **-y**, le **-y** se transforme en **-i** devant **-ed** : *carry, I carried*.

## MÉTHODE

● **Décrire des évènements passés, terminés, dont la date est connue**

*Sue and Ellen were in England last year. It was fantastic.*
Lorsque qu'on parle d'événements passés et datés comme dans l'exemple ci-dessus (*last year* → l'évènement est daté), on utilise le **prétérit simple**.

● **Demander des renseignements sur un évènement passé, terminé et daté**

*Did you visit Washington when you were in the States? Yes, I did.*
Dans les questions fermées ou ouvertes au prétérit simple, on met l'auxiliaire au prétérit simple. Pour répondre aux questions fermées au prétérit, on reprend l'auxiliaire au prétérit.

● **Comparer le présent et le passé**

*In 1900, there were no video games, but today there are many!*

**WORD BANK**

**Verbs**
enjoy
land
laugh
pack
tan
travel
**Adv.**
soon

**Nouns**
beach
case
customs
officer
plane
**Adj.**
sad
scared

## EXOS

**1** Quel est le temps du ou des verbe(s) de chaque phrase ? Entoure la bonne réponse

1. Last year, I visited my grand-mother in England. PRÉTÉRIT / PRÉSENT
2. My grand-mother is an amazing lady! PRÉTÉRIT / PRÉSENT
3. When I arrived at the airport, she was there with a basket full of biscuits. PRÉTÉRIT / PRÉSENT
4. I love biscuits, they are delicious! PRÉTÉRIT / PRÉSENT

**2** Prends la première lettre de chacun des mots correspondant à la définition, et tu trouveras le nom de l'ami d'un célèbre détective anglais.

1. Le prétérit du verbe *être* au singulier : ............
2. Le présent du verbe *être* au pluriel : ............
3. Le pluriel de *this* : ............
4. Le contraire de *happy* : ............
5. Avant *two* : ............
6. Le contraire de *yes* : ............
Réponse : ............

**3** Qu'a fait Tom dimanche ? Pour le savoir, choisis le verbe qui convient parmi la liste proposée, et conjugue-le au temps voulu : *play – arrive – start – be*.

1. Tom .................... at 7 o'clock.

2. Tom .................... tennis with Jim.

3. Tom .................... home at 12.

4. Tom .................... tired.

**4** Complète avec le verbe qui convient, en choisissant dans la liste suivante : *dance – climb – walk – play*.

1. In 1970, an American .................... the piano for 45 days.
2. Tom Garrett, 23, .................... the charleston for 25 hours in 1971.
3. A man from Austria .................... on his hands for 1,400 kms in 1900.
4. A Canadian .................... a 27 m. tree in 36 seconds in 1968.

**5** Relie chaque début de phrase à la fin de phrase qui lui correspond.

A. It • • 1. travel by plane.
B. Was • • 2. were on the bridge.
C. They • • 3. wasn't very nice.
D. Were • • 4. comfortable there.
E. I was • • 5. you ill yesterday?
F. They didn't • • 6. he from the States?

**6** Cherche parmi la banque de mots de la page 172 ceux qui manquent ou sont incomplets dans la lettre et vérifie le sens des mots avec une étoile. Tu pourras ainsi savoir tout ce que Debbie a écrit sur son séjour au Canada.

OTTAWA, CANADA, July 15th

Dear Vanessa,
We started from Paris at 10 and our (1) landed in Ottawa, the capital of Canada! I was (2) at the customs* because the (3) opened our suit (4).
Canada is wonderful! The (5) of lake Huron is great, but we didn't tan*.
Love, Debbie.

1. ............
2. ............
3. ............
4. ............
5. ............

# 4 Décrire des évènements passés révolus (2) Exprimer la quantité

**OBJECTIF** • Conjuguer des verbes irréguliers au prétérit, utiliser les quantifieurs

## COURS

### ● Un verbe irrégulier : *go*

| Affirmation | Négation | Interrogation |
|---|---|---|
| I, You, He, She, It, We, You, They } went | I, You, He, She, It, We, You, They } did not go (didn't) go | Did { I, you, he, she, it, we, you, they } go? |

● Le prétérit des verbes irréguliers à la forme affirmative ne correspond à aucune règle. Il faut les apprendre (voir p. 201).

● Pour les formes interrogative et négative, la formation est la même que celle des verbes réguliers.

### ● Les quantifieurs

| Le nom qui suit est dénombrable | Le nom qui suit est indénombrable |
|---|---|
| *many* + *apples* | *much* + *milk* |
| *too many* + *apples* | *too much* + *milk* |
| *a few* + *apples* | *a little* + *milk* |

## MÉTHODE

### ● Parler d'évènements passés datés avec des verbes irréguliers

On utilise pour cela le prétérit simple (voir fiche 3, p. 172). Attention : certains verbes sont irréguliers et ne prennent pas *-ed* (ex : *He said*).

### ● Rapporter des paroles

*He said that they **were** sorry.*

### ● Exprimer une quantité : *much, many, a little, a few*

*I have many friends on the internet, but I don't have much fun with them.*

→ **Pour exprimer une grande quantité,** on utilise soit *many*, soit *much* : si le nom qui suit est **dénombrable** (comme *friends*), utilise *many*. S'il est **indénombrable** (comme *fun*), utilise *much*.
*I would like a little cheese on a few toasts please.*

→ **Pour parler d'une petite quantité,** on utilise *a few* quand le nom est dénombrable, *a little* quand le nom est indénombrable.

### ● Exprimer un jugement sur une trop grande quantité : *too many, too much*

*You smoke too many cigarettes. There's too much noise here!*

**WORD BANK**

**Nouns**
beef
carrot
cheese
cream
fruit juice
homework
ice cream
mutton
pie
pork
potato
veal

**Verb**
forget – forgot

# EXOS

**1** Trouve la lettre qui finit le premier mot et commence le deuxième et remplis la case. Tous les mots sont des prétérits de verbes irréguliers. Ex. : SWA ❑ ET → SWAMET (*swam* et *met*)

**2** Regroupe ces verbes en paires dans leurs maisons respectives.

BRING — CUT — GET — HAVE — COME — BROUGHT — LEAVE — GOT — CUT — LEFT — CAME — HAD

BASE VERBALE | PRÉTÉRIT

**3** Complète avec *much*, *many* ou *a few*.

"Hello, this is Adrian speaking. Can I speak to Jenny, please?"
........................ moments later : "Hi! Adrian, how are you?"
"I haven't got ........................ time to speak. Listen, do you fancy going to the cinema to see Star Trek V?"
"You know Adrian, I've seen too ........................ films like that. Hold on, my mobile phone is ringing."
"How ........................ phones have you got, Jenny?"
"Oh, only ........................!"

**4** Complète avec *too much* ou *too many*.

Sally était au restaurant hier. Aujourd'hui, elle est malade parce qu'elle a trop mangé.

Sally was at the restaurant yesterday. She had ........................ carrots, ........................ biscuits, ........................ beef, ........................ cheese.

**5** Réponds à ce quiz te concernant en utilisant une réponse courte. Attention aux pronoms personnels sujets.

Ex. : *Did you and your best friend have fun?*
→ *Yes, we did.* ou *No, we didn't.*

1. Did you brush your teeth this morning?
........................
2. Did your father have some coffee this morning?
........................
3. Did your best friends forget your birthday this year?
........................
4. Did you and your best friend do your homework everyday last year?
........................

**6** Répète ce que disent Mrs. Cool et Mrs. Baddie. Complète les phrases en n'oubliant pas de mettre les verbes au prétérit.

1. Mrs. Cool said that ...
........................
........................
and that ........................
........................

(Mrs COOL: "I feel great!" "I love people!")

2. Mrs Baddie said that ........................
........................
and that ........................
........................

(Mrs BADDIE: "I don't like kids!" "I find people stupid!")

*Livret de corrigés p. 20*

# 5 Exprimer la possession

**OBJECTIF** • Utiliser les pronoms possessifs et réfléchis, utiliser le génitif ('s)

## COURS

● **Pronoms possessifs**

| Singulier | Pluriel |
|---|---|
| 1re  mine | 1re  ours |
| 2e  yours | 2e  yours |
| 3e  his, hers | 3e  theirs |

● **Pronoms réfléchis**

| Singulier | Pluriel |
|---|---|
| 1re  myself | 1re  ourselves |
| 2e  yourself | 2e  yourselves |
| 3e  himself, herself | 3e  themselves |

● *Yourself* : une personne
● Les pronoms possessifs sont invariables.
● À la 3e personne du singulier, l'accord se fait avec le possesseur et non avec l'objet possédé : *Is this Jane's umbrella? – Yes, it's hers.*

*Yourselves* : plus d'une personne

● **Formation du génitif**

| Noms singuliers et noms pluriels non terminés en -s | Noms pluriels terminés en -s |
|---|---|
| Tom's books<br>My brother's car<br>That girl's racket<br>Mrs Martin's jeans<br>The children's toys | The Browns' books<br>My brothers' car |

● On n'utilise pas *the* devant un nom propre : *Tom's books*.
● Parfois l'objet possédé peut être sous-entendu :
*Whose book is it? It's Peter's* (sous-entendu *book*).

## MÉTHODE

● **Exprimer la possession**

*Whose car is it? It's mine.* → À qui est cette voiture ? C'est la mienne.
On utilise les **pronoms possessifs** pour identifier des choses et dire à qui elles appartiennent.

● **Dire qu'un être animé possède quelque chose, décrire quelqu'un**

*Whose house is this? - It's Mr. Garber's (house). Sandra's hair is very long.*
Le « *'s* » s'appelle le génitif, il exprime la possession. **Celui qui possède** (Mr. Garber) **est placé en premier** en anglais, contrairement au français.

● **Exprimer l'insistance**

« *This picture is beautiful.* »
« *Thank you, I painted it myself.* »
→ On insiste sur le fait que c'est **moi** qui ai peint ce tableau.

**WORD BANK**

**Nouns**
aunt — grandmother
brother — grandson
daughter — sister
granddaughter — son
grandfather — uncle

## EXOS

### 1. Complète les phrases à partir du dessin.

1. Simon is Jane's ........................................
2. Jane is Diana's ........................................
3. Ann's ................................. is called Betty.
4. George is Simon's ....................................
5. Diana's ................. is called Patrick O'Connor.
6. Meggie is Ann's ........................................
7. William is Simon's ....................................
8. Pamela is Ann's ........................................
9. Simon is Patrick O'Connor's ....................
10. Ann is Patrick O'Connor's .......................

### 2. En regardant le dessin, complète les phrases. Utilise le génitif : 's.

Ex. : *The umbrella is Margaret's.*

1. The keys are ...........................................
2. The scarf is ............................................
3. The handbag is .......................................
4. The skis are ...........................................

### 3. Regarde le dessin et lis le texte suivant. Classe les 's dans la colonne qui convient.

Dodo Dino, who's[1] Tiny Dino's[2] mother, lives in Dinoland. She's[3] 3 million years old, and she's[4] got a child who's[5] 2 million years old. The child's[6] name's[7] Tiny Dino. On this picture, Tiny Dino's[8] watching his mother's[9] face.

| être | avoir | possession |
|---|---|---|
| N° ............ | N° ............ | N° ............ |

### 4. Coche la bonne réponse.

1. This is my guitar. It isn't .............
   ❏ a. her   ❏ b. hers   ❏ c. mine
2. This house was ...... but we sold it last week.
   ❏ a. yours   ❏ b. ours   ❏ c. mine
3. This exercise was difficult but he did it ..........
   ❏ a. herself   ❏ b. himself   ❏ c. themselves
4. Why don't you do it ................?
   ❏ a. yourself   ❏ b. ourselves   ❏ c. myself
5. Is this your hat?
   ❏ a. Yes, it's mine.   ❏ b. Yes, it's his.
   ❏ c. Yes, it's hers.

### 5. Relie les éléments de la première colonne à la deuxième colonne et trouve de quel pays il est question.

A. I don't think he    1. to New Delhi **himself**.

B. He always goes    2. watch Bollywood films **myself**.

C. I don't always    3. built the Taj Mahal **themselves**?

D. Do you know if they    4. spoke Hindi **himself**.

Réponse : ..............................................

# 6 Poser des questions, situer des choses ou des personnes

**OBJECTIF** • Connaître les mots interrogatifs et les prépositions, formuler des questions

## COURS

### • Les mots interrogatifs

| Mot interrogatif | Exemple | Pour s'informer sur… |
|---|---|---|
| How far | *How far is the bus?* | La distance |
| How long | *How long will he stay?* | La durée |
| How much | *How much time have you got?* | La quantité avec un nom indénombrable |
| How many | *How many biscuits do you want?* | La quantité avec un nom dénombrable |
| Who | *Who are you?* | L'identité (qui) |
| What | *What would you like?* | L'identité (quoi) |
| How often | *How often do you go swimming?* | La fréquence |
| When | *When were you born?* | La date (quand) |
| Where | *Where did you go for the holidays?* | La localisation (où) |
| Why | *Why do you hate me?* | La raison (pourquoi) |
| Which | *Which dress does she like?* | Laquelle, lequel |

### • Prépositions – Points cardinaux

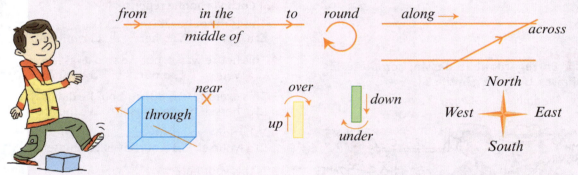

## MÉTHODE

### • S'informer, poser des questions

*How many brothers and sisters have you got? What's your name? Where do you come from?*
Une question ouverte se construit ainsi :

> mot interrogatif + auxiliaire + sujet + verbe + complément + ?

Tu connais déjà certains auxiliaires comme *be*, *have* et *do*.
Parfois le mot interrogatif est suivi d'une précision :
*How many brothers and sisters have you got?*

**WORD BANK**

**Nouns**
bathroom, garden
bedroom, kitchen
blazer, roof
boot, scarf
cap, sock
cardigan, trousers

# EXOS

**1** Complète les phrases suivantes avec la préposition qui convient.

1. He is going ............... the stairs.
2. The letter M is in ..................... of the alphabet.
3. Shall we fly ............... Paris ............... London?
4. The cat is ............... the table, not on the table.
5. The bridge is ............... the river.

**2** Trouve le contraire de chacun des mots suivants.

1. Up ≠ .......................
2. Over ≠ .......................
3. Far ≠ .......................
4. South ≠ .......................
5. East ≠ .......................
6. To ≠ .......................

**3** Chaque lettre de la grille correspond à une lettre et un numéro : b2 = lettre A. Déchiffre ce que dit Bugs Bunny en t'aidant de la grille.

|   | a | b | c |
|---|---|---|---|
| 1 | W | H | O |
| 2 | E | A | T |
| 3 | R | C | S |

Ce que dit Bugs Bunny :

| a1 b1 c1 c3 a2 |
| b3 b2 a3 a3 c1 c2 c3 |
| b2 a3 a2 | c2 b1 a2 c3 a2 | ?

Réponse : ................................................................
................................................................

**4** Remets les mots dans l'ordre afin de former des questions. Pense à mettre une majuscule au premier mot.

1. is / queen / the / who / of / England?
................................................................
................................................................

2. how/ is / often / president / of / the / United States / elected? / the
................................................................
................................................................

3. many / have / got? / how / you / brothers / sisters / and
................................................................
................................................................

4. the / of / Scotland? / what / is / capital
................................................................
................................................................

*Connais-tu la réponse à chaque question ?*

**5** Il manque des mots dans ces questions. Retrouve-les et découvre la ville mystère.

1. How _ _ _ _ ■ do you brush your teeth ? I brush my teeth every day of course!
2. How are ■ _ _ today ? I'm fine, thanks.
3. How well ■ _ _ you dance ? I can dance very well.

Ville mystère : ■ _ _ ■ _ _ ■ _ _ , aussi appelée the Big Apple !

**6** Connais-tu ta géographie ? Entoure le point cardinal approprié.

1. Los Angeles is on the **East / West** Coast of the United States.
2. London is situated **north / south** of Liverpool.
3. Miami is **north / south** of the capital of the USA, Washington D.C.
4. Scotland is **north / south** of England, but **north east / north west** of Ireland and Northern Ireland.

**7** Trouve la fin de chaque phrase commencée dans la première colonne.

A. Which • • 1. is it to the station?
B. Whose • • 2. are you going to stay?
C. How far • • 3. dresses has she got?
D. How long • • 4. time have you got?
E. How much • • 5. skis are these?
F. How many • • 6. blue do you prefer, light blue, or navy blue?

# 7 Exprimer l'avenir

**OBJECTIF** • Utiliser *be going to*, *will* et *be + V-ing*

● ***Be going to*** fall

| Affirmation | Négation | Interrogation |
|---|---|---|
| I am <br> You are <br> He, she, it is } going <br> We are } to fall <br> You are <br> They are | I am not <br> You are not <br> He, she, it is not } going <br> We are not } to fall <br> You are not <br> They are not | Am I <br> Are you <br> Is he, she, it } going <br> Are we } to fall? <br> Are you <br> Are they |

● ***Will*** do

| Affirmation | Négation | Interrogation |
|---|---|---|
| I <br> You <br> He, she, it } will do <br> We } 'll do <br> You <br> They | I <br> You <br> He, she, it } will not do <br> We } won't do <br> You <br> They | Will I <br> Will you <br> Will he, she, it <br> Will we } do? <br> Will you <br> Will they |

● On peut utiliser aussi les formes contractées de l'auxiliaire *être*.
(Voir le Cours du chapitre 1.)

● Les réponses courtes s'utilisent avec l'auxiliaire seul
*Are you going shopping? – Yes, I am.*
*Will she do it? – No, she won't.*

## MÉTHODE

● **Exprimer une prédiction**
*The sky is cloudy, it's going to rain!*
Lorsque des indices permettent de **prédire** le futur, on utilise *be going to*.

● **Exprimer une intention**
*I'm going to visit my aunt Lucy this afternoon.*
*I'm leaving tomorrow, my train is at 8 am.*
Quand une action future est **prévue**, on utilise *be going to* ou *be + V-ing*.

● **Exprimer une action future**
*Next year, I'll go to England, but he won't.*
Quand on souhaite parler d'actions futures tout simplement, on utilise l'auxiliaire modal *will* suivi de la **base verbale**. N'oublie pas que les auxiliaires modaux sont invariables !

**WORD BANK**

Adj.
happy
poor
Verbs
fly
go to the swimming pool
play Monopoly
play tennis
travel

# EXOS

**1** Regarde les dessins et coche la bonne réponse.

1. She's going to have breakfast at 9.
❏ right ❏ wrong

2. She'll swim in the sea.
❏ right ❏ wrong

3. She's going to play tennis.
❏ right ❏ wrong

4. She'll be in bed at 10 o'clock.
❏ right ❏ wrong

**2** Les jumeaux John et James ont prévu des activités. Que disent-ils ?

We're going to the movies.

1. ..............................................
2. ..............................................
3. ..............................................

**3** Entoure la forme correcte.
Aide : lorsque quelque chose est prévisible ou prévu, on utilise *be going to*.

1. The sky is so grey... I think **it's going to / it will** rain!
2. My cousins **are going to / will** go to London next year, won't they?
3. Katie can't go to the movies with us, she **is going to / will** visit her Granny.
4. Dad looks very angry, he **is going to / will** punish you!

**4** Mrs. Peggy Psychic prédit l'avenir. Que voit-elle dans sa boule ? Relie les phrases qui ont été mélangées.

A. You're going • • 1. an important business man.
B. You will • • 2. to marry a beautiful girl.
C. You will be • • 3. won't be poor.
D. You • • 4. travel all over the world.
E. You will fly • • 5. going to be very happy.
F. You're • • 6. to the Moon soon.

**5** Coche la bonne réponse.

1. Are Aborigines from Canada?
❏ a. No, they're not.
❏ b. No, they aren't.
❏ c. Yes, they won't.

2. Is "American Indians" a modern term?
❏ a. No, it won't.
❏ b. No, it isn't.
❏ c. No, it can't.

3. Will you meet the Prime Minister tomorrow?
❏ a. Yes, I am.
❏ b. Yes, I will.
❏ c. No, I'm not.

4. Shall I buy you an Irish coffee?
❏ a. Yes, I shall.
❏ b. Yes, you shall.
❏ c. Yes, I am.

# 8 Donner des ordres et énoncer des règles
# Parler des activités que l'on aime pratiquer

**OBJECTIF** • Utiliser l'impératif et les noms en *-ing*

- **L'impératif**

• **1ʳᵉ personne du pluriel :** $\boxed{Let's + \text{BV (base verbale)}}$

*Let's dance!*

• **2ᵉ personne du pluriel :**

– Affirmation : $\boxed{\text{BV}}$

*Be quiet! Stop that noise!*

– Négation : $\boxed{Don't\ (do\ not) + \text{BV}}$

*Don't smoke here. Don't cross the street now.*

- **Le gérondif**

• **Formation :** $\boxed{\text{BV} + ing}$

*fishing, playing.*

• Il peut être :
– sujet :
*Fishing is my favourite hobby.*

– complément :
*I like riding horses.*

• Les verbes terminés par **-e** perdent ce *e* devant la terminaison **-ing** du gérondif :
*ride → riding.*

- **Donner des ordres avec l'impératif**

• Ordres : *Sit down! Don't sit down! Come back!*
• Recette ou marche à suivre : *Beat the eggs, add the sugar... Turn right, and then turn left.*

- **Interdire ou suggérer une activité**

• Interdiction : *Don't park here, it's forbidden!*
• Suggestion : *Let's go for a walk.* → Allons marcher.

- **Désigner une activité**

*Bird-watching. Shopping. Travelling.*
Ces mots désignent des activités, ils fonctionnent comme n'importe quel nom.

- **Parler des activités qu'on aime pratiquer**

*I love skiing but I hate sledging. I'm fond of ice-skating and roller skating.*
Après des verbes ou des expressions verbales exprimant le goût comme *love, hate, be fond of*, on utilise la **base verbale + -ing**.

**WORD BANK**

**Activities**
climbing
cooking
cycling
drawing
fishing
ice-skating
painting
reading
skiing
stamp-collecting
swimming

**Verb**
be fond of

# EXOS

**1** Remets les lettres en ordre pour retrouver le nom d'une activité.

1. GICOKON : ...................
2. ADIGNNC : ...................
3. CINGLYC : ...................
4. NIFIGHS : ...................
5. IWGADNR : ...................

**2** Relie chaque panneau à sa signification.

1. No eating.  •         • A.

2. No parking.  •        • B.

3. No smoking.  •        • C.

4. Turn right.  •        • D.

**3** Observe les dessins, puis dis à l'oral quels sports et activités Tony et Cynthia aiment pratiquer. Essaie ensuite de mémoriser tes réponses.

Tony likes          Cynthia enjoys

**4** Les lunettes de Richard indiquent ses passe-temps préférés. Découvre-les en utilisant le code donné.

..........................................
..........................................

**5** Coche la bonne réponse.

1. I'm fond of horseback................, I think it's a fantastic hobby.
   ❏ a. fishing    ❏ b. riding    ❏ c. watching

2. Turn left ! ................ turn right!
   ❏ a. Don't    ❏ b. Do

3. ................ go to the theatre tonight, I love Shakespeare!
   ❏ a. Don't    ❏ b. Do    ❏ c. Let's

4. Do you like ................?
   – Yes, I do, especially books by Agatha Christie.
   ❏ a. swimming  ❏ b. skiing  ❏ c. reading

5. Stamp ................ is my hobby! I've got 500 stamps now.
   ❏ a. collecting  ❏ b. drawing  ❏ c. cooking

**6** Regarde cette classe très agitée, puis retrouve qui exprime :

1. une suggestion : ...................
2. une marche à suivre : ...................
3. un ordre (2 réponses) : ...................
4. une interdiction : ...................

# 9 Donner des précisions sur une action ou sur quelqu'un

**OBJECTIF** • Utiliser les pronoms relatifs et les adverbes

## COURS

### ● Les pronoms relatifs

|  | Sujet | Complément |
|---|---|---|
| **Antécédent humain** | who | whom |
| **Antécédent non-humain** | which | which |

Le pronom relatif complément est très souvent omis :
*He is the man (whom) you met at my house.*
*This is the film (which) I saw last week.*

### ● La place de l'adverbe de fréquence

● Les adverbes de fréquence : **always, often, sometimes, never, usually** se placent généralement avant le verbe, sauf s'il s'agit du verbe *être* :
*I never go there.* Mais : *I am never late.*
*He doesn't always go to school by bus.*

● Pour les réponses courtes (*yes-no*), on place l'adverbe de fréquence avant l'auxiliaire :
*Do you play tennis on Sundays?*
*– Yes, I always do.*

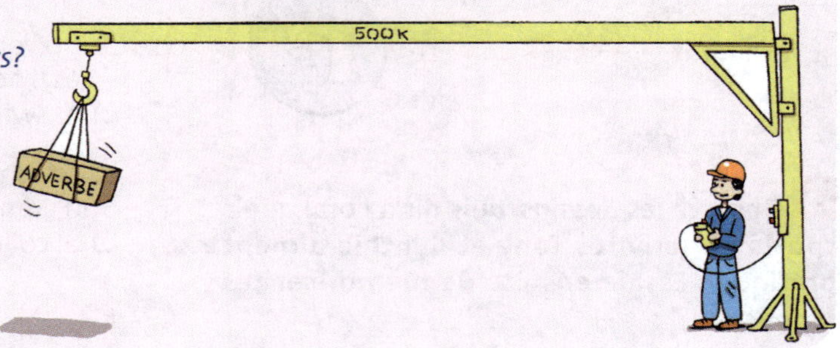

## MÉTHODE

### ● Donner des informations, des précisions sur quelqu'un ou quelque chose

*The girl who is talking to Jane is my sister. / This is the book which became a bestseller.*
Les **propositions relatives** servent à donner plus d'informations ou de précisions sur quelqu'un ou sur quelque chose (sur *girl* et *book* dans les exemples).

### ● Donner des précisions sur les habitudes et la fréquence d'une action

*She never eats fish / I often go to Hyde Park.*
Les adverbes comme *never* servent à donner des précisions sur **les habitudes**. Les adverbes peuvent aussi aider à préciser **la fréquence** d'une action.

**WORD BANK**

**Nouns**
beginning
end
horse
horseshoe
lift (GB) =
elevator (US)
parrot
pea
postman
**Verbs**
lose
reject
win

# EXOS

### 1. Que répond Marilyn à Big Joe ? Pour avoir la réponse, il faut reprendre la première lettre de chaque mot.

Réponse de Marilyn :

__ __  1. Opposite of yes
__ __ __  2. Opposite of beginning
__ __ __ __  3. "be" is an irregular...
__ __ __ __ __ __ __  4. London is in..........
__ __ __ __ __ __  5. Opposite of "accept"

### 2. Souligne le verbe puis place l'adverbe indiqué en violet au bon endroit. Entoure la lettre correcte.

**SOMETIMES**
1. Do | you | have | an | English | breakfast ? |
   a    b    c    d    e       f

**USUALLY**
2. We | watch | TV | in | the | evening |
   a    b    c   d   e    f

**ALWAYS**
3. The | postman | does | not | come | at | nine |
   a    b    c   d   e   f  g

**OFTEN**
4. Does | she | read | magazines ? |
   a    b   c    d

**NEVER**
5. Cyril's | father | goes | to | the | movies |
    a     b    c   d   e   f

### 3. Associe chaque début de phrase ou de question à sa suite logique.

A. I've got a parrot •    • 1. which is round the corner?
B. Are you going to the shop •    • 2. who wrote to me?
C. I've got an uncle •    • 3. which can talk.
D. I like exercises •    • 4. who lives in Canada.
E. Do you know the man •    • 5. which aren't too difficult.

### 4. Retrouve les adverbes et pronoms relatifs cachés dans la grille. Il y en a cinq.

|   | A | B | C | D | E | F | G | H | I |
|---|---|---|---|---|---|---|---|---|---|
| 1 | H | U | S | U | A | L | L | Y | N |
| 2 | C | T | B | I | S | E | U | P | E |
| 3 | I | U | N | E | T | F | O | L | V |
| 4 | H | N | M | A | B | G | K | I | E |
| 5 | W | N | U | G | O | H | W | E | R |

### 5. Complète les phrases par who, which, ø. Il y a parfois plusieurs solutions.

1. This is the tree ............... I planted in my garden.
2. The colour ............... I prefer is blue.
3. The film ............... I saw last week is *The man ............... knew too much*.
4. This is the train ............... goes from London to Folkestone.
5. Look at the girl ............... is talking!

### 6. Réponds aux questions suivantes.

1. What goes up but never comes down?
...............................................................................

2. What always wears its shoes when going to sleep?
...............................................................................

3. What sometimes goes up, sometimes goes down, and is green?
...............................................................................

# 10 Décrire une action en cours dans le passé

**OBJECTIF** • Choisir entre le prétérit simple et le prétérit en *be + V-ing*

## COURS

Prenons comme exemple de conjugaison le verbe *watch*. Pour le mettre au prétérit *be + V-ing*, il faut :

*être* au prétérit + BV + *ing*

| Affirmation | Négation | Interrogation |
|---|---|---|
| I } was<br>He, she, it } watching TV | I } wasn't<br>He, she, it } watching TV | Was I }<br>He, she, it } watching TV? |
| We } were<br>You } watching<br>They } TV | We } weren't<br>You } watching<br>They } TV | Were we }<br>Were you } watching<br>Were they } TV? |

• Pour les formes pleines et les formes contractées du verbe *être*, voir le chapitre 3, p. 172.

• Lorsque le verbe se termine en *-e*, ce *e* est supprimé devant la terminaison *-ing* : *make* → *making*

• Pour un verbe d'une seule syllabe terminé par une seule consonne précédée d'une seule voyelle, la consonne est redoublée devant *-ing* : *sit* → *sitting*

## MÉTHODE

● **Parler d'évènements passés**

• Action terminée et datée : *Yesterday, I watched TV*.
Pour évoquer **des évènements ponctuels qui ont une fin**, on utilise le **prétérit simple** (voir chapitres 3 et 4, p. 172 et 174).

• Action en cours dans le passé : *Yesterday at 5, I was reading*.
Pour décrire **une action en cours, non terminée à un moment du passé**, on utilise le **prétérit en *be + V-ing***.

● **Demander ce que quelqu'un faisait à un moment du passé**

*What were you doing yesterday at 5?*

● **Décrire une action en cours à un moment du passé par opposition à une action terminée**

*Yesterday at 5, John was reading, when suddenly the telephone rang.*
→ Hier à 5 heures, John était en train de lire quand soudain le téléphone a sonné.
Une action en cours dans le passé (*John was reading*) est interrompue par un événement ponctuel (*the telephone rang*).

**WORD BANK**

**Verbs**
- call
- finish
- hoover (GB) = vacuum (US)
- laugh
- leave
- listen (to)
- lose
- open
- ring/rang/rung
- run
- watch

# EXOS

**1** * Beth est sans cesse interrompue ! Dans chaque phrase, entoure la bonne conjugaison.

1. Beth was watching TV when the telephone **rang / was ringing**.

2. She **was listening / listened** to music, when her brother called.

3. She was dusting the house, when someone **was knocking / knocked** at the door.

4. When the dog **was storming out / stormed out**, Beth was cooking.

**2** ** La police interroge six personnes soupçonnées de vol. Complète les réponses en regardant les dessins.

1. I ............................................. to music.

3. I ............................................. a film.

2. We ............................................. cards.

4. I ............................................. my bedroom.

5. I ............................................. the violin.

**3** ** Trouve le contraire du verbe en gras et complète la phrase avec un verbe de la liste : finish – open – lose – leave – laugh.

1. I wasn't ........................., I was **beginning**.
2. He was ........................., he wasn't **arriving**.
3. She wasn't **crying**, she was .........................
4. You weren't **winning**, you were .........................
5. It wasn't **closing**, it was .........................

**4** ** Coche la bonne formulation.

1. What were you doing last Saturday at 10?
   ☐ a. I didn't.
   ☐ b. He was sleeping.
   ☐ c. I was sleeping.

2. Were you having a bath when the phone rang?
   ☐ a. Yes, she was.
   ☐ b. Yes, I was.
   ☐ c. Yes, we were.

3. He was ............ to school when he met his friend.
   ☐ a. walked   ☐ b. walking   ☐ c. doing

4. ............ you leaving when your friend arrived ?
   ☐ a. Did   ☐ b. Were   ☐ c. Was

5. Mrs. Robinson was ............ a cake when her husband called.
   ☐ a. making   ☐ b. made   ☐ c. makes

6. No, I ............ listening to you.
   ☐ a. weren't   ☐ b. wasn't

**5** *** Complète avec *did*, *was* ou *were*.

1. ............................. you listening to the radio yesterday at 8?
2. ............................. she pass her exam?
3. He ............................. playing the piano when Helen came.
4. ............................. you go to school yesterday?
5. They ............................. having breakfast when it began to rain.

# 11 Exprimer la capacité, la permission et la possibilité. Exprimer l'éventualité

**OBJECTIF** • Utiliser les auxiliaire modaux *can*, *could* et *may*

## COURS

● *Can* s'utilise au présent / *could* s'utilise au passé

| Affirmation / Négation ||| Interrogation |||
|---|---|---|---|---|---|
| Sujet | Auxiliaire modal | Base verbale | Auxiliaire modal | Sujet | Base verbale |
| I<br>You<br>He, she, it<br>We<br>You<br>They | can/can't (cannot)<br><br>could/couldn't (could not) | play games | Can<br><br>Could | I<br>you<br>he, she, it<br>we<br>you<br>they | ride horses? |

● *May* s'utilise au présent

| Affirmation / Négation ||| Interrogation |||
|---|---|---|---|---|---|
| Sujet | Auxiliaire modal | Base verbale | Auxiliaire modal | Sujet | Base verbale |
| I<br>You<br>He, she, it<br>We<br>You<br>They | may/may not | come with us | May | I<br>you<br>he, she, it<br>we<br>you<br>they | come with us? |

- *Can* et *may* restent invariables à toutes les personnes.
- Les réponses courtes se font avec l'auxiliaire seul : *Can you swim? Yes, I can.*
- L'interrogation se construit toujours ainsi : auxiliaire modal + sujet + BV

## MÉTHODE

● **Exprimer une capacité/une incapacité : *can/could***
- Capacité : *Can you drive a car? He said he could carry this bag.*
- Talent/absence de talent : *I can swim but I can't dance at all.*

● **Exprimer une permission : *can/may***
- *She said she couldn't come. Can I go out?*
- Plus soigné : *May I sit please? Yes, you may.*

● **Dire ce qui est matériellement possible/impossible avec *can***
*My car broke down, I can't join you today. No problem, I can drive you to school!*

● **Exprimer une éventualité ou une hypothèse avec *may***
- Éventualité : *We may go to England next year.*
- Hypothèse : *She may be the killer.*

**WORD BANK**

| Nouns | Adj. |
|---|---|
| cell phone (US) | late |
| corridors (GB) | right |
| = halls (US) | wrong |

# EXOS

**1** ★ Observe les panneaux et réponds aux questions.

Can you turn right?
– Yes, I can.

1. Can you turn left?
– ......................

2. Can your car do 30 miles per hour?
– ......................

3. Can you enter by car?
– ......................
......................

4. Can you park?
– ......................
......................

5. Can you overtake?
– ......................
......................

**2** ★ Regarde les dessins et complète les phrases avec *can* ou *can't* en utilisant les verbes entre parenthèses.

1. He .................. (swim)   2. He ...................... (ski)

3. He .................. (run)   4. They ............. (dance)

**3** ★★ Les règles de ce collège sont très souples ! De nombreuses choses sont permises. Complète ces règles en utilisant *can* ou *can't*.

The perfect school rules!
1. You .................. run in the halls.
2. The pupils .................. use their cell phones.
3. It's possible to eat in class. You .......................... bring a sandwich.
4. The pupils .................... be late !
5. The teachers ................................ be angry or bad-tempered.

**4** ★★★ Coche la case qui convient.

1. Chris pense qu'il pleuvra peut-être demain. Il dit : *"It may rain tomorrow."*
❏ right    ❏ wrong

2. Michael dit qu'il ne sait pas conduire : *"I can't drive."*
❏ right    ❏ wrong

3. Penelope dit qu'elle a pu venir : *"I couldn't come."*
❏ right    ❏ wrong

4. Sarah dit que c'est peut-être utile : *"It may be useful."*
❏ right    ❏ wrong

**5** ★★★ Mrs. Cooke n'entend plus très bien, il faut lui répéter toutes les phrases. Continue d'après l'exemple du 1.

1. Mary can't come.
I said that Mary couldn't come.

2. Mum can do the shopping for you.
.............................................................

3. I can't leave after 6.
.............................................................

4. Dad can drive you to the park.
.............................................................

5. We can take you to the theatre.
.............................................................

Livret de corrigés p. 21

# 12. Exprimer l'obligation et l'interdiction — Exprimer la nécessité

**OBJECTIF** • Utiliser le modal *must*, utiliser le verbe *need*

## COURS

● **Must** s'utilise au présent

| | Affirmation / Négation | |
|---|---|---|
| I<br>You<br>He, she, it<br>We<br>You<br>They | must/mustn't<br>(must not) | be tired<br>turn left here |

● **Need** s'utilise au présent

| | Affirmation | Négation | + nom ou verbe | Interrogation |
|---|---|---|---|---|
| I | need | don't need | | *Do you need to go now?*<br>*Does he need to study?* |
| you | need | don't need | | |
| he, she, it | needs | doesn't need | a coat | |
| we | need | don't need | to concentrate | |
| you | need | don't need | | |
| they | need | don't need | | |

*Must* est un **auxiliaire modal**, il reste donc invariable à toutes les personnes. Quand *need* est suivi d'un autre verbe, il ne faut pas oublier *to* avant le verbe.

## MÉTHODE

● **Exprimer une obligation : must**

*You must stay in bed! (= Stay in bed!)*
→ C'est une obligation. Tu **dois** rester au lit.

● **Exprimer une interdiction : mustn't**

*You mustn't smoke here, it's forbidden. (= Don't smoke here!)*

● **Exprimer une forte probabilité : must**

*David isn't here today, he must be ill.* → Il y a de fortes chances pour que David soit malade.
*Must* sert aussi à exprimer autre chose que l'obligation ou l'interdiction. Il peut servir comme ici à exprimer une très forte probabilité.

● **Exprimer une nécessité ou une absence de nécessité : need to/don't need to**

*You don't need to take a coat ! It's hot. / He needs to take sunglasses because it is very sunny.*

**WORD BANK**

| Nouns | Verbs |
|---|---|
| chips | fight |
| sunglasses | eat |
| water | **Adj.** |
| coat | fat |
| umbrella | crazy |
| | quiet |

# EXOS

**1** Mr. Piggy est trop gros ! Écris ce qu'il doit manger et ce qu'il ne doit pas manger.

*hamburgers – chips – salad – cakes – ice-cream – fruit*

1. He mustn't eat hamburgers.
2. ............................................................
3. ............................................................
4. ............................................................
5. ............................................................
6. ............................................................

**2** Trouve la fin de la phrase qui correspond à chaque image en choisissant dans la liste suivante.

*like chips – be crazy – be tired – be dangerous*

1. He must be tired.   2. It must ........................
............................................................

3. He must ........................   4. She must ........................
............................................................

**3** Aide Tony à faire la liste des affaires qu'il emporte pour ses vacances au soleil. Complète chaque colonne.

1. Tony needs to take       2. Tony doesn't need to take

............................    ............................
............................    ............................
............................    ............................

**4** Complète chaque phrase en remettant dans l'ordre les mots proposés.

1. must / uniforms / pupils / wear
In some schools in England, ............................
............................................................

2. need / girls / a tie / wear / to
In some schools in England, ............................
............................................................

3. need / teenagers / don't / to be 18 years old
In the USA, ............................................
............................................................
.................................... to drive a car.

**5** Relie les phrases qui ont le même sens.

A. You don't need to cry.          • 1. Don't fight.

B. You mustn't fight. •             • 2. Wear a uniform.

C. You don't need to stay in bed. • • 3. Crying is not necessary.

D. You must wear a uniform. •      • 4. Don't run in the corridors.

E. You mustn't run in the corridors. • • 5. Staying in bed isn't necessary.

**6** Écris le règlement de ce collège en t'aidant de l'exemple :

*Don't chew gum!* → *You mustn't chew gum.*
At Stephen Hawkins Junior High School :
1. Don't be late! → ............................
2. Don't use your cell phone! → ............................
............................................................
3. Don't chat in class! → ............................
4. Don't run in the halls! → ............................
............................................................

# 13 Parler d'une quantité imprécise

**OBJECTIF** • Utiliser *some*, *any* et leurs composés

## COURS

● *Some, any, no*

| Affirmation | Négation | Interrogation |
|---|---|---|
| some | not… any<br>no | any<br>some |

● **Les composés**

Ils suivent le même schéma d'emploi.
- Pour une personne, on emploie **somebody** ou **someone**.
- Pour une chose, on emploie **something**.
- Pour un lieu, on utilise **somewhere**.
- Il y a deux possibilités à la forme négative pour une personne : **nobody** ou **no one**.

## MÉTHODE

● **Parler d'une quantité imprécise : *some* et *any***

• *There's some milk in the bottle.* (affirmation)
On sait qu'il y a du lait dans la bouteille, mais on ne connait pas la quantité exacte.
*Would you like some milk?* (interrogation)
On propose du lait à quelqu'un, sans préciser de quantité → on utilise *some* dans les deux cas.
• *Is there any butter in the fridge?* (interrogation)
On pose une question concernant **une quantité restante** → on utilise *any*.

● **Les composés de *some* et *any***

• *I left my keys somewhere in this room.*
*I can see him nowhere. There's nothing in that fridge!*
Pour établir un fait dans **les phrases affirmatives**, on utilise les composés avec *some* : *somebody, something, somewhere*. On peut aussi utiliser *nowhere, nobody, no one, nothing…, no* tenant lieu de négation.
• *Did you see anyone you knew?*
*Anything, anybody, anywhere* sont des composés que l'on utilise pour demander un renseignement. Tu remarques qu'**on ne trouve jamais *any* dans les affirmations** !

**WORD BANK**

**Nouns**
axe
flag
pillar-box
spider
tin
**Adj.**
unpleasant

# EXOS

**1.** Pour gagner la chasse au trésor en découvrant le mot du filet, tu dois associer chaque lettre à son numéro. Aide-toi des dessins et de la banque de mots.

1. Something unpleasant.
2. Something lucky.
3. Something for the rain.
4. Somebody ill.
5. Somebody sad.

**2.** Observe les dessins et complète les phrases avec *something*, *somebody* ou *somewhere*.

1. I want ............................ to drink!

2. The spider must be ............................ !

3. Would you like ............................ to eat, dear?

4. There's ............................ left in the fridge.

**3.** Aide-toi de la banque de mots pour répondre aux définitions. Remplis chaque case.

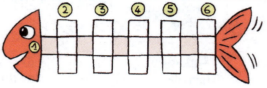

Définitions :
1. Something to put letters in.
2. English for « *boîte de conserve* ».
3. Opposite of young.
4. English for « *bras* ».
5. Initials of a British TV channel.
6. English for « *hache* ».

**4.** Transforme les phrases affirmatives en phrases négatives en suivant le modèle.

1. I **can** see **nobody** in this room.
I **can't** see **anybody** in this room.

2. I'm going nowhere.
..................................................................

3. I want nothing.
..................................................................

4. I spoke to nobody.
..................................................................

5. I must say nothing.
..................................................................

**5.** Trouve les réponses de chaque définition dans la liste : *Folkestone – Glasgow – Shakespeare – the British flag – a pillar-box – King Henry VIII*.

1. Someone who wrote *Hamlet*.
2. Someone who had six wives.
3. Somewhere in Scotland.
4. Something red.
5. Something red, white and blue.
6. Somewhere in England.

# 14 Comparer et décrire

**OBJECTIF** • Utiliser le comparatif et le superlatif, repérer les adjectifs courts et longs

## COURS

### ● Comparatif de supériorité

| Adjectifs courts (une ou deux syllabes ; terminés en *-y*) | adjectif + *-er*<br>*higher (than)*<br>= plus grand (que) |
|---|---|

| Adjectifs longs (plus de deux syllabes) | *more* + adjectif + *than*<br>*more expensive (than)*<br>= plus cher (que) |
|---|---|

### ● Superlatif

| *the* adjectif + *-est*<br>*the highest*<br>le, la, les plus grand(es) |
|---|

| *the most* + adjectif<br>*the most expensive*<br>le, la, les plus cher(es) |
|---|

### ● Comparatif d'égalité

| Affirmation | Négation |
|---|---|
| *as* + adjectif + *as*<br>(long ou court)<br>*as big as...* | ou **not so**<br>**not as** + adjectif (long ou court) + *as*<br>*not so good as...* |

● Le comparatif de supériorité peut être épithète ou attribut.
*This is more expensive (than the other one)* : attribut.
*It is a more expensive car* : épithète.

● Il existe des comparatifs et des superlatifs irréguliers.
Il faut les apprendre par cœur.

> *good* → *better, the best* ; *bad* → *worse, the worst*.

● Après un superlatif, il faut employer *in* devant un nom de lieu.
*the smallest country in the world.*

● Modifications orthographiques des adjectifs devant *-er* et *-est* :
**y** → **i**. *happy* → *happier* ; **e** → disparaît. *late* → *later*.

## MÉTHODE

### ● Comparer des propriétés physiques ou mentales
*She is more intelligent than her sister. She is cuter than me.*

### ● Exprimer des équivalences
*My granny's hair is as white as snow*

### ● Décrire des records, porter un jugement
● Record : *The largest animal in the world is the blue whale.*
● Jugement : *That girl is the worst!*

**WORD BANK**

| Nouns | snake |
|---|---|
| coal | **Adj.** |
| dish | expensive |
| feather | heavy |
| ice | light |
| map | |

# EXOS

**1** Trouve la lettre qui finit le premier mot et commence le suivant. Aide-toi de la banque de mots pour cela.

**2** Complète le tableau suivant.

| Adjectif | Comparatif | Superlatif |
|---|---|---|
| 1. clean | cleaner than | the cleanest |
| 2. .......... | bigger than | .......... |
| 3. .......... | .......... | the most difficult |
| 4. .......... | .......... | the best |
| 5. fast | .......... | .......... |
| 6. .......... | worse than | .......... |
| 7. .......... | .......... | the most interesting |
| 8. high | .......... | .......... |
| 9. terrible | .......... | .......... |
| 10. .......... | quicker than | .......... |
| 11. .......... | .......... | the coldest |
| 12. .......... | smaller than | .......... |

**3** Regarde les images et choisis le nom et l'adjectif qui conviennent à chacune.

A.   B.

C.   D.

E.   F.

**Adjectifs :** white – black – light – cold – blue – brave.
**Noms :** snow – ice – the sky – a lion – coal – a feather.

A. As white as snow
B. ..........
C. ..........
D. ..........
E. ..........
F. ..........

**4** Complète les phrases selon le modèle proposé. Aide-toi du vocabulaire des exercices 1 et 2.

Ex.: R. Wadlow. 272 cm → the tallest man in the world.

1. An indian woman: Jyoti Kisanji Amge. 63 cm.
→ .......... in the world.

2. Jon Brower Minnoch. 635 kg
→ .......... in the world.

3. An american women: Susannah Mushatt Jones. 115 years old.
→ .......... in the world.

4. The python. 6 metres long
→ .......... in the world.

5. An original pair of Levi Strauss 501 jeans sold for $ 60,000.
→ .......... in the world.

**5** Remets les mots en ordre pour en faire des phrases correctes.

1. so | Washington | isn't | as | New York | populated |.

2. world | Amazon | the | the | is | river | longest | in | the |.

3. his | Peter | as | cousin | is | John | tall | as |.

4. map | would | a | like | she | better |.

# 15 Demander et donner des informations à l'aide des *question-tags*

**OBJECTIF** • Utiliser les *question-tags*

## COURS

### • Les *question-tags*

• Structure du *tag* :   auxiliaire *(+ not)* + pronom personnel sujet

Si la phrase est négative, alors le *tag* sera positif : *You don't like pizza, do you?*
Si la phrase est affirmative, alors le *tag* sera négatif : *You like pizza, don't you?*

• Quand les *tags* sont négatifs, ils sont toujours à la forme contractée :
*You can swim, can't you?*

• S'il n'y a pas d'auxiliaire dans la phrase affirmative, alors on choisira *do* par défaut dans le *tag*. Attention, si la phrase est au passé, *do* devient *did*.
*They play tennis, don't they?*     *You went to Madrid, didn't you?*

• On peut utiliser les *tags* à tous les temps en anglais.
*She won't come, will she?*     *He isn't very nice, is he?*

### • La reprise de phrases avec auxiliaire (contraste)

1. Phrase positive ⟶ Réponse négative : sujet + auxiliaire + *not*.
2. Phrase négative ⟶ Réponse positive : sujet + auxiliaire.

1. *He can read French. I can't.*     *I visited India last year. I didn't.*
2. *I don't want to go. I do.*     *She wasn't pleased to see us. He was.*

• Les reprises avec auxiliaire sont généralement à la forme contractée.

• Pour les reprises de l'auxiliaire dans les réponses courtes *(yes, no)*, voir Cours chap. 1.

## MÉTHODE

### • Demander confirmation de ce qui vient d'être dit

*You're not coming tomorrow, are you?* Tu ne viens pas demain, **n'est-ce pas** ?
Les *question-tags* te permettent de **vérifier** que ce que tu affirmes est vrai.

### • Exprimer un désaccord ou exprimer un contraste

*She can play the piano. I can't.* Elle sait jouer du piano. **Pas moi.**

**WORD BANK**

| Nouns | Adj. |
|---|---|
| cook | expensive |
| night | fast |
| plane | imaginary |
| sky | **Adv.** |
| **Verb** | badly |
| work | fast |
| | really |

# EXOS

**1** * Tu dois faire deviner aux autres l'objet qui est représenté sur le dessin. Que réponds-tu à leurs questions ? Utilise les réponses courtes avec *yes* ou *no*.

1. Is it big? ...............................................
2. Can it be in the sky? ...............................
3. Does it go fast? .....................................
4. Did it exist in 1800? ..............................

**2** ** Mr. Mac Sad and Mr. Mac Happy n'ont jamais la même opinion. Complète la deuxième colonne en reprenant chaque fois l'auxiliaire.

1. I don't like fish and chips.   – I do.
2. I can't play soccer.   – I ........................
3. My wife isn't a good cook.   – My wife ............
4. I was in Edinburgh last week.   – I ........................
5. I disliked the film on TV last night.   – I ........................

**3** *** Coche la bonne réponse.

1. Martha won't go to Paris, ..........................?
   ❏ a. won't she
   ❏ b. will she
   ❏ c. did she

2. This cake isn't very good, ..........................?
   ❏ a. is it
   ❏ b. isn't it
   ❏ c. does it

3. You love me, ..........................?
   ❏ a. do you
   ❏ b. didn't you
   ❏ c. don't you

4. It's very good, ..........................?
   ❏ a. isn't it
   ❏ b. is it
   ❏ c. wasn't it.

5. You didn't watch TV, ..........................?
   ❏ a. do you
   ❏ b. didn't you
   ❏ c. did you.

6. They saw it, ..........................?
   ❏ a. didn't they
   ❏ b. do they
   ❏ c. did they.

**4** *** Complète d'abord les questions suivantes. Prends la première lettre de chaque question, et le nom d'un personnage de roman apparaîtra.

| Questions | Réponses | Personnage |
|---|---|---|
| 1. .......... you really exist? | – No, I don't | .......... R |
| 2. .......... you an imaginary person? | – Yes, I am. | .......... |
| 3. .......... you work at night? | – Yes, I can. | .......... U L |
| 4. .......... you a vampire? | – Yes, I am. | .......... |

**5** *** Dans chacune des propositions suivantes, remets les mots dans l'ordre pour faire une phrase correcte. Attention, pour les phrases 3 et 4, il y a 2 solutions !

1. don't / like / ? / tennis / , / you / you
2. tennis / she / she / shoes / ? / bought / didn't
3. will / , / come / they / ? / they / won't
4. ? / aren't / leaving / we / at / we / are / 8
5. you / her / , / ? / didn't / to / wrote / you

# 16 Exprimer l'admiration, l'étonnement ou la désapprobation

**OBJECTIF** • Utiliser la forme exclamative

## COURS

| *What* + groupe nominal | | *How* + adjectif ou adverbe |
|---|---|---|
| • **Singulier** | What courage! <br> What a big nose you've got! | How interesting! <br> How nice it is! <br> How happy he looks! <br> How fast he runs! |
| • **Pluriel** | What beautiful roses! | |
| *Such* + groupe nominal | | *So* + adjectif ou adverbe |
| • **Nom dénombrable** | It's such a beautiful day! | She's so lovely! <br> You work so hard! |
| • **Nom indénombrable** | We had such good food! | |

**Attention !** Au singulier, *what* et *such* ne sont pas suivis de l'article *a / an* lorsque le nom est indénombrable.
Ils sont suivis de l'article *a / an* lorsque le nom est dénombrable (voir le chapitre 2).

What a lazy boy!                                What nice cheese!

## MÉTHODE

● **Exprimer un sentiment**

• **L'admiration**
*How clever you are! What a tall man you are! You are so beautiful! You are such a nice man!*
• **L'étonnement**
*How strange! What a bizarre house! This house is so bizarre! This is such a weird house!*
• **La désapprobation**
*How horrible this hat is! What a terrible hat! That hat is so unclassy! It's such a horrible hat!*

● **On ajoute de l'intensité** aux sentiments exprimés grâce à la **forme exclamative** et à *What (a) / Such (a) / so / How*. Tu peux comparer les différents exemples afin de mieux comprendre le fonctionnement des expressions.

**WORD BANK**

| Nouns | tooth/teeth |
|---|---|
| ear | trip |
| eye | underground |
| food | **Adj.** |
| guard | deep |
| horseguard | high |
| nose | mysterious |

# EXOS

**1** ★ Dans chaque phrase, utilise l'adjectif pour faire une exclamation, comme dans le modèle proposé.

1.

2.

3.

4.

5.

6.

(nice)    1. How nice it is!
(interesting)    2. ............................................. !
(deep)    3. ............................................. !
(typical)    4. ............................................. !
(high)    5. ............................................. !
(good)    6. ............................................. !

**2** ★★ Retrouve le texte de chaque télégramme dont les mots ont été mélangés.

1. happy / am / so / I / !

2. animal / a / what / horrible !

3. is / how / mysterious / it / !

4. you / beautiful / are / how / !

5. good / such / food / !

**3** ★★★ Retrouve ce que le Petit Chaperon Rouge a dit au loup en commençant chaque phrase par *what* et en t'aidant des dessins et de la banque de mots.

1. What big eyes you've got!
2. ............................................. you've got!
3. ............................................. you've got!
4. ............................................. you've got!

**4** ★★★ Transforme les phrases suivantes suivant l'exemple. Parfois le début de la phrase t'est donné.
You are such a darling → What a darling you are.
1. This is such a captivating TV show! What a
.........................................................................
2. Mrs Mason is such a good detective. Wh...
.........................................................................
3. This is such good music! .........................

Livret de corrigés *p. 22*

# 17 Exprimer la conséquence dans le présent, faire un bilan

**OBJECTIF** • Utiliser le *present perfect*

## COURS

● **Formation du *present perfect***

Auxiliaire *HAVE* + participe passé du verbe

| Affirmation | Négation | Interrogation |
|---|---|---|
| I have finished (I've) | I have not finished (I haven't) | Has he finished? |
| Attention → He has not finished (He's) | He has finished (He hasn't) | Have you finished? |

● Le participe passé des verbes réguliers se forme en ajoutant **-ed** à la base verbale, comme le prétérit.
*play*
prétérit : *play*ed
participe passé : *play*ed

● Le participe passé des verbes irréguliers doit être appris par cœur : *I've run 10 miles.*

## MÉTHODE

● **Exprimer le résultat dans le présent d'une action passée**

*I've lost my glasses, so I can't see now!* J'ai perdu mes lunettes, résultat : je ne vois plus rien ! On utilise le *present perfect* quand on souhaite mettre l'accent sur **les conséquences dans le présent** d'actions passées.

● **Faire un bilan**

● *I've travelled all around the world, I've met amazing people.*
Pour **faire un bilan** dans le présent d'expériences passées (comme d'un voyage dans cet exemple), on utilise le *present perfect*.
● *I saw Queen Elizabeth II yesterday.* Mais *I have seen so many celebrities in my life.*

**Attention** On n'emploie pas le *present perfect* quand l'événement passé est daté et révolu (voir chapitres 3 et 4, p. 172 et 174).

| WORD BANK | |
|---|---|
| **Verbs** | **Expressions** |
| break | here it is |
| find | here you are |
| leave | |
| lose | **Adv.** |
| meet | yet |
| see | |

● **Dire ce qui vient de se passer**

*I've just met him.*
Avec certains adverbes comme *just*, on doit utiliser le *present perfect*.

# EXOS

**1** * Range les participes passés avec les infinitifs correspondants.

| Infinitif | Participe passé |
|---|---|
| .................. | .................. |
| .................. | .................. |
| .................. | .................. |
| .................. | .................. |
| .................. | .................. |
| .................. | .................. |
| .................. | .................. |

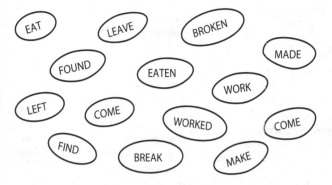

**2** ** Retrouve la phrase qui correspond à chaque image.

1.

2.

3.

4.

5.

A. She's just seen a spider.
B. He's found his pen.
C. She's broken a plate.
D. He's lost a tooth.
E. The train hasn't left yet.

**3** *** Ces aventuriers envoient un email à un ami. Complète-le en conjugant les verbes suivants.
*see – eat – lose – visit*

From allanandjen@awesomemail.com
To mikethebest@awesomemail.com
Subject Hi from Sydney!

Hello Mike,
Our trip in Australia is incredible. What an amazing experience, we .................. spiders and snakes, we .................. such amazing food! Did you know the capital of Australia was Canberra? We .................. this city yesterday. Unfortunately, we .................. our camera... so you won't see any photographs.
Love!
Allan and Jen

**4** *** Relie la question de la première colonne à sa réponse dans la deuxième colonne.

A. Why is she so happy?
B. Do you like his new film?
C. Why is she so angry?
D. When did you read that book?
E. Where is Ken?

1. Her son has broken her glasses.
2. I read it last week.
3. He's gone to the library.
4. She has just won £ 10,000.
5. I haven't seen it yet.

*Livret de corrigés p. 22*

# Lexique

## A
**aiport:** aéroport
**aunt:** tante
**axe:** hache

## B
**badly:** mal (adverbe)
**bathroom:** salle de bains
**beach:** plage
**bedroom:** chambre
**beef:** bœuf (viande)
**begin:** commencer
**beginning:** commencement
**boot:** botte
**bread:** pain
**break:** casser
**brother:** frère
**butter:** beurre

## C
**call:** appeler
**camera:** appareil photo
**cap:** casquette
**car:** voiture
**cardigan:** gilet
**carrot:** carotte
**carry:** transporter
**case:** valise
**cell phone (US):** téléphone portable
**character:** personnage
**cheese:** fromage
**chips:** frites
**climbing:** escalade
**coal:** charbon
**coat:** manteau
**cook:** cuisinière
**cooking:** la cuisine
**corridor (GB):** couloir
**crazy:** fou
**cream:** crème
**customs:** douane
**customs-officer:** douanier
**cycling:** cyclisme

## D
**daughter:** fille
**deep:** profond
**dish:** plat (nom)
**drawing:** dessin
**drive:** conduire

## E
**ear:** oreille
**early:** tôt
**eat:** manger
**elect:** élire
**end:** fin
**enjoy:** aimer, apprécier
**expensive:** cher
**eye:** œil

## F
**fast:** rapide
**fat:** gros
**feather:** plume
**fight:** combattre
**find:** trouver
**fishing:** pêche
**flag:** drapeau
**flat:** appartement
**fly:** voler
**be fond of:** bien aimer
**food:** nourriture
**fork:** fourchette
**furniture:** meubles
**fruit juice:** jus de fruit

## G
**garden:** jardin
**get up:** se lever
**glasses:** lunettes
**granddaughter:** petite-fille
**grandfather:** grand-père
**grandmother:** grand-mère
**grandson:** petit-fils
**grey:** gris
**guard:** garde

## H
**hair:** cheveux
**hall (US):** couloir
**happy:** heureux
**heavy:** lourd
**here it is:** le voici
**here you are:** vous voilà
**high:** haut
**hoover:** passer l'aspirateur
**horse:** cheval
**horseshoe:** fer à cheval
**hurry:** se dépêcher

## I
**icecream:** glace
**ice skating:** patin à glace
**imaginary:** imaginaire

## J
**jam:** confiture

## K
**key:** clé
**kind:** gentil
**kitchen:** cuisine (pièce)
**knife:** couteau

## L
**land:** atterrir
**late (be late):** retard (être en retard)
**laugh:** rire
**library:** bibliothèque
**lift:** ascenseur
**light:** léger
**listen:** écouter
**leave:** laisser, partir
**lose:** perdre
**luggage:** bagages

## M
**map:** carte
**meal:** repas
**meet:** rencontrer
**milk:** lait
**mobile phone (GB):** téléphone portable
**mouth:** bouche
**mutton:** mouton (viande)
**mysterious:** mystérieux

## N
**newspaper:** journal
**night:** nuit
**nose:** nez

## O
**overtake:** dépasser

## P
**pack:** emballer
**painting:** peinture
**parrot:** perroquet
**passenger:** passager
**pea:** petit pois
**pie:** pâté, tourte
**pillar-box:** boîte aux lettres
**plane:** avion
**poor:** pauvre
**pork:** porc (viande)
**postcard:** carte postale
**postman:** facteur
**potato:** pomme de terre

## Q
**queue:** faire la queue
**quiet:** calme

## R
**race:** course
**read:** lire
**reading:** lecture
**really:** vraiment
**reject:** rejeter
**right:** vrai / la droite
**roof:** toit
**run:** courir

## S
**sad:** triste
**salt:** sel
**say:** dire
**scared:** effrayé(e)
**scarf:** écharpe
**several:** plusieurs
**shine:** briller
**shoe:** chaussure
**sick:** malade
**skiing:** ski
**sky:** ciel
**smile:** sourire
**snake:** serpent
**sock:** chaussette
**son:** fils
**soon:** bientôt
**spend:** dépenser, passer du temps
**spider:** araignée
**spoon:** cuiller
**stamp:** timbre
**stamp-collecting:** collection de timbres
**stand:** être debout
**state:** état
**stay:** rester
**sunglasses:** lunettes de soleil
**sugar:** sucre
**swimming:** natation

## T
**tan:** bronzer
**these (pluriel):** ces
**tin:** boîte de conserve
**travel:** voyager
**trip:** voyage
**trousers:** pantalon

## U
**underground:** métro
**umbrella:** parapluie
**unpleasant:** désagréable

## V
**veal:** veau (viande)

## W
**wait:** attendre
**water:** eau
**win:** gagner
**work:** travailler
**wrong:** faux

## Y
**yet:** encore

## Verbes irréguliers

| Infinitif | Prétérit | Part. passé | Traduction |
|---|---|---|---|
| **be** | was | been | être |
| **become** | became | become | devenir |
| **begin** | began | begun | commencer |
| **bite** | bit | bitten | mordre |
| **blow** | blew | blown | souffler |
| **break** | broke | broken | casser |
| **bring** | brought | brought | apporter |
| **build** | built | built | construire |
| **burn** | burnt | burnt | brûler |
| **buy** | bought | bought | acheter |
| **catch** | caught | caught | attraper |
| **choose** | chose | chosen | choisir |
| **come** | came | come | venir |
| **cost** | cost | cost | coûter |
| **cut** | cut | cut | couper |
| **do** | did | done | faire |
| **draw** | drew | drawn | dessiner |
| **drink** | drank | drunk | boire |
| **drive** | drove | driven | conduire |
| **eat** | ate | eaten | manger |
| **fall** | fell | fallen | tomber |
| **feed** | fed | fed | nourrir |
| **feel** | felt | felt | sentir |
| **fight** | fought | fought | combattre |
| **find** | found | found | trouver |
| **fly** | flew | flown | voler |
| **forget** | forgot | forgotten | oublier |
| **forgive** | forgave | forgiven | pardonner |
| **freeze** | froze | frozen | geler |
| **get** | got | got | obtenir, avoir |
| **give** | gave | given | donner |
| **go** | went | gone | aller |
| **grow** | grew | grown | pousser |
| **have** | had | had | avoir |
| **hear** | heard | heard | entendre |
| **hide** | hid | hidden | cacher |
| **hit** | hit | hit | frapper |
| **hurt** | hurt | hurt | blesser |
| **keep** | kept | kept | garder |
| **knit** | knit | knit | tricoter |
| **know** | knew | known | savoir |
| **learn** | learnt | learnt | apprendre |
| **leave** | left | left | quitter, partir, laisser |
| **lend** | lent | lent | prêter |
| **let** | let | let | laisser, permettre |
| **lose** | lost | lost | perdre |
| **make** | made | made | faire, fabriquer |
| **mean** | meant | meant | signifier |
| **meet** | met | met | rencontrer |
| **mow** | mowed | mown | tondre |
| **overtake** | overtook | overtaken | dépasser |
| **pay** | paid | paid | payer |
| **put** | put | put | mettre |
| **read** | read | read | lire |
| **ride** | rode | ridden | faire du cheval faire du vélo |
| **ring** | rang | rung | sonner |
| **run** | ran | run | courir |
| **say** | said | said | dire |
| **see** | saw | seen | voir |
| **seek** | sought | sought | chercher |
| **sell** | sold | sold | vendre |
| **send** | sent | sent | envoyer |
| **shake** | shook | shaken | remuer |
| **shine** | shone | shone | briller |
| **shut** | shut | shut | fermer |
| **sing** | sang | sung | chanter |
| **sink** | sank | sunk | sombrer, couler |
| **sit** | sat | sat | s'asseoir, être assis |
| **sleep** | slept | slept | dormir |
| **smell** | smelt | smelt | sentir (odeurs) |
| **speak** | spoke | spoken | parler |
| **spend** | spent | spent | dépenser (de l'argent) passer (du temps) |
| **stand** | stood | stood | être debout |
| **steal** | stole | stolen | voler |
| **sweep** | swept | swept | balayer |
| **swim** | swam | swum | nager |
| **take** | took | taken | prendre |
| **tell** | told | told | dire, raconter |
| **think** | thought | thought | penser |
| **throw** | threw | thrown | jeter, lancer |
| **understand** | understood | understood | comprendre |
| **win** | won | won | gagner |
| **write** | wrote | written | écrire |

# Sciences de la vie et de la Terre

1. La surface terrestre : tectonique des plaques, aléas et risques .......... 206
2. Météorologie, climat et répartition des êtres vivants .......... 208
3. Exploitation des ressources naturelles par l'être humain .......... 210
4. L'impact des activités humaines sur les écosystèmes .......... 212
5. Les besoins des cellules .......... 214
6. Reproduction sexuée et asexuée .......... 216
7. Les relations de parenté entre les êtres vivants et l'évolution .......... 218
8. Biodiversité et évolution des espèces .......... 220
9. Rythme cardiaque, rythme respiratoire et effort physique .......... 222
10. Capacités et limites de l'organisme .......... 224
11. Le message nerveux .......... 226
12. L'hygiène de vie .......... 228
13. L'approvisionnement du sang en nutriments .......... 230
14. Nutriments, dioxygène et énergie .......... 232
15. Les besoins énergétiques de l'organisme .......... 234
16. Le monde bactérien .......... 236
17. Reproduction et sexualité .......... 238

+ une évaluation page 278

SVT

# 1. La surface terrestre : tectonique des plaques, aléas et risques

**OBJECTIF** • Comprendre la structure de la Terre

## COURS

### ● La forme et la rotation de la Terre

La Terre a la forme d'une sphère légèrement aplatie aux pôles. Elle tourne sur elle-même en un petit peu moins de 24 heures et autour du Soleil en un petit peu plus que 365 jours.

### ● La structure du globe et la tectonique des plaques

● Environ 30 % de la surface du globe sont constitués par les continents. Les 70 % restants sont occupés par les océans. L'enveloppe superficielle de la Terre est découpée en **plaques** rigides d'une centaine de kilomètres d'épaisseur.

● Les plaques naissent au niveau des **dorsales océaniques** et se déplacent verticalement et horizontalement. Elles peuvent être continentales, océanique ou les deux. La **tectonique des plaques** étudie leurs mouvements et leurs déformations.

### ● Les frontières des plaques sont souvent sismiques et volcaniques

À ses frontières, une plaque peut s'enfoncer sous une autre : c'est la **subduction**. Ce processus provoque des séismes et du volcanisme.

## MÉTHODE

### ● Comprendre des notions scientifiques à partir d'un texte

**Aléa et risque naturel**

Un risque naturel est le danger qu'un aléa naturel peut représenter pour une population. Un aléa naturel est la possibilité pour une région de subir un phénomène naturel. Ces aléas sont plus ou moins intenses et brutaux, allant de la neige aux cyclones, des séismes aux tsunamis.
Le risque naturel dépend de l'intensité de l'aléa et de la vulnérabilité de la zone concernée. Par exemple, plus la zone est peuplée et urbanisée, plus ses normes de sécurité sont faibles, plus elle est vulnérable. Un aléa sismique constitue par exemple un risque majeur dans une zone très peuplée et urbanisée, mais un risque faible en plein désert.

Pour analyser ce texte, tu dois :

● **Identifier et souligner les mots-clés :** risque, aléa, vulnérabilité.

● **Comprendre la différence entre ces termes,** en reformulant leur définition avec tes mots.
La notion de risque est directement liée à celle de vulnérabilité, donc à l'impact humain d'un aléa.
Le risque devient fort si la vulnérabilité est grande, par exemple en raison d'une forte urbanisation, et si la possibilité que survienne un aléa naturel destructeur (séisme, tsunami) est très grande.

# EXOS

### 1. Vrai ou faux ? Coche les bonnes réponses.

1. Le Soleil tourne autour de la Terre.  vrai ❏  faux ❏
2. La succession des jours et des nuits est due à la rotation de la Terre sur elle-même.  vrai ❏  faux ❏
3. L'été, la Terre est plus proche du Soleil.  vrai ❏  faux ❏
4. Le volcanisme est toujours localisé aux frontières des plaques.  vrai ❏  faux ❏
5. Dans un désert, l'aléa sismique est toujours très faible.  vrai ❏  faux ❏

### 2. Observe l'image satellitaire et attribue à chaque élément de la légende le numéro correspondant.

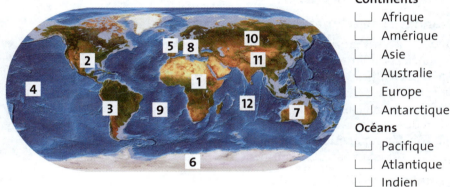

**Continents**
- ❏ Afrique
- ❏ Amérique
- ❏ Asie
- ❏ Australie
- ❏ Europe
- ❏ Antarctique

**Océans**
- ❏ Pacifique
- ❏ Atlantique
- ❏ Indien

**Chaînes de montagne**
- ❏ Cordillère des Andes
- ❏ Alpes
- ❏ Himalaya

### 3. Compare ces deux cartes à la carte précédente puis réponds à la question.

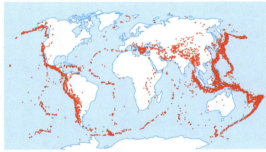

Carte de la sismicité mondiale
Note : les points rouges indiquent la localisation de tremblements de terre.

Carte des plaques tectoniques

1. Sur la carte de la sismicité mondiale, où sont localisées les densités les plus importantes de points ?
..................................................................................................................................
2. Compare la carte des plaques tectoniques aux cartes précédentes. Qu'observes-tu ?
..................................................................................................................................
3. Explique comment le modèle de plaques tectoniques a été construit.
..................................................................................................................................
..................................................................................................................................
..................................................................................................................................

# 2 Météorologie, climat et répartition des êtres vivants

**OBJECTIF** • Mettre en relation climat et répartition des êtres vivants

## COURS

### ● Les mouvements des vents et des eaux

● L'air exerce une force au contact de toute surface terrestre : c'est la **pression atmosphérique**. Le vent est un mouvement de l'air dû à la différence de pression entre deux régions. Les vents, la température et la salinité des eaux de mer sont à l'origine des **courants marins**.

● La **circulation atmosphérique** et les **océans** permettent de transporter la chaleur solaire de l'équateur, qui en reçoit beaucoup, vers les pôles, qui en reçoivent moins. Ce phénomène est à l'origine des **climats**.

### ● Les trois grandes zones climatiques et la répartition des êtres vivants

● La **zone chaude** : au niveau de l'équateur, l'air chaud et humide monte. Cela provoque des pluies abondantes et régulières favorisant une végétation luxuriante.
● La **zone tempérée** : en altitude, l'air se refroidit et redescend sur les zones tropicales. Les masses d'air froid et sec engendrent ainsi la formation des grands déserts (Sahara).
● La **zone froide** : dans les **régions polaires**, à faible ensoleillement et basses températures, l'air plus dense redescend vers le sol.
● Dans chaque zone, la répartition de la végétation naturelle permet de distinguer différents climats : tropicaux, arides, continentaux.

### ● Les changements climatiques

L'activité humaine peut avoir un impact sur le climat. L'utilisation des combustibles fossiles (charbon, pétrole), le déboisement et l'agriculture intensive ont ainsi entraîné une augmentation du $CO_2$ dans l'atmosphère et de la température terrestre.

### ● Formuler une définition

**Quelle est la différence importante entre climat et météorologie ?**

« La météo c'est le temps qu'il fait de jour en jour, au cours de la saison. Le climat c'est l'évolution des situations météorologiques moyennes d'année en année. »

● **Rechercher des définitions des termes (ici, climat et météorologie)** dans un dictionnaire ou sur des sources fiables d'Internet et en sélectionner les éléments essentiels.

● **Reformuler la définition pour être sûr de l'avoir bien comprise :**
La météorologie s'intéresse à des phénomènes atmosphériques pour prévoir le temps. Le climat est défini par un état moyen de l'atmosphère sur une longue période.

# EXOS

**1** Entoure sur la carte les trois zones climatiques du monde. Aide-toi du Cours p. 208.

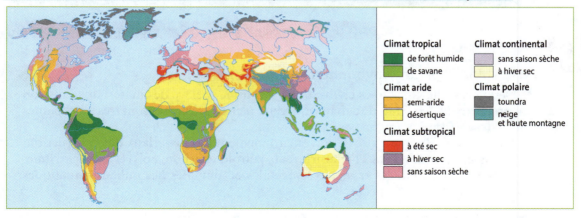

**2** Lis le texte suivant puis réponds aux questions.

« Les inondations sont à l'origine de plus de la moitié des dégâts et pertes aux cultures, lesquelles sont également très vulnérables aux tempêtes et à la sécheresse. Quelque 85 % des dégâts occasionnés à l'élevage sont dus à la sécheresse, alors que les pêches pâtissent surtout des tsunamis et tempêtes, telles que cyclones et ouragans. L'essentiel de l'impact économique sur les forêts est le fait des tempêtes et des inondations. »

Rapport des Nations unies (FAO), 2015.

1. Quels sont les types d'aléas climatiques cités ?
...............................................................................................................

2. Quelles sont les activités exposées à ces aléas climatiques ?
...............................................................................................................

3. Comment peux-tu définir le risque climatique ?
...............................................................................................................
...............................................................................................................

**3** Observe ces quatre photographies puis réponds aux questions suivantes.

❶ Caribous, montagnes de Russie, ❷ Cerf, parc de Yellowstone, USA, ❸ Dromadaires, Égypte, ❹ Forêt tropicale, Costa Rica.

1. Recherche dans un dictionnaire et sur un planisphère la localisation géographique des 4 régions du monde où les photographies ont été prises.

2. Quelle relation peux-tu faire entre ces animaux ou plantes et leur milieu de vie ?
...............................................................................................................
...............................................................................................................

# 3 Exploitation des ressources naturelles par l'être humain

**OBJECTIF** • Comprendre la gestion raisonnée des ressources naturelles

## COURS

### ● L'exploitation de l'environnement

● Depuis les plus anciennes civilisations, l'homme prélève des matériaux dans son environnement. Minerais de cuivre, or, argent, pierres précieuses sont très tôt exploités pour des raisons commerciales.

● Aujourd'hui, l'homme tire de son environnement des matériaux de construction, des substances nécessaires à l'**industrie** (eau, pétrole, charbon, bois) et à sa **nourriture**. Il utilise par exemple les ressources végétales et animales des milieux aquatiques grâce à l'élevage et à la pêche.

### ● La gestion des ressources naturelles

● Tous les matériaux du sous-sol ont mis plusieurs dizaines, voire centaines de millions d'années pour se former. L'homme doit **gérer leur exploitation** en gardant à l'esprit que leur stock n'est pas inépuisable et qu'ils ne sont pas renouvelables à l'échelle de temps humaine.

● Les pêches intensives pratiquées de manière industrielle provoquent une baisse importante des stocks de poissons. L'homme doit réduire la quantité de poissons pêchés pour faciliter leur reproduction.

### ● Un exemple : la gestion de l'eau

● L'eau des **nappes souterraines** est la ressource principale en eau. Les hommes la prélèvent en partie. Les nappes sont alimentées par les pluies et les rivières : l'eau est une ressource renouvelable.

● Parfois, le renouvellement ne suffit pas à compenser le volume d'eau prélevé. La pollution des eaux par les activités humaines et le réchauffement climatique entraînent eux aussi une diminution des ressources en eau disponibles. L'adaptation des comportements humains peut permettre une meilleure gestion de cette ressource.

## MÉTHODE

### ● Réaliser et interpréter une expérimentation simple

● **Verser de l'eau sur du sable.** Le sable imbibe la roche puis la traverse.

● **Verser de l'eau sur une argile sèche.** La roche s'imprègne mais dès qu'elle est mouillée, l'eau ne pénètre plus.

● **Verser de l'eau sur un morceau de calcaire.** L'eau stagne en surface.

Ces manipulations permettent d'étudier deux propriétés des roches : la **porosité** et la **perméabilité**. Le calcaire est non poreux. Le sable est très poreux et perméable. L'argile est peu poreuse et imperméable.

# EXOS

**1.** Lis le texte suivant et réponds aux questions.

L'article 2 du Code minier dresse la liste des substances constituant des gîtes considérés comme mines. Parmi elles, on trouve la houille, les hydrocarbures, la bauxite, le fer, le cuivre, le plomb, le nickel, le mercure, l'or, l'argent, le platine, l'uranium, les phosphates. Le même article précise que des substances n'ayant pas encore d'utilisation dans l'économie peuvent être rajoutées à la liste.

1. Qu'est-ce qu'un gîte ?

.................................................................................
.................................................................................

2. Qu'est-ce que la bauxite ? D'où ce nom est-il originaire ?

.................................................................................
.................................................................................

3. Pour quelles utilisations ces substances sont-elles exploitées ?

.................................................................................
.................................................................................

4. Pour quelle raison majeure une substance est-elle classée dans la catégorie mines ?

.................................................................................
.................................................................................

**2.** Fais une recherche en CDI ou sur des sources fiables d'Internet pour répondre aux questions suivantes.

La France puise plus de sept milliards de m³ d'eau dans ses ressources souterraines, dont 50 % pour l'alimentation en eau de sa population, 20 % pour les besoins de l'irrigation et 26 % pour l'industrie. Le puisage est assuré par quelque 30 000 captages relativement anciens, qui devront être renouvelés.

Afin de garantir la qualité de l'eau la loi prévoit d'installer des périmètres de protection autour des captages d'eau potables.

1. Quels sont les plus grands risques qui menacent les captages d'eau potables ?

.................................................................................
.................................................................................

2. Quel est le but des périmètres de protection autour des zones de captage ?

.................................................................................
.................................................................................

**3.** Lis le texte suivant et complète le schéma d'une dorsale ci-dessous.

Des jets d'eau noire appelés « fumeurs noirs » ont été découverts, jaillissant de fractures sous-marines, proches de la dorsale du Pacifique.
L'eau de mer s'infiltre en profondeur et circule à travers la croûte océanique.
Elle se réchauffe au contact des basaltes chauds de la dorsale et dissout différents éléments : sulfures de fer, zinc, cuivre, etc. Lorsque la solution chaude remonte dans la croûte et jaillit dans l'eau de mer froide, les métaux précipitent sous forme de fines particules colorant l'eau en noir et tapissant le conduit.
Ainsi se forment, au niveau des dorsales, de très importants gisements métalliques sous-marins.

1. Sur le schéma, représente par des flèches le trajet de l'eau de mer dans la croûte océanique.

2. Indique la localisation de fumeurs noirs.

3. Indique par une flèche la localisation des futurs gisements métallifères.

4. Précise le mécanisme qui est à l'origine du dépôt.

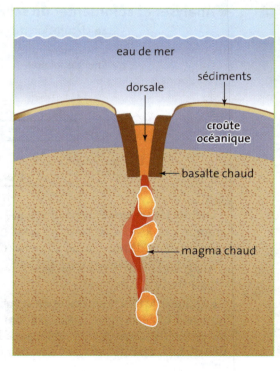

# 4 L'impact des activités humaines sur les écosystèmes

**OBJECTIF** • Comprendre l'influence de l'homme sur l'environnement

## COURS

### • Qu'est-ce qu'un écosystème ?

• Un écosystème est un système biologique formé par un ensemble d'organismes qui vivent ensemble dans un milieu de vie géographiquement délimité et dont les conditions climatiques sont homogènes.
• Les organismes qui le composent constituent une **biocénose**. Son milieu de vie est le **biotope**. La taille d'une biocénose peut être réduite, comme l'ensemble des organismes sur le tronc d'un arbre mort, ou très vaste, comme la forêt ou l'océan.
• Les organismes d'une biocénose entretiennent des relations alimentaires sous forme de **chaînes**, dans laquelle la matière circule d'un niveau à l'autre.

### • Activités humaines et écosystèmes

• La plupart des écosystèmes ont subi des transformations liées aux activités humaines. L'impact le plus fort de ces activités est lié aux besoins croissants de l'alimentation humaine. Par exemple, le nombre d'espèces marines surexploitées diminue et de nombreuses prairies et forêts ont été remplacées par des terres agricoles.
• L'épuisement des ressources, la destruction des habitats et la pollution des terres et des eaux ont un impact sur l'ensemble des écosystèmes concernés, à cause des liens entre les organismes qui les composent.

## MÉTHODE

### • Analyser et commenter un schéma fonctionnel

**La circulation de la matière dans un écosystème**

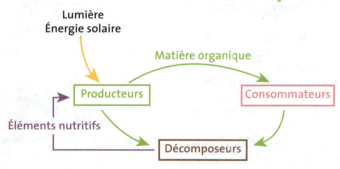

• **Définir les termes :** les producteurs sont les végétaux, les consommateurs sont les animaux et les décomposeurs sont des organismes vivant dans le sol. Ce sont les trois niveaux d'une chaîne alimentaire.

• **Analyser la fonction des flèches :** elles montrent comment la matière nutritive circule d'un niveau à l'autre.

• **Expliquer le fonctionnement du système :** c'est un système cyclique qui fonctionne en boucle. Les décomposeurs dégradent la matière vivante morte dans le sol, remettant les éléments nutritifs en circulation. Le schéma indique le rôle important joué par l'énergie solaire qui permet aux producteurs de fabriquer leur propre matière.

# EXOS

**1** ★ **Remets les noms des êtres vivants dans l'ordre pour rétablir une chaîne alimentaire.**

1. lapin – renard – herbe

……………… → ……………… → ………………

2. pucerons – faucon – coccinelles – araignées – oiseaux insectivores – pin sylvestre

……………… → ……………… → ………………
→ ……………… → ……………… → ………………

3. crustacés microscopiques – algues – cormoran – poissons

……………… → ……………… → ……………… → ………………

4. poule – renard – ver de terre

……………… → ……………… → ………………

**2** ★★ **Observe le nom des êtres vivants cités dans l'exercice précédent et réponds.**

1. Entoure les végétaux.

2. Cite un ou deux exemples de :

a. producteurs : ……………… ………………

b. consommateurs : ……………… ………………

c. décomposeurs : ………………

**3** ★ **Observe le graphique suivant puis réponds aux questions.**

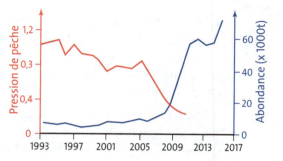

Évolution de la pression de pêche pour le merlu du Nord dans le golfe de Gascogne

1. Comment la pression de pêche a-t-elle évolué pour le merlu du Nord dans les dix dernières années ?

………………………………………………………………

2. Au cours de la même période, comment a évolué le stock de merlus du Nord ?

………………………………………………………………

3. Comment peux-tu interpréter cette évolution ?

………………………………………………………………

**4** ★★★ **Observe le schéma ci-dessous puis réponds aux questions.**

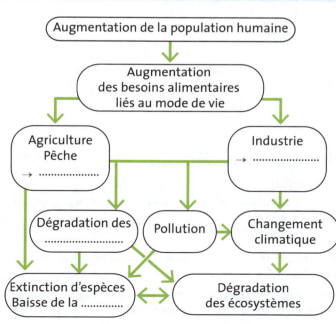

1. Complète le schéma en plaçant les mots suivants au bon endroit :

surexploitation – biodiversité – habitats – urbanisation

2. Sur quoi les activités humaines ont-elles un impact au final ?

………………………………………………………………
………………………………………………………………

# 5 Les besoins des cellules

**OBJECTIF** • Définir la notion de nutrition cellulaire

## COURS

### ● Le fonctionnement des cellules

- Les tissus et les organes des êtres vivants sont constitués de **cellules**.
- L'utilisation et la dégradation des **nutriments** par les cellules fournissent l'énergie nécessaire à leur développement. Les nutriments sont constitués par les sels minéraux, les glucides, les lipides et les protéines.

### ● Les besoins des cellules végétales

- Dans une chaîne alimentaire, les végétaux sont appelés **producteurs primaires** car les cellules végétales, dites **autotrophes**, sont capables de synthétiser la matière organique par **photosynthèse**.
- Associées aux éléments minéraux puisés par les racines, ces molécules constituent une sève riche en sucres qui sera conduite à toutes les parties de la plante.

### ● Les besoins des cellules animales

- Dans une chaîne alimentaire, les animaux sont qualifiés de **consommateurs** car les cellules animales, dites **hétérotrophes**, ne fabriquent pas la matière organique mais en présence de dioxygène, elles dégradent les nutriments.

- Cette réaction consomme du dioxygène et libère de l'énergie sous forme de chaleur, pour assurer le fonctionnement des organes ou être stockée.

## MÉTHODE

### ● Identifier et différencier deux types de matière

#### Matière organique et matière minérale

- **Rechercher les définitions** dans un dictionnaire ou sur Internet en sélectionnant des sources fiables.
- **Identifier leurs différences fondamentales :**
  – **la matière organique**, riche en carbone, est formée de substances fabriquées par les êtres vivants. Glucides, lipides et protides constituent la matière organique ;
  – **la matière minérale** est constituée par des substances non vivantes : eau, roches et sels minéraux (calcium, magnésium, fer, etc.). Tu peux par exemple lire la composition d'une eau minérale sur l'étiquette d'une bouteille.

## EXOS

**1.** Relie chaque terme à sa définition.

1. matière organique
2. acide aminé
3. nutriment
4. matière minérale

a. matière issue de la dégradation des aliments
b. élément qui permet de fabriquer des protéines
c. matière riche en carbone formée de substances fabriquées par les êtres vivants
d. substance non vivante telle que l'eau, la roche ou les sels minéraux

**2.** Lis attentivement le tableau suivant puis réponds aux questions.

| Composition moyenne d'une cellule | |
|---|---|
| Substance | Pourcentage |
| Eau | 70 |
| Acides aminés[1] | 0,4 |
| Sels minéraux | 1 |
| Glucides | 3 |
| Lipides | 2 |
| Protéines | 23 |
| Total | 99,4 |

1. Les acides aminés sont les éléments nécessaires à la fabrication des protéines.

1. Quels sont les deux composants principaux d'une cellule ?
......................................................................

2. Sachant que les acides aminés permettent à l'organisme de fabriquer ses propres protéines, quelles sont en fin de compte les substances indispensables à la cellule ?
......................................................................

**3.** Découvre l'expérience suivante puis réponds aux questions.

Pour étudier le phénomène de la nutrition des cellules, on cultive des cellules de levure et des euglènes dans des tubes à essais contenant des milieux de culture différents : soit de l'eau distillée pure (milieu 1), soit additionnée de sels minéraux (milieu 2), soit additionnée de matière organique sous forme d'un sucre, le glucose (milieu 3), soit les deux (milieu 4). Les tubes sont exposés à la lumière durant une semaine.
En début d'expérience le contenu de chaque tube est limpide. Après une semaine, on observe les faits suivants :

| Contenu du tube à essai | Milieu 1 | Milieu 2 | Milieu 3 | Milieu 4 |
|---|---|---|---|---|
| Eau distillée | X | X | X | X |
| Sels minéraux | | X | | X |
| Glucose (sucre) | | | X | X |
| Culture de levures | Milieu limpide | Milieu limpide | Milieu très peu trouble | Milieu très trouble |
| Culture d'euglènes | Milieu limpide | Coloration verte | Milieu limpide | Coloration verte |

1. Que signifie la coloration verte au bout d'une semaine ? Que signifie le milieu trouble ?
......................................................................

2. Donne tes conclusions : de quel milieu chaque type de cellules a besoin pour se développer ? Quelle est la différence entre les deux ?
......................................................................

3. À partir de ces observations, peux-tu dire quel type de cellule est hétérotrophe ? autotrophe ? Aide-toi du Cours pour répondre.
......................................................................

# 6 Reproduction sexuée et asexuée

**OBJECTIF** • Maîtriser les notions de fécondation et de reproduction

## COURS

### ● Reproduction sexuée et asexuée

● Un embryon provient du développement d'une cellule-œuf née de l'union d'un **ovule** et d'un **spermatozoïde** : c'est la **fécondation**. L'union de deux gamètes, mâle et femelle, provenant de deux organismes de sexes différents caractérise la **reproduction sexuée**. C'est le cas de tous les animaux et de la majorité des végétaux. Chez les plantes à fleurs, le pollen des étamines assure la fécondation d'un ovule contenu dans l'ovaire du pistil.

● Certains végétaux sont susceptibles de se reproduire de manière **asexuée**. Ils forment des bulbes (tulipes, jacinthes), des tiges particulières appelées stolons (fraisiers), des tiges souterraines ou rhizomes (iris, fougères).

### ● Gamètes, milieux et modes de vie

● **En milieu terrestre**, la fécondation est généralement **interne**. Chez les animaux, elle résulte d'un accouplement. L'organisme femelle ne fabrique qu'un petit nombre d'ovules en raison des faibles pertes de cellules-œufs.

● **En milieu aquatique**, un très grand nombre de gamètes est émis dans l'eau, la fécondation est généralement **externe** et due au hasard. Il n'y a pas d'accouplement. Le grand nombre de gamètes compense les pertes de cellules-œufs.

## MÉTHODE

### ● Analyser les données d'un tableau

**Caractéristiques de la reproduction de trois espèces**

| Espèce | Tulipe | Oursin | Éléphant |
|---|---|---|---|
| Milieu de vie | Terrestre | Marin | Terrestre |
| Fécondation interne/externe | Interne | Externe | Interne |
| Quantité de gamètes femelles | Un ovule | Très grande | Un ovule |
| Quantité de gamètes mâles | Très grande | Très grande | Très grande |
| Reproduction sexuée/asexuée | Sexuée et asexuée | Sexuée | Sexuée |

● **Mettre en relation les données :** le mode de fécondation des espèces est adapté à leur milieu de vie, pour donner le maximum de chances de provoquer une fécondation.
● **Expliquer des différences :** pour les végétaux, le cas est particulier puisque beaucoup d'espèces sont capables de se reproduire de deux manières (reproduction sexuée et asexuée).

# EXOS

**1** Associe chaque expression à sa définition.

1. Reproduction asexuée
2. Gamètes
3. Reproduction sexuée
4. Fécondation
5. Fécondation externe
6. Reproduction végétative

a. Union d'un gamète mâle et d'un gamète femelle
b. Cellules reproductrices
c. Reproduction sans fécondation
d. Union de gamètes issus de deux individus de sexes différents
e. Ne fait pas intervenir d'organes sexuels
f. Union des gamètes dans le milieu externe (eau)

**2** Lis le texte puis complète le schéma du cycle de vie de l'oursin avec les mots suivants :

larve nageuse – oursin mâle – cellule-œuf – ovules – oursin – fécondation – jeune oursin

Dans le milieu marin, lors de la période de reproduction, généralement au printemps, les animaux fixés comme les moules, les huîtres ou les oursins et les nageurs comme les poissons libèrent par milliers leurs gamètes, ovules et spermatozoïdes, en pleine eau. La rencontre des gamètes mâles et femelles est due au hasard. La fécondation donne naissance à une cellule-œuf qui se divise pour donner une larve appelée alevin chez les poissons. La larve, emportée par les courants, peut soit se fixer sur le fond, soit demeurer en pleine eau. Par métamorphose, la larve se transforme ensuite en animal adulte.

Cycle de vie d'un oursin

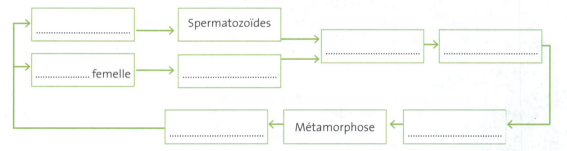

**3** Observe l'image, lis le texte puis réponds aux questions.

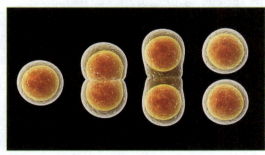

La multiplication cellulaire est aussi simple qu'une photocopieuse qui reproduit en un ou plusieurs exemplaires un document original. Dans tous les cas, on obtient une colonie de cellules possédant toutes la même information héréditaire.

1. Comment la division cellulaire se fait-elle ?
...........................................................................................................................................................................
2. Quelle est la caractéristique principale de la colonie de cellules ?
...........................................................................................................................................................................
3. Comment s'appelle ce type de reproduction ?
...........................................................................................................................................................................

# 7 Les relations de parenté entre les êtres vivants et l'évolution

**OBJECTIF** • Relier relations de parenté et évolution

## COURS

### ● Caractères partagés et classification

• La **systématique** ou science des classifications identifie, décrit et classe les êtres vivants en **catégories** qui rendent compte des liens entre espèces.

• Chaque espèce est issue d'une longue suite de générations au cours de laquelle les caractères qui la définissent sont apparus à différentes périodes dans l'histoire de la Terre. Ce sont des **caractères partagés**.

### ● Les caractères partagés entre grands groupes d'êtres vivants

• **Les vertébrés** : la présence de vertèbres formant un squelette axial est un caractère commun aux poissons, amphibiens, reptiles, mammifères et oiseaux.

• **Les mammifères** : chez la majorité d'entre eux, la femelle allaite ses petits. Dans le ventre de la femelle, le fœtus est relié à un placenta.

• **Les primates** appartiennent au groupe des mammifères. Leurs doigts se terminent par des ongles plats et le pouce des mains et des pieds est opposable aux autres doigts. Les singes font partie du groupe des primates.

### ● La place de l'homme dans l'évolution

• L'**homme** (genre *Homo*, espèce *sapiens*) partage certains caractères avec les **singes** : grande taille, démarche bipède ou quadrupède, disparition de la queue, apparition du nez.

• La lignée humaine partage des caractères avec le groupe des chimpanzés, bonobos et gorilles : narines dirigées vers le bas, denture complète. Ils appartiennent ainsi au même groupe des **hominidés**.

## MÉTHODE

### ● Définir une méthode de classification

• **Décrire les êtres vivants** : quelles sont leurs caractéristiques ?

• **Identifier les êtres vivants** : après les avoir décrits, on les nomme.

• **Faire l'inventaire de ces êtres vivants en un lieu actuel** : on intègre les êtres vivants fossiles, qui appartiennent à une époque passée.

• **Classer les êtres vivants** : on identifie pour cela leurs caractères partagés afin de les regrouper.

## EXOS

**1** Certains termes ont des usages courants dans la vie de tous les jours, mais correspondent-ils vraiment à des réalités biologiques ? Raye les expressions fausses.

**1.** cornes de l'escargot – tentacules de l'escargot – antennes de l'escargot
**2.** pattes du lapin – membres du lapin   **3.** piquants du hérisson – poils du hérisson

**2** On entend parfois dire : « l'homme descend du singe », en l'illustrant de la façon suivante :

**1.** À l'aide du Cours, peux-tu expliquer pourquoi cette affirmation est fausse ?
..................................................................................................................................................................
..................................................................................................................................................................

**2.** Sur l'illustration, l'évolution de l'homme est présentée de façon linéaire : du singe jusqu'à l'homme actuel en passant par l'homme préhistorique. Quelle réflexion de bon sens te prouve immédiatement que cette idée est fausse ?
..................................................................................................................................................................
..................................................................................................................................................................

**3** Observe ces photos de chauve-souris et de pigeon puis réponds aux questions.

**1.** Ces deux animaux ont des ailes. Se ressemblent-ils ? ..................................................................
**2.** Quels caractères visibles les distinguent ?
..................................................................................................................................................................
**3.** Sont-ils proches parents ou éloignés l'un de l'autre ?
..................................................................................................................................................................
**4.** Donne un nom de groupe d'animaux qui a pour caractère partagé :
**a.** la présence de poils : ..................................................................................................................
**b.** la présence de plumes : ..............................................................................................................
**5.** Quels sont les caractères partagés entre chauve-souris et pigeon ?
..................................................................................................................................................................
..................................................................................................................................................................

# 8 Biodiversité et évolution des espèces

**OBJECTIF** • Relier biodiversité et histoire de la vie

## COURS

### ● Qu'est-ce que la biodiversité ?

La biodiversité ou diversité biologique représente la **diversité** des êtres vivants et des écosystèmes.

### ● La biodiversité à l'échelle des espèces

• Une **espèce** regroupe les individus capables de se reproduire entre eux et ayant une descendance viable et féconde. Toutes les espèces vivantes sont différentes les unes des autres.
• La **biodiversité** des espèces se mesure en fonction du nombre d'espèces présentes dans un milieu. La biodiversité évolue. Son évolution témoigne parfois d'une dégradation de la qualité de l'environnement : par exemple, les populations d'abeilles, très sensibles aux modifications de leur milieu de vie, diminuent.

### ● Apparition, évolution et extinction des espèces

La vie sur Terre est marquée par plusieurs périodes d'extinctions massives d'espèces. Par exemple, à la fin de l'ère secondaire, les grands dinosaures ont disparu. Depuis l'apparition de la vie sur Terre, on dénombre cinq grandes crises biologiques suivies d'une restauration de la biodiversité, avec l'apparition de nouvelles espèces.

## MÉTHODE

### ● Interpréter un graphique

Variations de l'abondance des espèces

• **Repérer les axes pour comprendre ce que mesure le graphique :** les variations en pourcentage du nombre d'espèces de 1970 à 2000.
• **Identifier les courbes.** Le graphique comprend trois courbes qui représentent le nombre d'espèces total de trois écosystèmes : le milieu terrestre, le milieu marin et l'eau douce.
• **Interpréter l'évolution des courbes :** de 1970 à 2000 (en 30 ans), le nombre d'espèces de vertébrés terrestres et marins a diminué de plus de 30 %, celui des espèces de vertébrés d'eau douce de plus de 50 %.
• **Conclure :** ces graphiques mettent en évidence un effondrement de la biodiversité des espèces de vertébrés dans tous les grands écosystèmes.

# EXOS

**1** Lis le texte suivant puis réponds aux questions.

La population d'outardes canepetières, espèce emblématique des paysages agricoles, a diminué en France de 90 % au cours des 18 dernières années. Les changements d'usage des terres ont entraîné la destruction, la transformation et la fragmentation des habitats, et apparaissent clairement comme le facteur majeur des événements d'extinction d'espèces aux échelles locale et globale.

www2.cnrs.fr, 2015.

1. Quel est le milieu de vie de l'outarde ?

..................................................................

2. Quels sont les facteurs responsables de la diminution de la population d'outardes ?

..................................................................
..................................................................
..................................................................

**2** Observe le graphique puis réponds aux questions.

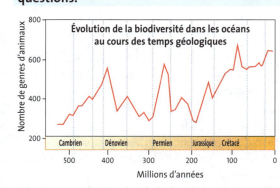

1. Comment la courbe de la biodiversité a-t-elle évolué depuis le début de l'ère primaire il y a plus de 500 millions d'années ?

..................................................................
..................................................................

2. Combien de pics peux-tu observer sur la courbe ? Que signifient-ils ?

..................................................................
..................................................................

3. Que représente la chute de la courbe après chaque pic ? Comment s'explique-t-elle ?

..................................................................
..................................................................

**3** Lis le texte suivant puis réponds aux questions.

Sur les vingt mille lions qui peuplent encore le continent africain, près de la moitié pourrait disparaître d'ici à vingt ans… En Afrique de l'Ouest, le lion est considéré « en grand danger d'extinction », selon la liste rouge de l'Union internationale pour la conservation de la nature… La disparition des lions est principalement due à la concurrence que leur livrent les hommes. Des zones de chasse des félins sont transformées en terres de culture ou de pâturage, le gibier (antilopes, buffle…) dont ils se nourrissent est abattu par des chasseurs, quand les lions ne sont pas eux-mêmes traqués par des fermiers souhaitant protéger leur bétail. Des félins sont également tués pour leur peau ou leurs os, utilisés dans certains médicaments asiatiques en remplacement des os de tigre, devenus trop rares.

www.lemonde.fr, 27 octobre 2015.

1. D'après toi, qu'est-ce que la « liste rouge » ?

..................................................................
..................................................................

2. Souligne dans le texte les manières dont l'homme accélère la disparition du lion.

3. En t'aidant du texte, complète cette chaîne alimentaire :

herbe et arbustes → .................... → lion

4. Pourquoi la chasse du gibier a-t-elle une influence sur la population de lions ?

..................................................................
..................................................................

# 9 Rythme cardiaque, rythme respiratoire et effort physique

**OBJECTIF** • Mettre en relation énergie et fonctionnement de l'organisme

## COURS

● **Les effets de l'effort musculaire sur l'organisme**

● Au cours d'un effort physique intense, des modifications importantes surviennent au niveau du corps : essoufflement, forte sensation de chaleur et transpiration, le cœur bat plus vite et plus fort. Elles répondent à une augmentation des besoins de l'organisme en oxygène et en nutriments.

● L'essoufflement traduit une augmentation du nombre de mouvements respiratoires par minute : c'est l'**accélération du rythme respiratoire**. Le volume d'air passant chaque minute dans les poumons augmente, ce qui augmente la quantité de dioxygène fournie à l'organisme.

● L'**accélération du rythme cardiaque** permet une circulation du sang plus rapide.

● **Au niveau des muscles : surplus d'énergie et échanges de gaz et de nutriments**

● L'effort physique entraîne une augmentation des besoins en énergie sous deux formes : le **travail musculaire** et la **chaleur** libérée par l'effort. Les rythmes cardiaques et respiratoires augmentent pour favoriser les échanges et satisfaire ces besoins en énergie.

● Des échanges s'effectuent avec le sang circulant dans des **capillaires** à l'intérieur du muscle : celui-ci y puise du dioxygène et des nutriments énergétiques comme le glucose et y rejette des déchets comme le dioxyde de carbone.

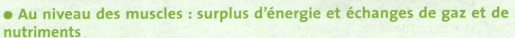

## MÉTHODE

● **Interpréter un graphique**

En médecine sportive, il est possible d'enregistrer les variations de la consommation de dioxygène durant un effort physique. Les mesures sont faites chez un sujet pendant 15 minutes et exprimées par le graphique ci-dessous.

● **Découper le graphique en différentes sections :**
– en A : au repos, la consommation de dioxygène est stable ;
– en B : au début de l'exercice, la consommation de dioxygène augmente rapidement ;
– en C : pendant la durée de l'exercice, la consommation de dioxygène a tendance à se stabiliser ;
– en D : en fin d'exercice, la consommation de dioxygène ne revient pas brutalement à sa valeur initiale mais décroît rapidement pendant la période de récupération ;
– en E : après la période de récupération, la consommation de dioxygène retrouve sa valeur de repos.

● **Tirer une conclusion en formulant une hypothèse explicative :**
Au cours d'un effort physique, il y a une augmentation de la consommation de dioxygène proportionnelle à l'intensité de l'effort et liée aux besoins plus importants des muscles en activité.

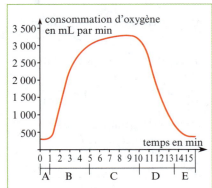

# EXOS

**1** Rédige trois phrases avec les mots suivants.

1. exercice physique – rythme respiratoire – rythme cardiaque

*quand on fait un mouvement physique ou rythme s'accélère*

2. effort physique – énergie – sang – échanges

3. muscle – dioxygène – dioxyde de carbone – capillaires

**2** Réponds aux questions suivantes.

1. Pourquoi la consommation d'oxygène augmente-t-elle au cours d'un exercice physique ?

*car notre corps produit de la chaleur.*

2. Pourquoi la composition du sang traversant les muscles se modifie-t-elle au cours de l'exercice physique ?

**3** Interprète les données suivantes en répondant aux questions.

Thomas, Paul, Marie et Louise enregistrent leurs rythmes respiratoire et cardiaque au repos et après avoir accompli deux courses de 200 m, d'abord lentement, puis rapidement.

|  | rythme cardiaque | | | rythme respiratoire | | |
|---|---|---|---|---|---|---|
|  | repos | 200 m lent | 200 m rapide | repos | 200 m lent | 200 m rapide |
| Thomas | 75 | 125 | 155 | 20 | 33 | 42 |
| Paul | 80 | 130 | 160 | 25 | 34 | 40 |
| Marie | 78 | 130 | 158 | 22 | 32 | 38 |
| Louise | 82 | 140 | 170 | 23 | 35 | 42 |

1. Quelles modifications de rythmes mesure-t-on durant les deux courses ?

*On voit que les rythme augmente pendant l'effort*

2. Compare avec le graphique de la consommation de dioxygène pendant un effort physique (Cours). Quels renseignements supplémentaires fournit-il par rapport aux mesures du tableau ?

*L'information que nous donne en plus est le temps*

**4** L'eau de chaux est un liquide incolore qui se trouble en présence de dioxyde de carbone. On réalise le montage expérimental ci-dessous :

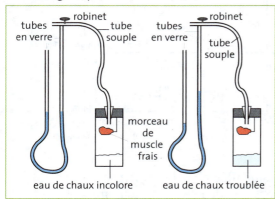

Analyse attentivement le montage réalisé.

1. Que s'est-il passé en fin d'expérience ?

2. Quelle explication proposes-tu ?

# 10 Capacités et limites de l'organisme

**OBJECTIF** • Comprendre les notions d'adaptation et de limite physiologique

## COURS

### • Des rythmes variables selon les individus

Les rythmes cardiaques et respiratoires diffèrent selon les individus et selon l'importance de l'effort. Les besoins en dioxygène et en glucose, eux, varient en fonction de l'activité physique.

### • Les effets de l'entraînement

• On peut améliorer ses **performances** grâce à l'entraînement. Ses effets se font sentir à plusieurs niveaux : la solidité du squelette, la masse musculaire, l'amplitude thoracique, le volume maximal de dioxygène consommé par unité de temps lors d'un effort ($VO_2$max) et la fréquence cardiaque maximale (nombre de battements par minute en cours d'effort) augmentent.

• Un **surentraînement** physique peut cependant provoquer une baisse des performances, des douleurs musculaires, des troubles du sommeil et de l'alimentation.

### • Le dopage

Certains sportifs cherchent à améliorer leurs performances en utilisant des substances pouvant augmenter artificiellement leurs capacités. Ces substances permettent d'augmenter la puissance musculaire, ou d'augmenter artificiellement le nombre de globules rouges afin d'augmenter l'apport de dioxygène aux muscles. Le risque est de provoquer des accidents cardiovasculaires.

## MÉTHODE

### • Interpréter un graphique

**Débit et fréquence cardiaques chez le sportif entraîné et l'homme sédentaire**

• **Identifier les informations :** le graphique représente le débit cardiaque dans deux situations (au repos et en effort maximal) et dans deux cas de figure (un homme sédentaire et un sportif entraîné). Le débit cardiaque dépend de la fréquence cardiaque et du volume de sang éjecté à chaque contraction du cœur. Il est exprimé en litres de sang expulsés par minute

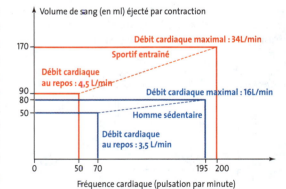

• **Observer et tirer des conclusions :** le diagramme montre les effets de l'entraînement chez le sportif. La fréquence cardiaque est fortement augmentée chez le sportif, d'où une forte augmentation du débit cardiaque nécessaire lors de l'effort musculaire.

# EXOS

**1** ★★ **Lis le texte, puis complète la légende du schéma à l'aide des mots suivants :**

glucose – $CO_2$ – $O_2$ – déchets.

Lors de l'effort, les besoins en énergie du muscle sont assurés par l'apport par le sang d'un nutriment énergétique, le glucose. La dégradation du glucose en présence de dioxygène fournit l'énergie utilisée par la cellule et la chaleur libérée par le muscle. Le sang veineux évacue le dioxyde de carbone et les déchets cellulaires.

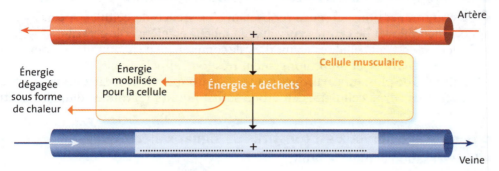

**2** ★★ **Observe les données du tableau puis réponds aux questions.**

| Activité | Énergie dépensée en kilojoules par heure | Glucose consommé par les muscles en g par minute | Dioxygène consommé par les muscles en L par minute |
|---|---|---|---|
| a. .................. | 450 | 0,05 | 0,5 |
| b. .................. | 1600 | 0,4 | 1,5 |
| c. .................. | 900 | 0,3 | 0,9 |

**1.** Le tableau présente des mesures effectuées pour trois activités différentes : le repos, la marche et la course. Complète la première colonne en replaçant chacune au bon endroit.
**2.** Que peux-tu conclure de l'analyse de ces données ?
................................................................................................................................
................................................................................................................................

**3** ★★★ **Lis le texte suivant et analyse les données du tableau puis réponds aux questions.**

Le $VO_2$ max est le volume maximal de dioxygène prélevé au niveau des poumons et consommé par les muscles par unité de temps lors d'un effort. Plus le $VO_2$ max est élevé, plus la performance sportive sera bonne. Il est mesuré en mL par minute par kg chez des sujets pratiquant des sports différents.

| $VO_2$max* pour différentes activités sportives | | | | |
|---|---|---|---|---|
| Homme sédentaire | Marathonien | Coureur cycliste | Sprinter | Haltérophile |
| 40 | 75 | 80 | 50 | 45 |

L'érythropoïetine (ou EPO) est une hormone produite par les reins et le foie. Elle agit sur la moelle osseuse en stimulant la synthèse des globules rouges.

**1.** Observe les sports présentés : qu'est-ce qui différencie principalement le marathon et le cyclisme du sprint et de l'haltérophilie ?
................................................................................................................................
**2.** D'après le tableau, quelle propriété physique importante un sportif d'endurance doit-il posséder ?
................................................................................................................................
**3.** Pourquoi l'EPO a-t-elle été utilisée par de nombreux sportifs pour améliorer leurs performances ?
................................................................................................................................
**4.** Pourquoi le cyclisme et le marathon ont-ils été les sports les plus concernés par l'utilisation de l'EPO ?
................................................................................................................................

# 11 Le message nerveux

**OBJECTIF** • Comprendre le rôle du cerveau

## COURS

### La communication nerveuse : un système en réseau

- La communication nerveuse repose sur l'existence de cellules spécialisés appelés **neurones** et de centres nerveux : la **moelle épinière** et le **cerveau**.
- Un neurone est une cellule en forme d'étoile comprenant de nombreux prolongements courts, les **dendrites**, et un prolongement très long appelé **axone**.
- Les axones de plusieurs neurones peuvent se grouper en faisceaux pour constituer les **nerfs**. Les corps cellulaires en étoile sont toujours regroupés dans les centres nerveux.

### Le message nerveux est constitué de signaux électriques

- Une sensation comme le bruit, la lumière ou la douleur est perçue au niveau de **récepteurs sensoriels** (les terminaisons des axones) et transmise aux centres nerveux.
- Le message nerveux est constitué par des décharges de signaux électriques. Il circule dans les nerfs où la transmission se fait au niveau de connexions appelées **synapses**.

## MÉTHODE

### Extraire des informations d'un texte et les présenter en schéma

« 100 milliards : c'est, approximativement, le nombre de neurones qu'on retrouve dans un cerveau humain. Et parmi cette multitude, il en existe une espèce particulière qui permet au cerveau d'ordonner au corps tous les gestes dont celui-ci est capable : ce sont les neurones moteurs, sortes de micro-circuits capables de commander au corps donc. À chaque geste, chaque action, comme se lever, tourner la tête ou claquer des doigts par exemple, correspond donc un ensemble de neurones spécialisés. »

« Les neurones miroir, vous connaissez ? », www.scienceetavenir.fr, 21 mars 2015.

- **Souligner les termes et les passages importants.**
- **Identifier le rôle de chaque élément** souligné dans la communication nerveuse.
- **Construire le schéma** pour reconstituer le cheminement de la communication nerveuse :

une sensation → neurones spécialisés → cerveau →

neurone moteur → commande du geste

# EXOS

**1** Complète la légende du schéma de neurone suivant en t'aidant du Cours.

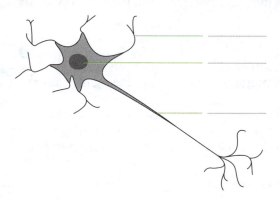

**2** Dessine un deuxième neurone en représentant des synapses entre ces deux neurones.

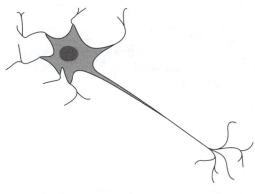

**3** Vrai ou faux ?

1. Les fibres d'un nerf sont des faisceaux d'axones.   ❏ vrai ❏ faux
2. Le cerveau est le seul centre nerveux de l'homme.   ❏ vrai ❏ faux
3. Le message nerveux circule à travers des connexions entre neurones appelées synapses.   ❏ vrai ❏ faux
4. Les organes des sens captent les informations de l'environnement.   ❏ vrai ❏ faux
5. L'usage répété d'une drogue provoque la dépendance.   ❏ vrai ❏ faux

**4** À partir de la liste suivante, repère et décris les éléments visibles sur la photographie.

corps cellulaire – noyau – axone – dendrite – cytoplasme

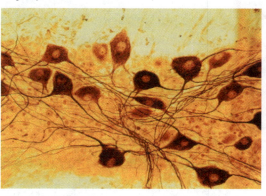

**5** Complète le schéma suivant en replaçant chaque terme au bon endroit.

muscle – organe des sens (récepteur) – sensation – cerveau – mouvement

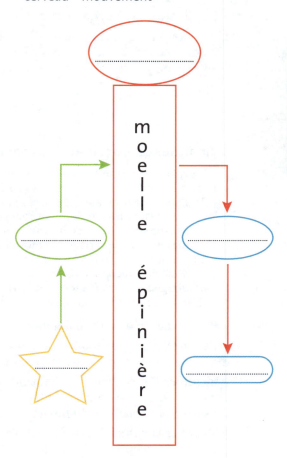

# 12 L'hygiène de vie

**OBJECTIF** • Mettre en relation la santé et le mode de vie

## COURS

### ● Les perturbations du système nerveux

● L'environnement (excès de bruit, substances chimiques…), mais aussi la fatigue et le stress peuvent perturber le fonctionnement des organes sensoriels et du système nerveux.

● La plupart des **drogues** (alcool, nicotine, cannabis, cocaïne, ecstasy…) agissent sur les neurones au niveau des synapses et provoquent des effets secondaires. Un effet de **tolérance** s'installe, pouvant aboutir à la **dépendance** (état de manque) et à la toxicomanie.

### ● L'importance de l'hygiène de vie

● Une bonne hygiène de vie consiste à avoir une **alimentation équilibrée**, une **activité physique** régulière, un **sommeil suffisant**. Elle permet à l'organisme d'avoir les apports dont il a besoin pour bien fonctionner.

● Un mode de vie trop sédentaire, un excès de stress et une alimentation trop riche favorisent l'apparition de **maladies cardiovasculaires**. L'usage du tabac aggrave ces effets.

### ● Les limites de l'organisme

L'activité physique fait partie d'une bonne hygiène de vie. L'**entraînement** permet d'augmenter les performances mais, au-delà d'un certain **seuil**, un effort excessif peut provoquer des blessures ou des problèmes de santé.

## MÉTHODE

### ● Analyser un document de presse

> L'organisation mondiale de la santé estime que, dans les pays industrialisés, une proportion croissante des 2 millions des morts annuelles liées à l'usage du tabac atteint les femmes en raison des conséquences spécifiques du tabagisme sur la santé de la femme et de ses enfants. On estime en effet que le risque de mortalité cardiovasculaire est multiplié par 10 chez les femmes qui fument et utilisent la pilule contraceptive. Lorsque la femme est enceinte, le tabagisme accroît en outre le risque d'avortement spontané et de retard de croissance de l'enfant.

● **Rechercher la définition des mots difficiles** dans un dictionnaire.

● **Remarquer le type d'information** sur lequel insiste le texte : la consommation se développe dans la population féminine des pays industrialisés.

● **Identifier l'importance de l'information** que souligne le texte : les conséquences du tabagisme féminin sont redoutables parce que les enfants seront concernés dès la grossesse par les effets du tabac.

● **Identifier la nature des risques** : ils sont amplifiés pour des raisons liées à la sexualité (pilule contraceptive, maternité).

# EXOS

## 1. Analyse l'expérience puis réponds aux questions.

Une expérience est menée aux États-Unis en 2013 : des enfants de maternelle jouent au Memory et les scientifiques notent leurs résultats, c'est-à-dire le pourcentage de bonnes cartes retournées. La moitié d'entre eux vont ensuite faire la sieste, l'autre moitié reste réveillée. Lorsque le premier groupe est réveillé, les enfants recommencent à jouer. Les performances de ceux qui n'ont pas fait de sieste sont de 10 % inférieures à celles des autres. Le lendemain matin, on fait à nouveau jouer les enfants. Les performances de ceux qui n'ont pas fait de sieste la veille sont toujours de 10 % inférieures aux autres.

**1.** D'après les résultats de cette expérience, quels sont les effets de la sieste sur les apprentissages ?

**2.** Que remarques-tu en cas d'absence de sieste ?

**3.** Quelle conclusion générale peux-tu en tirer quant aux effets du sommeil ?

## 2. Analyse les données du tableau suivant en répondant aux questions.

**Apports quotidiens d'une ration alimentaire équilibrée et conséquences des déséquilibres**

| Aliments | Apport quotidien | Conséquences d'un excès | Conséquences d'un manque |
|---|---|---|---|
| Glucides | 150 à 200 g | obésité, diabète | amaigrissement, croissance ralentie |
| Lipides | 80 à 100 g | obésité, maladies cardio-vasculaires | |
| Protéines | 0,8 g par kg | obésité | |

**1.** Pour quelles raisons l'adaptation de l'alimentation aux besoins n'est-elle pas toujours assurée ?

**2.** Quels types d'apports alimentaires faut-il surtout surveiller pour limiter les risques de maladies ?

## 3. Même exercice.

Le tableau ci-dessous apporte quelques renseignements complémentaires sur les habitudes alimentaires en indiquant la consommation quotidienne de protéines animales dans quatre pays industrialisés.

| Japon | Suède | France | États-Unis |
|---|---|---|---|
| 23 g par personne | 51 g par personne | 90 g par personne | 115 g par personne |

**1.** En utilisant les valeurs du tableau de l'exercice 2, calcule la quantité de protéines d'une ration équilibrée pour un homme adulte de 70 kg.

**2.** Compare cette valeur à celles indiquées dans le tableau ci-dessus. Quelle conclusion peux-tu en tirer ?

*Livret de corrigés p. 26*

# 13 L'approvisionnement du sang en nutriments

**OBJECTIF** • Connaître les échanges entre le sang et les organes

## COURS

### ● L'appareil digestif humain

L'appareil digestif démarre par la bouche. Les aliments passent ensuite par le **pharynx** et l'**œsophage** avant d'atteindre une poche, l'**estomac**, puis un long tube pelotonné, l'**intestin grêle** et un large conduit, le **gros intestin** dont la partie terminale, le **rectum**, s'ouvre à l'extérieur par l'anus assurant le rejet des déchets non digérés.

### ● La transformation des aliments en nutriments

Les aliments sont d'abord broyés par la mastication et imprégnés de salive. Les **sucs digestifs** sécrétés par l'estomac, le pancréas et l'intestin grêle les transforment ensuite en **nutriments solubles**.

### ● Le passage des nutriments dans le sang

● L'intestin grêle est un tube de 8 mètres de long, replié sur lui-même. Sa paroi est formée de multiples replis appelés **villosités** repliées en microvillosités. Tous ces replis en augmentent considérablement la surface. La paroi des villosités est très mince et tapissée de **capillaires sanguins**. C'est là que les nutriments passent dans le sang.
● L'organisation de l'intestin grêle (grande surface, paroi très fine, irrigation sanguine très riche) en fait une remarquable **zone d'échanges**.

## MÉTHODE

### ● Interpréter une expérience

Dans 4 tubes à essai, on place les produits suivants :
1 : Morceaux de blancs d'œuf + eau
2 : Morceaux de blancs d'œuf + eau + suc gastrique
3 : Blanc d'œuf broyé + eau
4 : Blanc d'œuf broyé + eau + suc gastrique.
Les 4 tubes sont placés à l'étuve à 37° C.

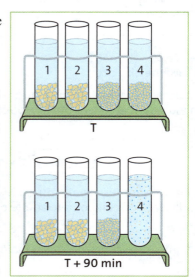

● **Noter l'intérêt des deux tubes « témoins » :** tubes 1 et 3. Ils correspondent à une neutralisation du facteur que l'on expérimente ; ici, le suc gastrique est absent de ces tubes.

● Après 90 minutes, c'est le tube 4 qui change. **Proposer une explication** : le suc gastrique est responsable du changement, mais est-il seul en cause ? Le tube 2 contient aussi du suc gastrique mais rien n'a changé dans ce tube. Le broyage est donc nécessaire.

● **Proposer une interprétation d'ensemble :** le suc gastrique est capable de digérer des aliments préalablement broyés.

# EXOS

## 1 *

On a réalisé ces radiographies à quelques minutes d'intervalle chez un individu, après ingestion d'une bouillie barytée, opaque aux rayons X.

A.   B.

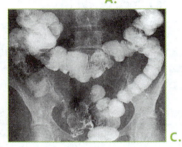

C.

**1.** Replace les clichés dans l'ordre.
...................................................................

**2.** Indique le nom de l'organe.
A. ................................................................
B. ................................................................
C. ................................................................

**3.** Pourquoi n'a-t-on pas visualisé le foie et le pancréas sur ces radiographies ?

## 2 **

**Réponds aux questions.**

Une villosité a une surface d'environ $0{,}02\ cm^2$. L'intestin grêle en contient environ 10 millions.

**1.** Quelle surface cela représente-t-il en mètres carrés ?
...................................................................

**2.** En sachant que les microvillosités multiplient encore ce nombre par 20, quelle surface obtient-on ?
...................................................................

**3.** Quelle signification peut-on accorder à ce résultat ?
...................................................................

## 3 **

**Observe le document suivant et réponds.**

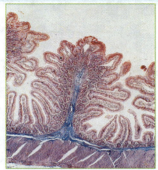

**1.** Que représente cette microphotographie ?

**2.** Rédige un court texte de commentaire en utilisant les termes suivants : intestin grêle, forme de doigt, villosités, paroi, capillaires sanguin, nutriments, surface d'échange, sang, absorption.

## 4 ***

En 1787, le savant italien Spallanzani étudie la digestion et relate une expérience :

> Ne semblerait-il pas que l'action des sucs gastriques humains sur les aliments est aidée par la compression de l'estomac ? Pour décider de cette question, il fallait mettre les aliments dans de petits tubes parce que si la digestion se faisait mal, c'était une preuve qu'il manquait quelque chose d'utile, et alors il était assez probable que ce serait la force triturante. J'étais donc obligé d'avaler des tubes […] dont les parois étaient couvertes de trous afin que le suc gastrique de mon estomac pût les pénétrer de toutes parts. […] Je n'avalai qu'un seul petit tube où j'avais mis des grains de chair de veau cuite et mâchée : il sortit heureusement au bout de 22 heures mais il ne contenait plus de chair, ni rien du tout.

**1.** Résume, en quelques phrases, l'expérience de Spallanzani.

**2.** Combien de facteurs interviendraient dans la digestion au niveau de l'estomac ? Spallanzani tient-il compte de facteurs agissant à d'autres niveaux que l'estomac ?

**3.** Quels facteurs Spallanzani neutralise-t-il et comment ?

**4.** Quelle conclusion peux-tu tirer de cette expérience ?

**5.** Compare l'expérience menée par Spallanzani et le protocole présenté dans la Méthode.

# 14 Nutriments, dioxygène et énergie

**OBJECTIF** • Mettre en relation les nutriments et l'énergie

## COURS

### ● Les nutriments fournissent de l'énergie

● En présence de dioxygène, les cellules dégradent les nutriments : c'est une réaction qui consomme du dioxygène et libère de l'énergie sous forme de chaleur. L'énergie ne peut être ni créée ni détruite, mais seulement transformée. En transformant les aliments, les êtres vivants utilisent une énergie d'origine alimentaire et la transforment en une autre forme : chimique, électrique ou mécanique.

● L'énergie se mesure en une unité appelée le joule : les aliments ont donc un pouvoir calorifique mesuré en **joules**, mais on parle souvent de kilocalories (1 kcal = 4,18 kJ).

### ● Le dioxygène réagit avec les nutriments

● L'énergie provient de l'oxydation des nutriments : la quantité d'énergie libérée dépend donc de la quantité de nutriments consommés et de la quantité de dioxygène utilisé. La réaction chimique entre nutriments et dioxygène s'écrit :

$$\text{Nutriment} + O_2 \rightarrow CO_2 + \text{eau} + \text{énergie}$$

● Cette énergie suit trois voies possibles : elle est convertie en chaleur, elle sert au fonctionnement des organes et elle peut être mise en réserve.

### ● La contraction musculaire consomme de l'énergie

Lors d'une course, le corps réalise un effort musculaire au cours duquel il s'échauffe. La contraction musculaire consomme de l'énergie. Le muscle transforme une énergie chimique, issue de nutriments comme le glucose sanguin, en une énergie mécanique (le travail musculaire) et en chaleur. Le bon fonctionnement des muscles nécessite le renouvellement de l'énergie consommée.

## MÉTHODE

### ● Réfléchir : attention aux confusions

Les contenus énergétiques des aliments s'expriment en **calorie** qui est une mesure de l'énergie. C'est la quantité de chaleur nécessaire pour augmenter la température de 1 g d'eau de 1° C. C'est une quantité d'énergie très faible et c'est pourquoi on utilise la kilocalorie (1 kcal = 1 000 calories). Les nutritionnistes parlent souvent de **Calorie** (avec un C en capitale) pour la distinguer de la calorie. Un régime à 2 000 Calories par jour veut dire en fait 2 000 kcal par jour ! Mais la tendance actuelle est d'utiliser l'unité officielle de l'énergie qui est le **joule**. Sachant qu'une kcal est équivalente à 4,18 joules, la conversion des Calories ou kcal en joules est facile. Il faut :

● Repérer les sources de confusion.
● Expliquer pourquoi la confusion est entretenue.
● S'entraîner à manipuler les notions en sachant à quoi elles correspondent.
● Savoir réaliser les conversions d'unités nécessaires.

# EXOS

**1** * Relie correctement les mots aux notions qui leur correspondent.

- nutriment • • mesure la quantité d'énergie libérée par un aliment
- énergie • • réaction qui consomme du dioxygène
- oxydation • • provient de l'oxydation des nutriments
- pouvoir calorifique • • forme d'énergie libérée par une oxydation
- chaleur • • résulte de la dégradation des aliments
- énergie chimique • • forme d'énergie libérée par les muscles
- énergie mécanique • • forme d'énergie contenue dans les nutriments

**2** ** Réponds aux questions suivantes.

Le maintien de la température corporelle à une valeur constante de 37° C, le rythme cardiaque et la respiration sont des activités biologiques permanentes.

**1.** En situation de repos complet, comment se manifestent ces activités ?
................................................................................
................................................................................

**2.** Quelle est la caractéristique de ce phénomène ?
................................................................................
................................................................................

**3.** Que se passe-t-il au cours d'un exercice musculaire ?
................................................................................
................................................................................

**3** *** Réalise un schéma bilan illustrant le texte du paragraphe intitulé : « La contraction musculaire consomme de l'énergie », dans le Cours p. 232.

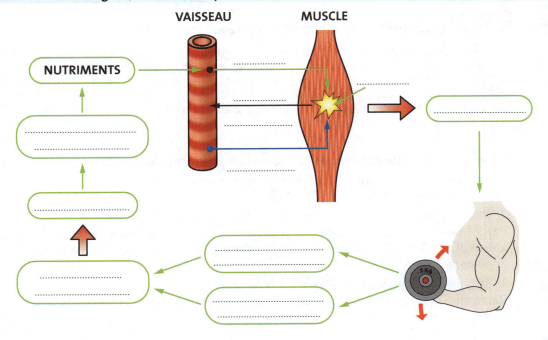

Livret de corrigés p. 26

233

# 15 Les besoins énergétiques de l'organisme

**OBJECTIF** • Comprendre la notion de besoins énergétiques permanents

## COURS

### ● Les aliments contiennent divers éléments

Les aliments sont répartis en différents groupes en fonction de leurs apports dans la ration alimentaire. Ce sont :
– les aliments riches en **protéines** qui servent à la construction de la matière vivante : produits laitiers, viandes et poissons ;
– les aliments riches en **vitamines**, **sels minéraux** et **fibres végétales** : légumes et fruits ;
– les aliments dits **énergétiques** : sucres ou glucides et matières grasses ou lipides.

### ● Qu'est-ce qu'un régime alimentaire équilibré ?

C'est un régime dans lequel figurent tous les types d'aliments nécessaires dans des proportions correctes. Celles-ci dépendent de l'âge, de la taille, du sexe et du mode de vie. Un adolescent sportif doit en effet manger beaucoup plus qu'une dame âgée.

### ● Les besoins énergétiques de l'organisme

Ils représentent les différentes formes d'énergie utilisée : chaleur (60 %), fonctionnement des organes, énergie mise en réserve (sucres, lipides). Ces dépenses énergétiques doivent être couvertes par un apport équivalent : c'est l'**équilibre énergétique de l'organisme**. C'est en évaluant la dépense énergétique que l'on détermine au mieux la ration alimentaire.

## MÉTHODE

### ● Analyser un texte et mettre des données en relation

> Des techniques permettent de mesurer la quantité de dioxygène nécessaire à l'oxydation d'un nutriment et donc de déterminer la quantité d'énergie libérée par cette réaction. Les données sont enregistrées chez un sujet sain lors d'une épreuve physique et sont traitées par ordinateur en tenant compte de nombreux facteurs : quantités de dioxygène absorbé et de dioxyde de carbone libéré, quantité d'eau produite, rythme cardiaque, travail musculaire effectué, etc. Ces méthodes de mesure simples et très fiables constituent la calorimétrie respiratoire.

● **Comparer les éléments fournis par ce texte avec le graphique p. 222.**

*1. En quoi consiste en fait la calorimétrie respiratoire ?*
C'est la mesure d'une quantité d'oxygène nécessaire à l'oxydation d'un aliment.

*2. Pourquoi parle-t-on de calorimétrie respiratoire ?*
Parce que l'énergie provient de l'oxydation des nutriments. Si ceux-ci augmentent, la quantité d'énergie libérée augmente et donc la quantité de dioxygène utilisée augmente.

*3. Pourquoi tient-on compte de plusieurs facteurs ?*
Parce que ceux-ci varient en fonction du travail musculaire, comme la quantité d'énergie libérée.

# EXOS

**1** *Observe le graphique et réponds à la question.*

Les courbes représentent l'évolution de la dépense énergétique journalière.

Comment cette dépense évolue-t-elle ?

.................................................................................................
.................................................................................................
.................................................................................................

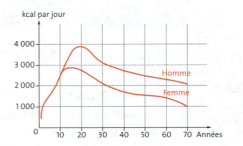

**2** ** On a reproduit ci-dessous l'étiquette d'un emballage alimentaire sur laquelle sont énumérés les nutriments essentiels dans les apports journaliers recommandés (AJR).

**1.** Retrouve l'apport énergétique correspondant à 100 g de produit.

.................................................................................................
.................................................................................................
.................................................................................................

**2.** Quelle est la particularité alimentaire de ce produit ?

.................................................................................................
.................................................................................................
.................................................................................................

**3.** Si ces céréales constituent le petit déjeuner, comment faudra-t-il équilibrer le reste de la ration alimentaire journalière ?

.................................................................................................
.................................................................................................
.................................................................................................

|  | Valeurs nutritionnelles moyennes pour 100 g | Pour 30 g + 125 ml de lait écrémé |
|---|---|---|
| Valeur énergétique | 373 kcal<br>1 584 kJ | 154 kcal<br>655 kJ |
| Protéines | 16 g | 9 g |
| Glucides<br>    dont sucres<br>    amidon | 75 g<br>17 g<br>58 g | 28 g<br>11 g<br>17 g |
| Lipides<br>    dont saturés | 1 g<br>0,4 g | 0,6 g<br>0,1 g |
| Fibres | 2,5 g | 0,8 g |
| Sodium | 0,85 g | 0,3 g |
| Vitamines | en % des AJR | en % des AJR[1] |
| B1 | 2,3 mg  (165 %) | 55 % |
| B2 | 2,7 mg  (170 %) | 65 % |
| B6 | 3,3 mg  (165 %) | 50 % |
| PP | 30 mg  (165 %) | 50 % |
| C | 100 mg  (165 %) | 50 % |
| B9 (acide folique) | 333 µg  (165 %) | 50 % |
| B12 | 1,67 µg  (165 %) | 80 % |
| Minéraux |  |  |
| Calcium | – | 20 % |
| Phosphore | 170 mg (20 %) | 20 % |
| Fer | 11,7 mg (85 %) | 25 % |
| Magnésium | 40 mg (15 %) | 10 % |

**3** *** On a déterminé les apports énergétiques des nutriments et obtenu les résultats suivants.

| Valeurs énergétiques des nutriments | | |
|---|---|---|
| Glucides | Lipides | Protéines |
| 18 kJ par g | 40 kJ par g | 17 kJ par g |

Les apports quotidiens en nutriments sont par ailleurs les suivants :
Glucides (fruits, légumes, pain, céréales) : 150 à 200 g = 50 à 60 % de l'apport énergétique.
Lipides (viandes, œufs, lait) : 80 à 100 g = environ 30 % de l'apport énergétique.
Protéines (tous les aliments) : 0,8 g par kg de poids (15 %).

**1.** Sachant que les besoins énergétiques quotidiens d'un homme de 70 kg sont environ de 8 000 kJ, comment équilibrer la ration alimentaire pour satisfaire ces besoins ?

**2.** Quelle conclusion peux-tu tirer de ce calcul ?

# 16 Le monde bactérien

**OBJECTIF** • Comprendre l'ubiquité du monde bactérien et les antibiotiques

## COURS

### ● Les bactéries vivent dans tous les milieux

● Les bactéries sont des organismes unicellulaires capables de se développer dans tous les milieux : air, eau, sol. Elles sont présentes dans tous les écosystèmes : on qualifie cette particularité d'**ubiquité du monde bactérien**.

● Beaucoup vivent dans notre organisme, constituant en particulier la **flore intestinale** qui participe à la digestion des aliments. Seuls 2 à 3 % des bactéries sont pathogènes et responsables de maladies.

### ● L'action des antibiotiques

● Un antibiotique est une substance susceptible de **détruire les bactéries**. Ils peuvent être naturels, sécrétés par des micro-organismes (champignons, bactéries), et agissent spécifiquement sur un type de bactérie en bloquant son développement.

● Beaucoup d'antibiotiques sont aujourd'hui des substances de synthèse, c'est-à-dire fabriquées par l'homme.

### ● La vaccination, un traitement préventif

● Vacciner un individu consiste à lui injecter des microbes modifiés : les microbes contenus dans le vaccin ne sont plus dangereux mais suffisent à stimuler ses défenses immunitaires. L'individu produit alors des **anticorps** qui assurent sa protection en cas de contact futur avec le microbe.

● La vaccination protège les individus et les populations contre la contamination ou l'infection.

## MÉTHODE

### ● Analyser un texte scientifique

> La bactérie est un micro-organisme unicellulaire, sans noyau, présent dans tous les écosystèmes. Certaines bactéries peuvent être pathogènes, parfois mortelles. Les infections bactériennes peuvent être traitées avec des antibiotiques. Faisant preuve d'une extraordinaire diversité, les bactéries ont colonisé tous les milieux. Certaines peuvent même vivre dans des conditions extrêmes.

● **Repérer les informations importantes :** la cellule bactérienne n'a pas de noyau, elle se différencie ainsi des autres cellules du monde vivant.

● **Souligner les mots difficiles et rechercher leur définition :** pathogène.

● **Approfondir en s'interrogeant sur le sens de certains mots :** quelles peuvent être des conditions extrêmes ? Cela peut être par exemple les très basses ou très hautes températures. Leur très grande diversité permet aux bactéries de se développer dans tous les milieux.

# EXOS

**1** * **Compare ces deux photos prises au microscope puis réponds aux questions.**

**A.** Staphylocoque doré.   **B.** Bactérie à la surface de la peau, d'une muqueuse ou de la paroi intestinale.

**1.** Décris la forme de chacune de ces bactéries.
Photo A : ....................................................
Photo B : ....................................................

**2.** D'après leur forme, laquelle selon toi est appelée « coque » ? Laquelle est appelée « bacille » ?
....................................................
....................................................

**2** ** **Lis le texte suivant puis réponds aux questions.**

« À l'âge adulte, le nombre total moyen d'espèces bactériennes est estimé à plus de 500 par individu. Une caractéristique majeure du microbiote intestinal adulte est sa capacité de régénération à la suite d'une perturbation. Par exemple après une antibiothérapie, la composition du microbiote intestinal retourne à son état initial au bout de 1 à 3 mois chez l'homme. Cependant, une exposition répétée aux antibiotiques entraîne, à terme, une diminution de la diversité bactérienne et perturbe le retour à l'état initial. »

D'après P. Lepage. *Le Microbiote intestinal humain*, 2015.

**1.** Qu'est-ce que le microbiote intestinal ? Aide-toi du Cours pour répondre.
....................................................
....................................................

**2.** Qu'est-ce qu'une antibiothérapie ?
....................................................
....................................................

**3.** Pourquoi une antibiothérapie perturbe-t-elle le microbiote instestinal ?
....................................................
....................................................

**4.** Quelle est la conséquence d'une exposition répétée du microbiote intestinal aux antibiotiques ? Pourquoi est-ce un problème ?
....................................................
....................................................
....................................................

**5.** Pour éviter cela, comment faudrait-il donc utiliser les antibiotiques ?
**a.** ☐ les utiliser dès que l'on est malade
**b.** ☐ ne les utiliser qu'en cas de réelle nécessité

**3** *** **Analyse le schéma suivant et son texte d'accompagnement puis réponds aux questions.**

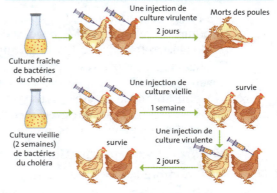

Ce schéma illustre une expérience menée par Louis Pasteur sur une maladie provoquée par une bactérie, le choléra des poules, que Pasteur décrit ainsi en 1880 :

« Prenons quarante poules, inoculons-en vingt avec un virus très virulent : les vingt poules mourront. Inoculons les vingt autres avec le virus atténué, toutes seront malades, mais elles ne mourront pas. Laissons-les se guérir et revenons ensuite, pour ces vingt poules, à l'inoculation du virus très infectieux : cette fois, il ne tuera pas. »

**1.** Décris le protocole expérimental réalisé par Louis Pasteur.
....................................................
....................................................

**2.** Quel le résultat important de l'expérience de Pasteur ?
....................................................
....................................................

**3.** Que signifie « culture vieillie » ? Quelle est sa caractéristique ?
....................................................
....................................................

# 17 Reproduction et sexualité

**OBJECTIF** • Comprendre la biologie de la reproduction et son contrôle hormonal

## COURS

### ● La puberté, passage de l'enfance à l'adolescence et à l'âge adulte

● Ce passage s'accompagne de transformations physiques et comportementales.
● Les **caractères sexuels primaires** sont présents dès la naissance : pénis et testicules chez le garçon ; vulve, utérus et ovaires chez la fille. Au moment de la puberté, les **caractères sexuels secondaires** apparaissent : poils pubiens, poitrine, hanches chez les filles ; mue de la voix, élargissement des épaules, pomme d'Adam, barbe chez les garçons.

### ● Le développement des organes reproducteurs

● Chez le garçon, lors de la puberté, les testicules deviennent fonctionnels : ils vont produire toute la vie une **hormone**, la **testostérone**, responsable du développement sexuel et de la sécrétion des cellules reproductrices ou **gamètes mâles**, les **spermatozoïdes**.
● Chez la fille, les ovaires vont produire jusqu'à la ménopause deux types d'hormones : l'**œstrogène** (responsable des caractères sexuels secondaires) et la **progestérone** (responsable de la grossesse). Ils vont aussi produire des gamètes femelles, les ovules, au rythme d'un **ovule** par **cycle menstruel**. Un **cycle menstruel** débute le premier jour des **règles** et s'achève au dernier jour avant les règles suivantes.

### ● Hormones, reproduction et contraception

● De nombreux moyens existent pour contrôler la procréation et que celle-ci soit un choix. Diverses méthodes de contraception permettent par exemple d'empêcher la fécondation (pilules contraceptives, préservatif…).
● Les pilules contraceptives, en modifiant l'équilibre hormonal, empêchent la production des hormones responsables de la production d'ovules.

## MÉTHODE

### ● Analyser un schéma et le relier à une photographie

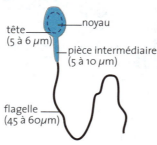 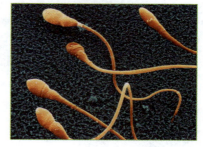

Spermatozoïde observé au microscope électronique à balayage.

● **Analyser le schéma pour en extraire des informations** : la tête du spermatozoïde contient un noyau, le spermatozoïde est donc une cellule. Le flagelle permet au spermatozoïde de se déplacer très rapidement.
● **Repérer les différents éléments sur la photographie** : le noyau et le flagelle sont clairement identifiables.

# EXOS

**1** Relie chaque terme à ses caractéristiques.

1. utérus
2. testicule
3. vagin
4. ovaire
5. prostate

a. lieu de production des spermatozoïdes
b. muscle aux parois très épaisses dont la partie interne est à l'origine des règles
c. lieu de production des ovules
d. il permet notamment l'écoulement des règles et les relations sexuelles
e. glande dont la sécrétion active les spermatozoïdes

**2** Complète ces schémas des appareils génitaux masculin et féminin à l'aide des termes suivants :

colonne vertébrale – rectum – anus – vessie – pénis – testicule – ovaire – utérus – vagin

**a. Appareil génital masculin**

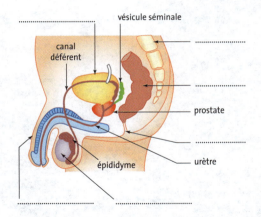

**b. Appareil génital féminin**

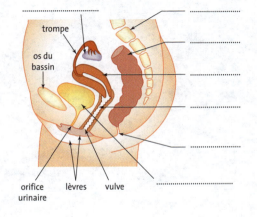

**3** Analyse le schéma et le texte suivants puis réponds aux questions.

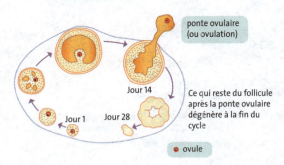

Doc Bordas *SVT 5ᵉ* p 99 avril 1997

Les ovules sont formés avant la naissance de la petite fille et sont contenus à l'état de petits follicules dans les ovaires. Ces follicules deviennent matures au moment de la puberté et donnent des ovules au rythme d'un par cycle. Un cycle de maturation ovulaire est représenté sur le schéma.

**1.** Quelle différence importante caractérise la production des ovules par rapport à celle des spermatozoïdes ?

..................................................................................
..................................................................................

**2.** Que devient l'ovule après la ponte ovulaire ?

..................................................................................

**3.** D'après le schéma et sachant que la durée de vie de l'ovule est de 24 heures, à quelle période du cycle la fécondation est-elle possible ?

..................................................................................

**4.** Si l'ovule n'est pas fécondé, la paroi interne de l'utérus, appelée muqueuse utérine, est détruite. Par quoi cette destruction se traduit-elle ?

..................................................................................

*Livret de corrigés p. 27*

# Physique-Chimie

## Organisation et transformation de la matière

1. Les états physiques de la matière .................... 242
2. La masse et le volume .................... 244
3. Les changements d'état de l'eau .................... 246
4. Les transformations chimiques .................... 248
5. L'organisation de la matière dans l'Univers .................... 250

## Mouvements et interactions

6. Caractériser un mouvement .................... 252

## L'énergie et ses conversions

7. Les sources et les transferts d'énergie .................... 254
8. Qu'est-ce qu'un circuit électrique ? .................... 256
9. Les circuits électriques en boucle simple .................... 258
10. Les circuits électriques comportant des dérivations .................... 260

## Des signaux pour observer et communiquer

11. Lumière, vision et signaux lumineux .................... 262
12. La propagation rectiligne de la lumière .................... 264
13. Le son .................... 266

+ une évaluation page 280

# 1 Les états physiques de la matière

**OBJECTIF** • Connaître les trois états différents de la matière

## COURS

### • Distinctions entre les solides, les liquides et les gaz

- Un **solide** a une forme qui lui est propre ; on peut le saisir avec les doigts.
- Un **liquide**, au contraire, ne peut être saisi, il coule et prend la forme du récipient qui le contient.
- La surface libre d'un liquide au repos est plane et horizontale.

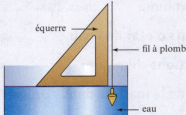

- Les gaz sont souvent incolores, comme l'air qui nous entoure.
- Ils occupent tout le volume qu'on leur offre.
- Ils sont, de plus, facilement compressibles ou expansibles.

### • Les différents états de l'eau

Dans la nature, on trouve l'eau le plus souvent à l'état liquide (océans, fleuves, lacs…), mais elle existe aussi à l'état solide (neige, glace) et à l'état gazeux (vapeur d'eau dans l'air).

## MÉTHODE

### • Étudier la solidification de l'eau pure

- **Le principe :** observer la variation de la température d'une eau pure que l'on refroidit.

- **Le protocole :** placer un tube à essais contenant de l'eau pure dans un mélange réfrigérant, composé de glace pilée et de sel. Agiter constamment la sonde du thermomètre jusqu'à la solidification, tout en notant les températures toutes les minutes.

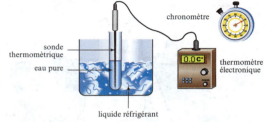

| Durée (min)     | 0  | 1 | 2 | 3 | 4 | 5 | 6 | 7  | 8  | 9  |
|-----------------|----|---|---|---|---|---|---|----|----|----|
| Température (°C)| 12 | 7 | 3 | 0 | 0 | 0 | 0 | -1 | -3 | -6 |

- **Conclusion :** au cours de la solidification de l'eau pure, la température reste constante et égale à 0° C.

# EXOS

**1** * On verse de l'eau dans ces récipients jusqu'au niveau indiqué par la flèche.

Dessine la surface libre du liquide.

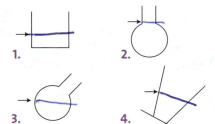

**2** ** **1.** Par temps sec, l'air qui nous entoure contient de l'eau. Sous quel état se trouve cette eau ? Avec quel appareil mesure-t-on sa quantité ?

**2.** Propose une expérience qui permettrait de prouver que l'air contient de l'eau.

**3** ** **1.** Complète le tableau suivant en indiquant par une croix s'il s'agit de solide, de liquide ou de gaz.

|  | Solide | Liquide | Gazeux |
|---|---|---|---|
| Nuage |  |  |  |
| Neige |  |  |  |
| Brouillard |  |  |  |
| Givre |  |  |  |
| Rosée |  |  |  |

**2.** Recherche comment se forment les nuages, le brouillard, le givre et la rosée.

**4** ** **1.** Tu descends un verre, ouverture en bas, dans de l'eau, en le maintenant bien vertical ; qu'observes-tu ? Explique et fais un schéma de ton expérience.

**2.** Recherche le principe des premières « cloches à plongeur ».

**5** ** Prends une seringue et vérifie que le piston peut se déplacer. En laissant l'orifice ouvert, tire le piston, puis bouche l'orifice **a**.

**1.** Enfonce **b.**, puis tire le piston **c.** Qu'observes-tu ?

............................................................................................

Quelles sont les propriétés mises en évidence ?

............................................................................................
............................................................................................

**2.** Si on imagine qu'un gaz est constitué d'un grand nombre de petites particules éloignées les unes des autres, complète chaque schéma ci-dessus en représentant l'air à l'intérieur des seringues.

**6** *** **1.** Complète les phrases suivantes avec les mots : liquides, solides ou gaz.

– Les ........................... peuvent être saisis avec les doigts, tandis que les ........................... ou les ........................... ne peuvent pas l'être.

– Les ........................... s'échappent d'un récipient ouvert, tandis que les ........................... restent au fond du récipient.

**2.** Cite le nom d'un solide dur et cassant, d'un solide pulvérisé, d'un gaz incolore et transparent.

............................................................................................
............................................................................................
............................................................................................

# ...masse et le volume

**OBJECTIF** • Appréhender la densité ou la masse volumique d'un corps ou d'une matière

## • La masse d'un « corps »

La masse d'un corps est une grandeur qui caractérise la quantité (ou l'abondance) de matière. Elle se mesure avec une balance et s'exprime en kilogramme (kg), en gramme (g) ou en tonne (t).

$$1 \text{ kg} = 1\,000 \text{ g}\,;\ 1\,000 \text{ kg} = 1 \text{ t.}$$

## • Le volume

• Le volume est la grandeur qui caractérise l'espace occupé par un objet. L'unité légale de volume est le mètre cube ($m^3$).
• On utilise également le décimètre cube ($dm^3$) et le centimètre cube ($cm^3$).

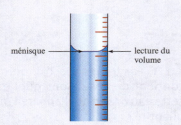

$$1 \text{ m}^3 = 1\,000 \text{ dm}^3\,;\ 1 \text{ dm}^3 = 1\,000 \text{ cm}^3.$$

• Le volume d'un liquide peut se mesurer en utilisant une éprouvette graduée.
• On exprime le volume d'un liquide en litre (L) ou en millilitre (mL).

$$1 \text{ L} = 1 \text{ dm}^3\,;\ 1 \text{ L} = 1\,000 \text{ mL}\,;\ 1 \text{ mL} = 1 \text{ cm}^3.$$

## • Précision des mesures

Lorsque l'on mesure la masse ou le volume d'un corps, le résultat est toujours entaché d'erreurs dues à l'expérimentateur et à l'appareil utilisé.

# MÉTHODE

## • Déterminer la masse d'un litre d'eau

• **Le principe :** mesurer la masse ($m$) d'un volume ($x$) d'eau ; calculer ensuite la masse ($M$) d'un litre d'eau (1 L = 1 000 $cm^3$).

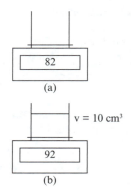

• **Le protocole :** on mesure la masse ($m_1$) de l'éprouvette vide (schéma a), puis on verse dedans $x$ $cm^3$ d'eau. On mesure alors la masse ($m_2$) de l'éprouvette et de l'eau (schéma b).

$x$ $cm^3$ d'eau ont une masse $m = m_2 - m_1$

On calcule alors la masse d'un litre d'eau.

$$M = \frac{m}{x} \times 1\,000$$

**OUTIL** Lorsqu'on connaît le volume et la masse d'un solide, on peut définir sa **masse volumique**, qui est le rapport entre sa masse et son volume.

$$\text{masse volumique du solide (en kg/dm}^3\text{)} = \frac{m \text{ (en kg)}}{V \text{ (en dm}^3\text{)}}$$

# EXOS

**1** * Pour faire une bonne mesure à l'aide d'une éprouvette graduée, il faut :
– faire attention à la graduation ;
– placer son œil à la base du ménisque et lire la valeur approchée correspondante.

Quelles lectures fais-tu sur chacune des éprouvettes suivantes ?

.......... 7,3 ..........         .......... 20,5 ..........

**2** ** Observe les dessins suivants et réponds aux questions.

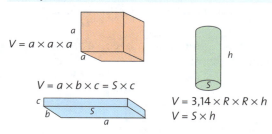

$V = a \times a \times a$

$V = a \times b \times c = S \times c$

$V = 3{,}14 \times R \times R \times h$
$V = S \times h$

**1.** Quelle méthode imaginerais-tu pour mesurer le volume d'eau contenu dans une piscine ?

**2.** Comment peut-on mesurer la contenance d'un verre ordinaire ?

**3.** Comment peut-on mesurer le volume de son propre corps ?

**3** ** **1.** On réalise la suite d'expériences décrites sur la figure ci-dessous. Quelles propriétés du volume d'un liquide met-on en évidence ?

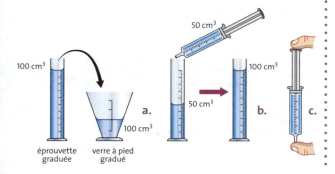

**2.** On détermine deux fois le volume ($V$) d'un même morceau de pâte à modeler, en modifiant sa forme.

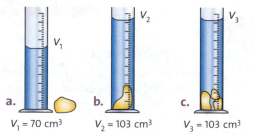

a. $V_1 = 70$ cm$^3$   b. $V_2 = 103$ cm$^3$   c. $V_3 = 103$ cm$^3$

Calcule les volumes $V_2$ et $V_3$. Que peut-on en déduire ?

**4** ** Une statuette, taillée dans un bois précieux, a une masse de 69 g et un volume de 60 cm$^3$.

**1.** Calcule la masse ($m$) de 1 cm$^3$ de cette matière.

**2.** Quelle est la masse ($M$) de 1 m$^3$ de ce bois (exprime la réponse en kilogrammes) ?

**5** *** Tu disposes du matériel suivant : éprouvette graduée de 25 mL, compte-gouttes, bécher, balance ou balance électronique.

Imagine des astuces expérimentales pour répondre aux deux questions suivantes.

**1.** Comment déterminer le volume d'une goutte d'eau ?

**2.** Comment déterminer la masse d'une goutte d'eau ?

**6** *** On a pesé différents volumes d'un liquide ; les résultats des mesures figurent dans le tableau suivant :

| $V$ (cm$^3$) | 10 | 20 | 30 | 40 | 50 |
|---|---|---|---|---|---|
| $m$ (g) | 10,3 | 20,6 | 30,9 | 41,2 | 51,5 |

**1.** Représente graphiquement la variation de la masse ($m$) en fonction du volume ($V$) (on représentera 10 cm$^3$ par 2 cm et 10 g par 1 cm).

**2.** Comment varient les deux grandeurs, masse et volume ?

**3.** Détermine, en utilisant le graphique, la masse de 35 cm$^3$ de liquide.

# 3 Les changements d'état de l'eau

**OBJECTIF** • Comprendre le cycle de l'eau et la dissolution des gaz dans l'eau

## COURS

### ● Le cycle de l'eau

Dans la nature, des changements d'état s'effectuent constamment selon les conditions atmosphériques. Ainsi, la glace fond si on la chauffe et l'eau gèle si on la refroidit ou s'évapore sous l'effet du soleil et du vent.

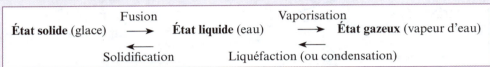

### ● Propriétés des changements d'état

● La glace fond (ou l'eau gèle) à la température de 0° C. La vaporisation de l'eau peut se produire, soit en surface (évaporation), soit dans tout le liquide (ébullition). L'eau bout à 100° C.

● Les changements d'état de l'eau se font avec variation de volume, mais sans variation de masse.

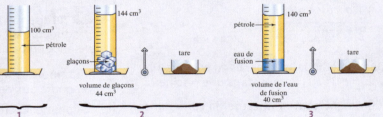

## MÉTHODE

### ● Recueillir le gaz dissous dans une eau minérale gazeuse

● **Le principe :** l'eau peut dissoudre certains gaz, comme l'oxygène ou le dioxyde de carbone ($CO_2$). Le dioxyde de carbone est un gaz incolore et non toxique. 1 litre de $CO_2$ pèse 1,96 gramme.

● **Le protocole :**
Chauffer modérément le ballon d'eau gazeuse ; des bulles apparaissent. Un gaz incolore s'échappe par le tube à dégagement et vient remplir le tube à essais sur la cuve à eau.

**OUTIL** Si on insuffle du dioxyde de carbone dans de l'eau de chaux claire, celle-ci se trouble en un précipité blanc. L'**eau de chaux** permet donc de révéler la présence de $CO_2$.

# EXOS

**1** * En t'aidant de tous les mots en *italique* du texte suivant, complète la figure en indiquant dans chaque rectangle les changements d'état concernés.

L'eau des océans s'*évapore* grâce à la chaleur du soleil. La vapeur d'eau formée s'élève, se refroidit et se *condense* pour donner naissance aux nuages. Les gouttelettes d'eau retombent sur le sommet des montagnes sous forme de pluie ou se *solidifient* sous forme de neige. Les glaciers redescendent dans les vallées, *fondent* et l'eau rejoint les fleuves et les lacs. Elle s'infiltre dans le sous-sol et retourne à l'océan.

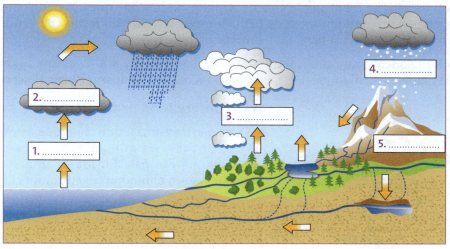

**2** * On recueille le gaz dissous dans une eau minérale.

Calcule le volume qui se dégage d'une bouteille d'eau de Perrier dont la masse diminue de 1,2 g lors du dégazage, sachant que dans les mêmes conditions, 1 L de dioxyde de carbone a une masse de 1,9 g.

**3** ** Place un gros glaçon dans un bécher rempli d'eau à ras bord.

Après quelques heures, la glace fond, mais le bécher ne déborde pas !
Explique cette constatation plutôt surprenante.

**4** ** Si l'on chauffe modérément des cristaux d'iode, ils émettent un gaz violet. La vapeur obtenue dépose des cristaux sur le tube froid.

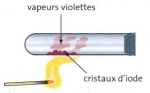

Complète le texte suivant avec les mots : subliment, solide, condense, gazeux.

Chauffés, les cristaux d'iode passent directement de l'état ..................... à l'état .....................
On dit qu'ils se ..................... La vapeur obtenue se ..................... sur le tube froid, et forme des cristaux à l'état .....................

**5** *** On chauffe 125 cm³ d'eau contenue dans un ballon et l'on relève sa température toutes les minutes. Les résultats obtenus figurent dans le tableau suivant :

| Durée (min) | 0 | 1 | 2 | 3 | 4 | 5 | 6 | 7 | 8 | 9 | 10 | 11 | 12 |
|---|---|---|---|---|---|---|---|---|---|---|---|---|---|
| Température (°C) | 20 | 28 | 36 | 44 | 52 | 60 | 68 | 76 | 84 | 92 | 100 | 100 | 100 |

1. Trace la courbe représentant la variation de la température en fonction de la durée de l'expérience (on représentera 10° C par 2 cm et 1 min par 1 cm).
2. Quelles conclusions peux-tu tirer de l'aspect de cette courbe ?

# 4 Les transformations chimiques

**OBJECTIF** • Comprendre la conservation de la matière dans les transformations chimiques

## COURS

### • Un peu d'histoire

• Il y a plus de 2 400 ans, le grec Leucippe avait imaginé que la « matière » était formée d'un grand nombre de petits morceaux invisibles incassables collés les uns aux autres. Ainsi est né le mot « **atome** », qui signifie « incassable » en grec.

• Nous savons aujourd'hui que, dans la nature, il n'y a ni création, ni disparition de matière (ou d'atomes). Cependant il y a beaucoup de **transformations chimiques**.

### • La conservation de la quantité de matière

• Dans une transformation chimique, les substances changent mais les atomes restent les mêmes et ne disparaissent pas. La masse totale dans une transformation chimique reste toujours la même.

• Autour de nous, les transformations ou réactions chimiques sont innombrables. La carbochimie, la pétrochimie produisent par exemple un grand nombre de matières qui n'existent pas dans la nature, comme les matières plastiques. Les êtres vivants transforment chimiquement les aliments (miel, lait, alcool, vin, etc).

## MÉTHODE

### • Interpréter les résultats d'une expérience

• **Le principe :** observer la variation de la masse des éléments lors d'une transformation chimique.

• **Le protocole :** peser ensemble une bouteille remplie d'un mélange d'eau et d'acide chlorhydrique et un morceau de craie (1). Placer le morceau de craie dans la bouteille à refermer aussitôt (2). Peser la bouteille après la dissolution du morceau de craie (3).

• **Conclusion :** les substances ont changé, pas la masse.

# EXOS

**1** * En langage de chimie, on peut décrire une réaction (ou transformation) chimique comme ceci :

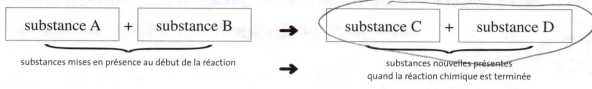

substances mises en présence au début de la réaction → substances nouvelles présentes quand la réaction chimique est terminée

Écris en langage chimique la réaction présentée dans la partie Méthode en plaçant correctement les mots suivants dans le schéma :

craie ($CaCO_3$) – dioxyde de carbone ($CO_2$) – acide chlorhydrique (HCl) – solution saline

.................. + .................. → .................. + ..................

**2** ** On pèse une tige de fer neuve, puis on la laisse à l'air libre. Elle est alors attaquée par le dioxygène de l'air. Le dioxygène se combine aux atomes de fer en formant du dioxyde de fer, ou « rouille » : c'est le phénomène d'oxydation. Au bout d'un certain temps, quand la tige de fer est bien rouillée, on la pèse à nouveau.

**1.** Selon toi, est-elle plus lourde, moins lourde ou de même masse que lorsqu'elle était neuve ? Cela revient à te demander si la tige de fer, après oxydation, est toujours composée du même nombre d'atomes.

**2.** Explique ta réponse à la question précédente.

**3** *** En chimie, les atomes sont représentés conventionnellement par des lettres ou par des boules. À l'aide des exemples fournis dans le premier tableau, complète le second.

| Atome | Lettre | Boule |
|---|---|---|
| Atome d'hydrogène | H | (blanc) |
| Atome d'oxygène | O | (rouge) |
| Atome de carbone | C | (noir) |
| Atome d'azote | N | (bleu) |

| Molécule | Représentation par lettres | Représentation par boules |
|---|---|---|
| Dihydrogène | $H_2$ ou HH | (deux boules blanches) |
| Dioxygène | $O_2$ ou O=O | |
| Eau | $H_2O$ ou H-O-H | |
| Dioxyde de carbone | ........... ou O=C=O | (rouge-noir-rouge) |
| Diazote | $N_2$ ou N≡N | |
| Ammoniac | $NH_3$ ou H-N(H)-H | |

**4** *** Le gaz méthane ($CH_4$) « brûle » avec le dioxygène ($O_2$) en fournissant de la chaleur et en se transformant en dioxyde de carbone ($CO_2$) et en vapeur d'eau ($H_2O$).
Remplis les cases « substance C » et « substance D » en écriture chimique.
*Aide* : les atomes de l'ensemble des substances A et B du début de la réaction chimique se retrouvent tous dans l'ensemble des substances C + D à la fin de la réaction chimique.

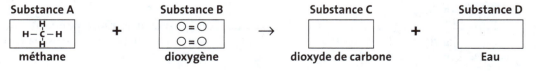

Substance A : méthane + Substance B : dioxygène → Substance C : dioxyde de carbone + Substance D : Eau

# 5 L'organisation de la matière dans l'Univers

**OBJECTIF** • Découvrir que l'Univers évolue et se transforme en permanence

## COURS

- La Terre tourne autour du Soleil, tout comme Mercure, Vénus, Mars, Jupiter, Saturne, Uranus et Pluton, les autres **planètes** de notre **système solaire**.
- Notre système solaire fait partie d'une **galaxie**, la **Voie lactée**, qui comporte des milliards de soleils. Le notre est l'un des plus petits. Les galaxies font partie d'**amas de galaxies** qui comportent eux-mêmes un grand nombre de galaxies.

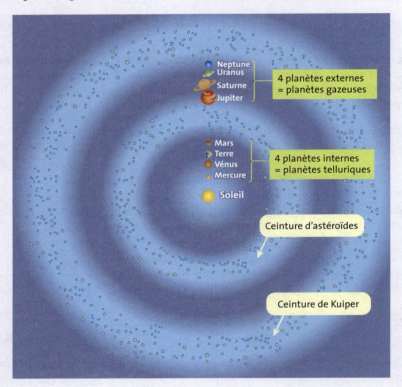

## MÉTHODE

### • Choisir l'unité de mesure appropriée

- **Adapter l'unité à ce que l'on mesure.** Pour cela, il faut choisir l'unité qui permet de manier de petits nombres. Par exemple, il est plus pratique de donner la largeur de cette page en centimètres (19 cm) qu'en kilomètres (0,00019 km).

- **Connaître et utiliser différentes unités de mesures.** Pour mesurer les distances dans l'univers, on utilise :
  – l'unité astronomique (UA), qui est la distance entre le Soleil et la Terre : 150 000 000 km ;
  – l'année lumière (AL), qui est la distance parcourue par la lumière pendant une année à la vitesse de 300 000 km/seconde. 1 AL = environ 10 000 milliards de km ou $10^{13}$ km.

# EXOS

**1** * Voici les distances des planètes à partir du Soleil, c'est-à-dire le diamètre de leur orbite :
Mercure 0,38 UA – Vénus 0,72 UA – Terre 1 UA – Mars 1,52 UA – Jupiter 5,21 UA – Saturne 9,54 UA – Uranus 19,18 UA – Neptune 30,11 UA

1. Représente leur position sur l'axe suivant (0,5 cm représente 1 UA).

2. Calcule en kilomètres le diamètre de l'orbite de Neptune autour du Soleil (c'est-à-dire la distance de Neptune au soleil).

**2** ** 1. Relie chaque type de planète à sa définition.

planètes internes (telluriques) •    • avant la ceinture d'astéroïdes

planètes externes (gazeuses) •    • au-delà de la ceinture d'astéroïdes

2. Nomme toutes les planètes externes de notre système solaire.

**3** *** 1. La Terre tourne sur elle-même en 24 heures. Son diamètre à l'équateur est 12 756 km.

Si tu te trouves exactement sur l'équateur (par exemple vers Quito, la capitale de l'Équateur), à quelle vitesse tournes-tu ? Donne ta réponse en km/h.

2. La Terre tourne autour du Soleil en 365 jours. La distance Terre-Soleil est 150 000 000 km.

Calcule à quelle vitesse la Terre tourne autour du Soleil sur son orbite circulaire. Donne ta réponse en km/h et compare-la avec la vitesse de rotation de la Terre sur elle-même calculée à la question précédente.

**4** ** À l'aide d'un laser puissant, on envoie depuis Paris un signal lumineux en direction d'un miroir posé sur la Lune. Entre le départ et le retour du signal, il se passe 2,56 secondes.

Quelle est la distance de la Terre à la Lune ? Pour la calculer, tu as besoin de connaître la vitesse de la lumière : 299 792 458 m/s.

**5** *** Le Soleil vient juste de se coucher à l'horizon. Anne s'exclame : « Quel beau coucher de soleil ! » Marc répond : « Tu sais Anne, le Soleil est déjà couché depuis un bon moment ! »

1. Marc a-t-il raison ? Pourquoi ?

2. Depuis combien de temps le Soleil est-il couché ?

Pour le savoir, tu as besoin de connaître la vitesse de la lumière solaire (300 000 km/s) et la distance de la Terre au Soleil (150 000 000 km).

# 6 Caractériser un mouvement

**OBJECTIF** • Mieux comprendre les déplacements des objets dans leur environnement

## COURS

### • Les caractéristiques d'un mouvement

Un objet en mouvement se déplace dans une **direction** et un **sens** et à une certaine **vitesse**. Par exemple, un train se déplace dans la direction Paris-Bordeaux, dans le sens Bordeaux vers Paris, à 120 km/h. Sa **trajectoire** peut avoir différentes formes : rectiligne (en ligne droite), courbe, circulaire, sinueuse… Sa vitesse peut être uniforme (si elle est constante), accélérée, ralentie…

### • Le référentiel

Un objet se déplace toujours par rapport à un autre objet qui est choisi comme référence : le **référentiel**. Par exemple, le train se déplace par rapport à la vache immobile qui le regarde passer. Il se déplace en ligne droite et garde la même vitesse : son mouvement est rectiligne et uniforme. Pour le passager du wagon, c'est la vache qui semble bouger par rapport au train car il va lui-même aussi vite que le train.

## MÉTHODE

### • Analyser un graphique

**Graphique de marche d'un TER et d'un train de marchandises (TDM)**

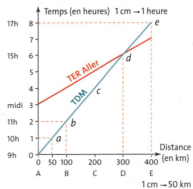

• **Comprendre ce que représente le graphique.** Le train de marchandises (TDM) roule à 50 km par heure et part de la ville A à 9 h pour se rendre à la ville E sans arrêt. Le Train Express Régional (TER) roule à 100 km/h et part de la ville A à 12 h pour se rendre à la ville E sans arrêt.

• **Lire un point du graphique.** Au point a, il est 10 h et le TDM a parcouru une distance de 50 km.

• **Interpréter les données.** Les deux droites se croisent au point d. Cela signifie qu'au point d, c'est-à-dire à 15 h et à 300 km du départ, le TER rattrape le TDM.

# EXOS

**1** Choisis parmi les unités suivantes celle qui est le mieux adaptée à chaque vitesse proposée : mm/s – cm/s – cm/an – m/s – km/s – km/h.

1. ..............
2. ..............
3. ..............
4. ..............

**1.** Vitesse d'un escargot : ..............

**2.** Vitesse d'un TGV : ..............

**3.** Vitesse de la lumière : ..............

**4.** Vitesse d'éloignement du continent américain par rapport au continent africain : ..............

**2** La distance D parcourue par un objet est proportionnelle à sa vitesse V et à la durée du déplacement T.

**1.** À l'aide de cette explication, complète la formule de calcul d'une distance :

Distance = ..............  x  ..............
(en km)    (en km/h)           (en h)

**2.** Écris la même formule avec des lettres :

D = .............. x ..............

**3.** Un train roule pendant 4 heures à 30 km/h. Quelle distance a-t-il parcouru ?
..............

**3** Un escargot prêt pour une course d'escargots parcourt en moyenne 5 centimètres par minute.

Quelle distance peut-il parcourir en 5 heures ? Donne ta réponse en mètres.
..............
..............

**4** Combien de temps la lumière du Soleil met-elle pour parvenir à la Terre ? Fais tes calculs sur une feuille de brouillon.

Distance Terre-soleil = 150 000 000 km
Vitesse de la lumière = 300 000 km/s
..............

**5** Calcule la vitesse moyenne d'un scootériste qui parcourt régulièrement une distance de 8 800 m en 8 minutes. Donne ta réponse en km/h.
..............

**6** Représente-toi le mouvement des aiguilles d'une montre puis réponds aux questions.

**1.** Combien chacune de ces aiguilles fait-elle de tours du cadran en une journée ?
**A.** L'aiguille des secondes (la trotteuse) :
..............
**B.** L'aiguille des minutes :
..............
**C.** L'aiguille des heures :
..............

**2.** Quelle distance l'extrémité de chacune de ces aiguilles parcourt-elle en 24 heures ? Toutes deux mesurent 2 cm.
**A.** L'aiguille des minutes :
..............
**B.** La trotteuse :
..............

**7** Depuis 180 000 000 ans, le continent américain s'écarte du continent africain, si bien que la distance occupée par l'océan Atlantique entre les États-Unis et le Maroc est actuellement de 4 830 km.

À quelle vitesse moyenne l'Amérique s'est-elle écartée de l'Afrique ? Pense à bien choisir tes unités pour ton calcul et pour ta réponse !

# 7 Les sources et les transferts d'énergie

**OBJECTIF** • Savoir que toutes les énergies proviennent directement ou indirectement du Soleil

## COURS

- Toutes les sources d'énergie dont les hommes disposent proviennent du Soleil et de la Terre.
- La **lumière** captée durant le jour avec des panneaux solaires permet de produire principalement de l'**électricité** et de l'**eau chaude**.
- Les **vents**, qui résultent de l'alternance jour chaud et nuit froide, entraînent moulins et éoliennes. Ceux-ci produisent de l'**énergie mécanique** (pompe à eau), font tourner des alternateurs électriques. Les **pluies** alimentent les cours d'eau et les **barrages** qui font, eux aussi, tourner alternateurs et moulins.
- Les **végétaux**, grâce à la photosynthèse, fournissent du bois de **chauffage** qui a longtemps fait tourner les **machines à vapeur**.

- Les **ressources fossiles** (charbon, pétrole, gaz) sont à la base de la consommation mondiale d'énergie. Elles alimentent les centrales qui fournissent l'électricité et les raffineries de pétrole (essence, fioul, kérosène).
- La fission nucléaire des **minéraux radioactifs** fournit de l'énergie : 82 % de l'électricité consommée en France en 2015 proviennent de l'énergie nucléaire.
- La **nourriture** provenant des cueillettes, chasses, pêches, agricultures et élevages nous fournit l'énergie nécessaire pour grandir, grossir et nous reproduire.

## MÉTHODE

- **Identifier une source d'énergie**

- **Différencier les types d'énergie.** L'énergie peut être mécanique, chimique, magnétique, électrique, thermique… Il en existe de nombreuses formes. Si je fais du vélo, ce sont mes muscles qui transmettent l'énergie mécanique nécessaire au pédalier qui fait tourner la roue grâce à la chaîne.

- **Repérer les transferts d'énergie.** Pour actionner le pédalier, mes muscles ont besoin d'énergie. La nourriture que j'absorbe est transformée chimiquement en énergie et transmise à mes muscles.

# EXOS

**1** ★ **Observe ces schémas puis réponds aux questions.**

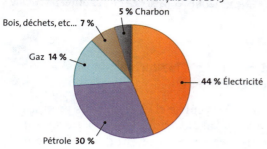
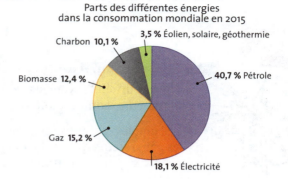

1. Quelle est la source d'énergie la plus utilisée en France ? et dans le monde ?
...................................................................................................................

2. Comment peux-tu expliquer cette différence ?
...................................................................................................................
...................................................................................................................

3. Recherche ce qu'est la biomasse.
...................................................................................................................

**2** ★ **Indique grâce à quel type d'énergie fonctionnent les éléments suivants.**

1. Les grands barrages dans lesquels les alternateurs tournent grâce à la force de la chute de l'eau :

énergie .........................................................

2. L'ampoule de ta lampe qui s'allume :

énergie .........................................................

3. L'omelette qui cuit dans une poêle :

énergie .........................................................

**3** ★★ Une énergie renouvelable doit avoir un renouvellement très rapide pour être considérée comme inépuisable.

Entoure parmi les sources d'énergie ou dispositifs énergétiques suivants ceux qui peuvent être considérés comme des énergies renouvelables véritables :

vent – bois – fusion nucléaire – chauffe-eau solaire – panneau photovoltaïque – barrage hydroélectrique – charbon – fusion nucléaire – éolienne

**4** ★★★ Pour éclairer le salon, tu as le choix entre :

**A.** une lampe halogène de puissance 500 W

**B.** 3 lampes à incandescence de puissance 100 W chacune

**C.** 6 lampes économiques de puissance 14 W chacune

1. Calcule l'énergie consommée dans chacun des cas si le salon reste allumé pendant 4 heures. Donne ton résultat en kilowatt/heure (kWh).
...................................................................................................................
...................................................................................................................
...................................................................................................................

2. Quelle est la solution la plus économique ? La moins économique ?
...................................................................................................................
...................................................................................................................

3. Calcule l'économie d'énergie réalisée avec cette solution pendant toute une année bissextile (366 jours) avec un salon éclairé en moyenne 4 heures par jour.
...................................................................................................................
...................................................................................................................
...................................................................................................................

# 8. Qu'est-ce qu'un circuit électrique ?

**OBJECTIF** • Prendre conscience de la notion de circuit

## COURS

### • Composition d'un circuit

• Un circuit électrique est constitué par une chaîne fermée de dipôles conducteurs, comprenant au moins un générateur.

• Les **dipôles**, composants à deux bornes, peuvent se classer en trois groupes :
– les générateurs qui sont à l'origine du courant électrique (piles, batteries…) ;
– les récepteurs qui utilisent le courant électrique pour produire différents effets (lampes, moteurs…) ;
– les conducteurs qui conduisent le courant (fils de connexions…).

### • Représentation d'un circuit

Elle se fait à l'aide de symboles normalisés.

| Générateur | Lampe | Interrupteur | | Résistance | DEL | Moteur |
|---|---|---|---|---|---|---|
| Pile | ⊗ | Ouvert | Fermé | ▭ | ▶| | M |
| ⊢⊢ G | ⊖ | | | | | |

## MÉTHODE

### • Schématiser un circuit électrique

**Montage de deux lampes en série**

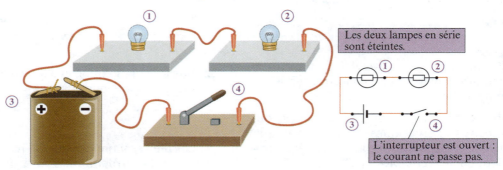

Les deux lampes en série sont éteintes.

L'interrupteur est ouvert : le courant ne passe pas.

**Remarques**

• L'interrupteur est ouvert, il se comporte comme un isolant : le courant ne passe pas (on dit que le circuit est ouvert).

• Si on ferme l'interrupteur, il se comporte alors comme un conducteur : le courant passe (on dit que le circuit est fermé).

# EXOS

**1** * Complète les dessins en représentant le fil qui est nécessaire pour que la lampe brille.

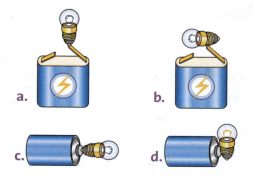

**2** * Représente le montage ci-dessous en utilisant les schémas normalisés des composants.

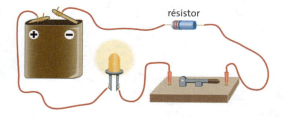

**3** * Certaines punaises sont reliées entre elles sous le carton par un fil conducteur.

En utilisant une pile, une lampe et deux fils, on a réalisé les circuits de la figure ci-dessous.

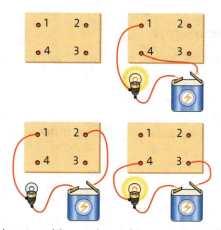

Sachant qu'il y a deux fils sous le carton, découvre leurs positions. Schématise toutes les solutions possibles.

**4** ** Quelles sont les lampes allumées dans le montage suivant ?

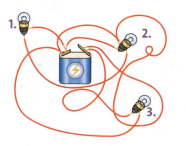

Réponse : ................................................................

**5** ** On dispose de deux piles A et B, et de deux lampes 1 et 2. On fait les essais représentés sur la figure.

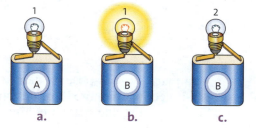

Peux-tu en déduire que l'une des deux piles est usée ? Si oui, laquelle et pourquoi ?

Peux-tu en déduire que l'une des deux lampes est grillée ? Si oui, laquelle et pourquoi ?

**6** *** Certains matériaux laissent passer le courant ; ils sont conducteurs. D'autres au contraire ne le permettent pas ; ils sont isolants.

**1.** Imagine un circuit qui permette de trier différents matériaux selon cette propriété. Fais un schéma de ton montage.

**2.** Recopie la liste des matériaux suivants, et encadre ceux qui sont conducteurs : acier, verre, fer, graphite (mine de crayon), caoutchouc, matière plastique, aluminium.

**3.** Comment testerais-tu de l'eau, de l'eau salée, de l'huile ? Quels seraient les résultats des tests ?

# 9 Les circuits électriques en boucle simple

**OBJECTIF** • Connaître les propriétés des circuits en série (ou en boucle simple)

## COURS

### ● Circuit en série

Les dipôles constituant un circuit en série ne forment qu'une seule boucle. Ils sont tous reliés les uns à la suite des autres.

### ● Propriétés des circuits en « série »

● Si dans un montage en série, l'un des composants se détériore (lampe grillée ou dévissée par exemple), alors le circuit est ouvert ; le courant ne circule plus.
● Le montage de plusieurs lampes en série affaiblit leur éclat.

● La place des composants dans un circuit série n'a pas d'importance.
● Si l'on court-circuite l'une des lampes en réunissant ses deux bornes à l'aide d'un fil conducteur, elle s'éteint et les autres éclairent davantage.

## MÉTHODE

### ● Reconnaître le sens du courant dans un circuit

Le courant électrique a un sens de circulation : par convention, il va dans le circuit de la borne positive du générateur vers sa borne négative.

● **Le principe :** une diode ne se laisse traverser par le courant électrique que dans un seul sens ; ce sens correspondant au sens de la flèche de son symbole.

● **Le protocole :** on branche une diode en série dans le circuit et on ferme l'interrupteur. Selon l'état de la lampe (brille ou ne brille pas), on peut en déduire le sens de branchement de la diode (sens passant ou sens bloquant) et connaître alors le sens du courant dans le circuit.

 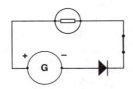 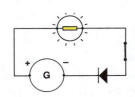

# EXOS

**1** *

1. Indique les composants du circuit représenté ci-dessous.

2. Si tu disposes du matériel nécessaire, réalise ce circuit.

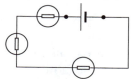

**2** *

L'interrupteur de la figure est un commutateur à deux directions.

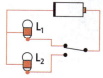

Schématise deux fois ce montage, d'abord pour que la lampe $L_1$ soit allumée, puis la lampe $L_2$.

**3** **

Dans le circuit suivant, les trois lampes sont identiques et brillent faiblement.

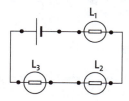

1. Reproduis le schéma précédent en ajoutant un interrupteur au circuit.

2. Si l'on court-circuite la lampe $L_3$, que constate-t-on ? Fais un schéma.

3. Si la lampe $L_2$ grille, $L_1$ et $L_3$ brillent-elles ?

**4** **

**Observe le montage suivant et réponds aux questions.**

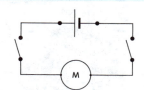

1. Quelle est la condition pour que le moteur fonctionne ?

2. Quel est l'appareil électrique, utilisé au jardin, qui possède deux interrupteurs ?

3. Quel est l'intérêt de ce montage ?

**5** **

Le schéma ci-dessous représente un montage qui permet de commander une lampe à partir de deux endroits différents.

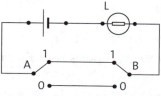

1. Complète la table de vérité de ce montage en indiquant 0 ou 1 pour l'état de la lampe (lampe éteinte : état 0 ; lampe allumée : état 1), selon la position des deux commutateurs A et B.

| A | B | Lampe |
|---|---|-------|
| 0 | 0 |       |
| 1 | 0 |       |
| 1 | 1 |       |
| 0 | 1 |       |

2. Explique pourquoi ce montage est appelé « va-et-vient ».

**6** ***

Regarde le montage en boucle. Lorsque l'interrupteur est fermé, la lampe ne s'allume pas. Pour trouver les causes de la panne, on relie successivement, interrupteur fermé, les deux bornes A et B d'une lampe « test » avec différents points du circuit.

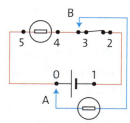

Les résultats sont donnés sur le tableau suivant. Dis où se trouvent les pannes et explique ta réponse.

| Contacts réalisés | Lampe « test » |
|-------------------|----------------|
| 0-1               | allumée        |
| 0-2               | allumée        |
| 0-3               | allumée        |
| 0-4               | éteinte        |
| 1-5               | allumée        |
| 1-4               | éteinte        |

# 10 Les circuits électriques comportant des dérivations

**OBJECTIF** • Connaître les propriétés des circuits en dérivation (ou en parallèle)

## COURS

● **Circuit électrique avec des dérivations**

● Deux dipôles sont reliés en dérivation (on dit encore en parallèle), lorsque leurs deux bornes sont reliées directement aux deux bornes de la pile.

● Le circuit comporte alors plusieurs boucles.

● **Propriétés d'un montage de deux, ou plusieurs lampes en dérivations**

● Dans ce montage, la tension du générateur se retrouve aux bornes de chaque lampe : elles brillent normalement.

● Si l'une des lampes grille, les autres continuent d'éclairer.

● Si on court-circuite l'une des lampes, toutes s'éteignent. Cela équivaut à court-circuiter le générateur qui risque rapidement de se détériorer.

## MÉTHODE

● **Identifier les dangers électriques et s'en protéger**

● **Le principe :** le corps humain est **conducteur**. Il peut être traversé par un courant électrique qui provoque des brûlures ou des lésions graves (électrisation), parfois la mort par blocage de la cage thoracique ou paralysie du cœur (électrocution).

● **La prévention :** des **règles simples de sécurité** permettent d'éviter tout contact direct avec le courant électrique. Par exemple, ne pas utiliser d'appareil électrique près d'un élément conducteur (comme l'eau), ne jamais intervenir avec un objet conducteur (comme un tournevis) sur un fil branché ou encore utiliser des installations électriques en bon état.

# EXOS

**1** * **Schématise le montage ci-dessous.**

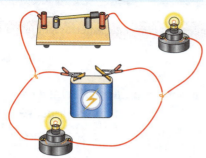

**2** ** Retrouve, dans chaque situation représentée, les règles simples qu'il faut respecter pour assurer ta sécurité.

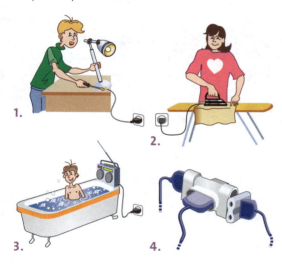

1.  2.  3.  4.

**3** ** Le circuit ci-dessous est celui d'un sèche-cheveux. Selon les états des deux interrupteurs A et B, l'air pulsé est froid ou chaud.

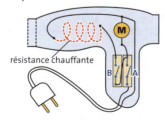

**1.** Schématise le circuit électrique de cet appareil.

**2.** La résistance peut-elle chauffer si le moteur ne tourne pas ?

**4** ** Le courant électrique arrive en 220 volts au compteur. Il est ensuite distribué dans les différentes pièces.

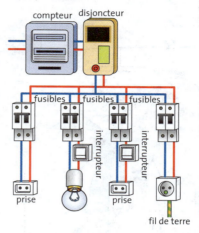

**1.** Cite les appareils qui assurent la sécurité des installations et des personnes.

**2.** Comment sont branchés les différents appareils utilisés dans la maison ?

**3.** Les récepteurs électriques utilisés dans la maison sont très nombreux. Cite quelques exemples en complétant le tableau suivant.

| Utilisation domestique | Récepteur |
|---|---|
| Éclairage | ............................... |
| Chauffage | ............................... |
| Télécommunication | ............................... |
| Moteur | ............................... |

**5** *** **Observe le montage suivant et réponds aux questions.**

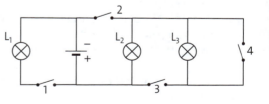

**1.** Indique l'état des lampes si l'on ferme successivement chaque interrupteur.

**2.** Peut-on allumer la lampe $L_3$ seule ?

**3.** Où faudrait-il placer l'interrupteur 2 pour pouvoir commander la lampe $L_3$ seule ?

# 11 Lumière, vision et signaux lumineux

**OBJECTIF** • Différencier les objets lumineux des objets qui réfléchissent la lumière

## COURS

### • Sources de lumière
• On voit les objets parce qu'ils sont lumineux.
• On distingue les sources de lumière **primaires**, qui émettent leur propre lumière (Soleil, lampe…), et les sources secondaires qui diffusent la lumière reçue d'une source primaire (Lune, satellite artificiel…).

### • Diffusion de la lumière
Un **corps transparent** se laisse traverser par la lumière, tandis qu'un **corps opaque** l'absorbe ou la rediffuse dans toutes les directions.

### • Voir un objet
Pour voir un objet, il faut nécessairement que celui-ci soit éclairé, et que la lumière diffusée puisse parvenir jusqu'à l'œil.

## MÉTHODE

### • Mener à bien une recherche documentaire

**Le sujet**
Réaliser un dossier qui présentera les travaux de quelques savants qui se sont intéressés à la lumière.

**Le travail de recherche**
• **Rechercher** dans un manuel les noms de quelques physiciens dont les travaux ont un rapport certain avec le sujet à traiter.
• **Sélectionner** dans un dictionnaire, ou dans une encyclopédie, les articles intéressants.

Par exemple :
**Copernic** (1473-1543) prouve que le Soleil est au centre de notre Univers.
**Newton** (1642-1727) montre que la lumière blanche est composée de lumières colorées.
**Fizeau** (1819-1906) mesure la vitesse de la lumière.

**La rédaction du dossier**
• **Établir** un plan.
• **Rédiger** des textes courts sans reproduire intégralement les articles sélectionnés.
• **Expliquer** les mots nouveaux.
• **Présenter** le travail en lui ajoutant un sommaire et en l'illustrant par quelques schémas ou figures.

# EXOS

**1** Il est d'usage de distinguer la lumière naturelle (lumière solaire) des lumières artificielles (lampe).

Explique pourquoi, dans une autre classification, on pourrait mettre le Soleil avec le filament d'une lampe, et la Lune avec un globe diffusant.

**2** Pourquoi, étant sur la plage, voit-on la lumière du phare, alors que le faisceau lumineux est manifestement dirigé vers la mer ?

**3** La lumière peut être produite de différentes façons.

**1.** Recherche la signification des mots suivants : luminescence, phosphorescence, incandescence, fluorescence.

**2.** Complète le tableau en proposant des exemples.

| luminescence | .................................................. |
| phosphorescence | .................................................. |
| incandescence | .................................................. |
| fluorescence | .................................................. |

**4** La matière se laisse plus ou moins traverser par la lumière. Explique la signification des adjectifs *transparent*, *translucide* et *opaque*, et donne quelques exemples de matériaux possédant ces propriétés.

Imagine une expérience pour montrer que la propriété d'un matériau d'être transparent ou opaque dépend avant tout de son épaisseur.

**5** Fais un dossier sur l'histoire de l'éclairage.

Utilise pour ta recherche les mots suivants : lampes à huile, chandelles et bougies, lampes à incandescence, tubes fluorescents.

Pars également des noms d'inventeurs ou de physiciens suivants : Chevreul, Philippe Lebon, Edison.

**6** Complète cette grille à l'aide des définitions ci-dessous.

**1.** Émission de lumière à basse température sous l'effet d'une décharge électrique.

**2.** Émission de lumière par certains corps chauds.

**3.** Émission de lumière par certains corps éclairés.

**4.** Émission de lumière par certains corps après avoir été éclairés.

# 12 La propagation rectiligne de la lumière

**OBJECTIF** • Connaître les propriétés de la propagation rectiligne de la lumière

## COURS

### • Propagation rectiligne

• Dans un milieu transparent et homogène, la lumière se propage en ligne droite appelée rayon de lumière. On le représente par un trait repéré par une flèche indiquant le sens de la propagation.

• Un faisceau de lumière, ensemble de rayons provenant d'une même source, peut être cylindrique, divergent ou convergent.

Faisceau cylindrique

Faisceau divergent

Faisceau convergent

### • Interpréter les ombres

La propagation rectiligne de la lumière explique la formation des ombres. Si on place un objet opaque entre une source lumineuse et un écran, on observe une ombre propre, qui est la partie non éclairée de l'objet, et une ombre portée, qui est la zone sombre projetée sur l'écran.

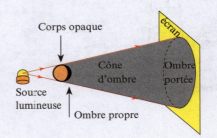

## MÉTHODE

### • Fabriquer et utiliser une chambre noire

La chambre noire a été utilisée dès le XVIe siècle pour reproduire des dessins. Elle est le précurseur de l'appareil photographique.

#### • Fabrication
Une chambre noire est une boîte fermée. L'une des faces est percée d'un petit trou (diamètre de 1 à 2 mm) laissant entrer la lumière. La face opposée est constituée d'une feuille de papier calque servant d'écran.

#### • Utilisation
Si on place un objet lumineux devant la face trouée de la chambre noire, on observe, sur le papier calque, sa reproduction à l'envers, colorée et lumineuse.

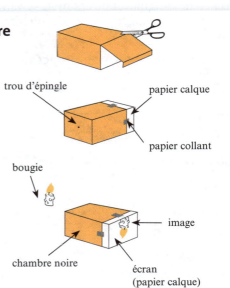

# EXOS

**1** ★★★ **Réponds aux questions suivantes en traçant des lignes sur les schémas.**

Trois écrans sont placés verticalement, et les uns derrière les autres à distances égales.

L'écran E1 porte trois taches : une rouge, une verte et une bleue. Les deux écrans $E_2$ et $E_3$ sont percés de trois trous.

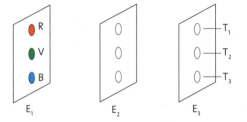

**1.** Que voit-on lorsque l'on regarde successivement et horizontalement par chacun des trous $T_1$, $T_2$ et $T_3$ ?

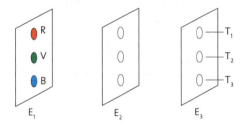

**2.** Que voit-on lorsque l'on regarde vers le haut par le trou $T_3$ ?

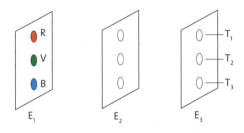

**3.** Que voit-on lorsque l'on regarde vers le bas par le trou $T_1$ ?

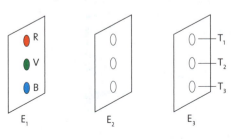

**2** ★ La lumière parcourt 300 000 km chaque seconde. Le son ne parcourt que 340 m pendant ce même temps.
En utilisant ces données, il est facile, en mesurant le temps qui sépare l'instant où l'on voit l'éclair et celui où l'on entend le tonnerre, de savoir si l'orage est proche ou non.
Explique ta méthode.
On suppose que 4 secondes séparent l'éclair et le tonnerre ; calcule la distance qui te sépare de l'orage.

**3** ★★ **Construis une chambre noire réglable pour améliorer les performances selon le modèle ci-dessous et réponds aux questions.**

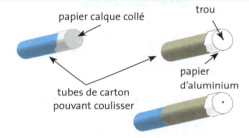

Observe, un jour bien ensoleillé, le monde extérieur.

**1.** Quelles sont les caractéristiques de « l'image » observée sur le papier calque de la chambre noire ?

**2.** Comment varie « l'image » si on augmente le diamètre du trou ?

**3.** Comment varie « l'image » si on augmente la distance entre le trou et l'écran sans rien changer d'autre ?

**4** ★★★ Une flèche lumineuse (AB), de hauteur $h$ = 2,5 cm, est placée à 4 cm devant le trou d'une chambre noire.

Représentez le dispositif à l'échelle 1.

Trace les rayons lumineux qui déterminent l'image observée.

Mesure la hauteur de l'image obtenue sur le dessin, puis retrouve cette valeur par un calcul.

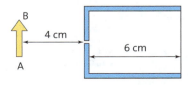

# 13 Le son

**OBJECTIF** • Découvrir les conditions de propagation du son

## COURS

### ● Qu'entendons-nous ?

● L'air est composé d'un nombre gigantesque de petites molécules (azote et oxygène principalement). Quand nous applaudissons, nous exerçons une « pression » sur les molécules d'air entre nos mains. Ces molécules, à leur tour, communiquent cette pression à leurs voisines. De proche en proche, cette pression fait vibrer le tympan de l'oreille des personnes alentour. Leur cerveau décode ce signal et leur fait « entendre » l'applaudissement.

### ● La propagation du son

● Le son se propage dans l'air par ondes concentriques, dans toutes les directions : ce sont les **ondes sonores**. Ces ondes se déplacent dans l'air comme une « hola » dans un stade : chaque spectateur se soulève à son tour mais reste à sa place.
● Le son ne se transmet pas sans l'air : **il n'y a pas de son dans le vide**, comme il n'y a pas de « hola » dans un stade vide. Le son se propage aussi **dans l'eau, à travers les murs…** Il peut même rebondir : c'est le phénomène de l'**écho**.
● **La vitesse du son** dans l'air à 20°C est d'environ 340 m/s.

## MÉTHODE

### ● Calculer une distance à partir de l'écho

● **Le principe :** l'écho est la répétition du son due à sa réflexion sur un obstacle.

● **Le protocole :** je crie « ohé ! » vers un obstacle. J'entends l'écho deux secondes plus tard.

● **Conclusion :** comme le son va à une vitesse de 340 mètres par seconde, en 2 secondes, il a parcouru 680 mètres pour faire l'aller-retour de moi à l'obstacle. L'obstacle est donc à 340 mètres.

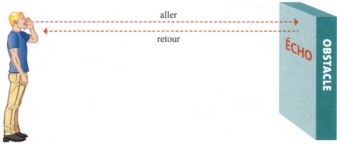

# EXOS

**1** * **Calcule la distance de l'orage.**

Un gros éclair te surprend, 4 secondes après tu entends un gros coup de tonnerre… À quelle distance se trouve l'orage ? Utilise la vitesse du son donnée dans le Cours.

**2** ** Marcel crie « Eho » et, trois secondes après, il entend l'écho de sa voix. Il se demande alors à quelle distance se trouve l'obstacle qui a « renvoyé » son cri… Aide-le, en utilisant la vitesse du son donnée dans le Cours.

**3** ** Cherche la définition du mot ultrason. Pourquoi Marcel, en soufflant dans son sifflet qui ne fait aucun bruit, peut-il appeler son chien ?

**4** * La nuit du 21 au 22 juin 1822, entre la tour de Montlhéry et l'observatoire de Villejuif, distants de 18,612 km, les savants François Arago, Louis Gay Lussac et Gaspard de Prony ont mesuré la vitesse du son dans l'air.

Un canon tirait à blanc depuis Villejuif : à Montlhéry, dès que l'on voyait l'éclair, on mettait en route le chronomètre jusqu'à entendre le son du canon. Les mesures ont aussi été faites avec un canon placé à Montlhéry.

La durée retenue entre l'éclair et le son du canon fut 54,6 s.

**1.** Calcule la vitesse du son trouvée par ces savants.

**2.** Compare avec la vitesse indiquée dans le Cours : qu'observes-tu ?

**3.** Selon toi, pourquoi les mesures ont-elles été effectuées en plaçant les canons à Villejuif et aussi à Montlhéry ?

**5** ** En 1827, sur le lac Léman, deux savants avaient mesuré avec exactitude la distance entre Thonon-les-Bains et Rolle, soit 13 487 mètres. Le temps moyen pour que le son de la cloche parvienne au cornet acoustique avait été chronométré à 9,40 secondes.

Découvre cette expérience puis réponds aux questions.

**1.** Trouve la vitesse du son dans l'eau en faisant une bonne approximation (en mètre par seconde).
**2.** Pourquoi, selon toi, Jean-Daniel Colladon déclenchait-il un signal lumineux en même temps que le signal sonore ?

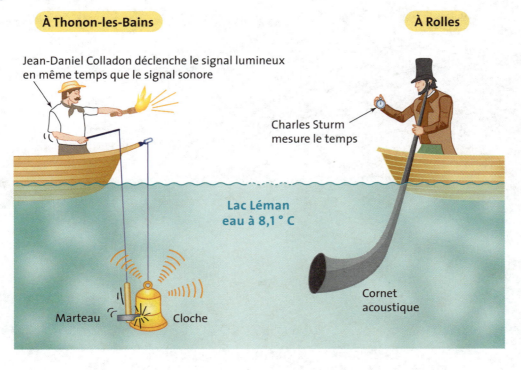

Livret de corrigés p. 30

# Évaluations

- Français .................................................. 270
- Maths .................................................. 272
- Histoire-Géographie et EMC .................................................. 274
- Anglais .................................................. 276
- SVT .................................................. 278
- Physique-Chimie .................................................. 280

# Français

*Pour chaque question, il peut y avoir plusieurs réponses exactes !*

**1** Le synonyme d'un mot est un mot :
- a. de sens contraire
- b. de même sens
- c. de sonorités proches

**2** L'énonciation renvoie à :
- a. l'origine des mots
- b. l'histoire des mots
- c. une situation de communication
- d. la construction d'un verbe

**3** Où est placé « multiplication », dans le dictionnaire ?
- a. avant « multiplier »
- b. avant « multipliable »
- c. après « multiplicateur »

**4** Tous les mots ont :
- a. un préfixe
- b. un préfixe, un suffixe et un radical
- c. un préfixe et un radical
- d. un radical

**5** L'étymologie indique :
- a. l'origine d'un mot
- b. la prononciation d'un mot
- c. l'histoire d'un mot
- d. l'orthographe d'un mot

**6** La phrase « Le temps dévore la vie » est :
- a. une comparaison
- b. un alexandrin
- c. une métaphore

**7** Le sujet d'un verbe est :
- a. toujours placé avant le verbe
- b. toujours placé après le verbe
- c. placé avant ou après le verbe

**8** Une phrase sans verbe s'appelle :
- a. une proposition subordonnée
- b. une phrase nominale
- c. une proposition juxtaposée

**9** Dans la phrase « La rose est la plus belle de toutes les fleurs », l'élément souligné est :
- a. un comparatif de supériorité
- b. un superlatif relatif de supériorité
- c. un superlatif absolu

**10** Jules Renard voit la puce comme « un grain de tabac à ressort » :
- a. c'est une description objective
- b. c'est une métaphore
- c. c'est une description subjective
- d. c'est une comparaison

**11** Le plus-que-parfait se construit toujours avec :
- ❏ a. l'imparfait
- ❏ b. le futur
- ❏ c. le présent

**12** Un verbe intransitif :
- ❏ a. peut avoir un COD mais pas de COI
- ❏ b. peut avoir un COD et un COI
- ❏ c. ne peut avoir ni COD, ni COI

**13** Un verbe pronominal se conjugue :
- ❏ a. toujours avec l'auxiliaire *avoir*
- ❏ b. toujours avec l'auxiliaire *être*
- ❏ c. tantôt avec l'un, tantôt avec l'autre

**14** Combien existe-t-il de registres de langue ?
- ❏ a. deux  ❏ b. trois  ❏ c. quatre

**15** Le verbe d'une phrase impérative peut être à :
- ❏ a. l'imparfait
- ❏ b. l'infinitif
- ❏ c. l'impératif

**16** Un portrait en pied représente :
- ❏ a. un gros plan sur les pieds
- ❏ b. un personnage un entier
- ❏ c. un personnage sans les pieds

**17** Dans la phrase « J'espère qu'il fera beau demain », la proposition en rouge est une subordonnée :
- ❏ a. complétive
- ❏ b. relative
- ❏ c. circonstancielle

**18** Le plan américain est :
- ❏ a. un gros plan
- ❏ b. un très gros plan
- ❏ c. un plan moyen

**19** Dans la phrase « Les conifères ne sont pas des arbres à feuilles caduques », le verbe *sont* est :
- ❏ a. un présent de narration
- ❏ b. un présent d'actualité
- ❏ c. un présent de vérité générale

**20** Dans la phrase « Il promit qu'il serait présent dès l'aurore », le conditionnel exprime :
- ❏ a. un futur dans le passé
- ❏ b. une demande polie
- ❏ c. une information incertaine
- ❏ d. une action dont la réalisation est soumise à une condition … 1

*Livret de corrigés p. 31*        TOTAL : …… 20

## Maths

*Pour chaque question, il peut y avoir plusieurs réponses exactes !*

**1** $\dfrac{8+6}{6} =$

- a. $(8+6) \div 6$
- b. $8 + 6 \div 6$
- c. $2{,}33333333333333$
- d. $\dfrac{7}{3}$

**2** $9 \times 7 - 3 \times 7 =$

- a. $7 \times (9 - 3)$
- b. $42$
- c. $9 \times 4 \times 7$
- d. $7 \times 6$

**3** Quelle est la proportion de voyelles dans l'ensemble des lettres ?

- a. $\dfrac{1}{2}$
- b. $\dfrac{3}{13}$
- c. $\dfrac{1}{6}$
- d. $\dfrac{26}{6}$

**4** $\dfrac{28}{35}$ est :

- a. inférieure à $1$
- b. inférieure à $\dfrac{28}{36}$
- c. égale à $\dfrac{8}{10}$
- d. supérieure à $\dfrac{29}{35}$

**5** $1 - [1 + (1 - [1 - 1] - 1) - 1] - 1 =$

- a. $0$
- b. $1$
- c. $3$
- d. $2$

**6** $\dfrac{5}{9} \times \dfrac{2}{9} =$

- a. $\dfrac{7}{9}$
- b. $\dfrac{10}{9}$
- c. $\dfrac{10}{81}$
- d. $\dfrac{10}{18}$

**7** Voici mes notes : 8/20 ; 12/20 ; 17/20 et 9/20. Quelle est ma moyenne ?

- a. $11$
- b. $11{,}5$
- c. $11{,}6$
- d. $12$

**8** $a = (-5) - (-7)$, $b = (+5) + (+7)$

- a. $a$ et $b$ sont opposés
- b. $a + b = 0$
- c. $a = -12$, $b = 12$
- d. $a = 2$, $b = 12$

**9** L'égalité $4x - 5 = 2x + 3$ est vraie pour :

- a. $x = 0$
- b. aucun nombre
- c. tous les nombres
- d. $x = 4$

**10** Quelles sont les figures symétriques par rapport à O ?

- a.
- c.

272

**11** Quelles lettres ont un centre de symétrie ?
- a. C
- b. A
- c. N
- d. H

... 1

**12** ABCD est un carré. Alors...

- a. $\widehat{AOB}$ et $\widehat{DOC}$ sont supplémentaires.
- b. $\widehat{AOE}$ et $\widehat{FOC}$ sont complémentaires.
- c. $\widehat{AOB}$ et $\widehat{DOC}$ sont adjacents.
- d. $\widehat{BDC}$ et $\widehat{CAB}$ sont alterne-internes.

**13** Dans ce triangle dessiné à main levée, $\hat{c} = 110°$. Donc...

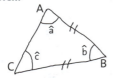

- a. $\hat{a} = \hat{b}$
- b. $\hat{b} = 180° - 110°$
- c. $\hat{a} + \hat{b} = 110°$
- d. Le triangle est impossible à tracer.

**14** Le triangle RAS tel que RA = AS = 5 cm et RS = 11 cm est :
- a. isocèle
- b. rectangle
- c. impossible à tracer
- d. équilatéral

... 1

**15** Si RIME est un parallélogramme de centre O, alors :
- a. $\widehat{RMI}$ et $\widehat{ERM}$ sont alternes internes
- b. $\widehat{RMI} = \widehat{ERM}$
- c. $\widehat{ERI}$ et $\widehat{RIM}$ sont supplémentaires
- d. $\widehat{RMI}$ et $\widehat{ERM}$ sont symétriques par rapport à O

... 1

**16** Si MATH est un rectangle, alors :
- a. MA = AT
- b. MA = TH
- c. MT = AH
- d. MT = MH

... 1

**17** Dans quels cas est-on sûr que le quadrilatère PALE est un parallélogramme ?

- a.
- b.
- c.
- d.

... 1

**18** L'échelle d'un plan sur lequel 15 m sont représentés par 6 cm est :
- a. $\dfrac{15}{6}$
- b. $\dfrac{6}{15}$
- c. $\dfrac{6}{1500}$
- d. $\dfrac{1}{250}$

... 1

**19** La figure ABCD est un parallélogramme. L'aire de ABCD en cm² s'obtient en calculant :

- a. $5 \times 7$
- b. $7 \times 4,2$
- c. $5 \times 4,2$
- d. $(5 + 7) \times 2$

... 1

**20** On lance simultanément deux dés équilibrés, on fait la somme des deux chiffres obtenus. La probabilité que cette somme soit égale à 10 est :
- a. $\dfrac{1}{10}$
- b. $\dfrac{1}{12}$
- c. $\dfrac{1}{10}$
- d. $\dfrac{6}{10}$

... 1

Livret de corrigés p. 31    TOTAL : ...... 20

# Histoire-Géographie – Éducation civique

**1** Comment l'empereur se fait-il appeler dans l'Empire byzantin ?
- ❑ **a.** Patriarche
- ❑ **b.** Pape
- ❑ **c.** Basileus
- ❑ **d.** Roi

**2** Comment s'appelle la tour placée à l'entrée de la mosquée ?
- ❑ **a.** le clocher
- ❑ **b.** la ziggourat
- ❑ **c.** le donjon
- ❑ **d.** le minaret

**3** Un vilain est :
- ❑ **a.** un paysan libre
- ❑ **b.** un paysan laid
- ❑ **c.** un paysan violent
- ❑ **d.** un esclave

**4** Comment s'appelle le domaine d'un seigneur ?
- ❑ **a.** un fief
- ❑ **b.** une seigneurie
- ❑ **c.** la réserve

**5** La guerre de Cent Ans oppose :
- ❑ **a.** la France et l'Angleterre
- ❑ **b.** la France et l'Allemagne
- ❑ **c.** la France et l'Espagne

**6** Un bourgeois est un homme :
- ❑ **a.** qui possède un château
- ❑ **b.** qui habite en ville
- ❑ **c.** qui se déplace souvent

**7** Christophe Colomb a :
- ❑ **a.** découvert les Indes
- ❑ **b.** découvert l'Amérique
- ❑ **c.** fait le premier tour du monde de l'Histoire   ... 1

**8** Luther est à l'origine de :
- ❑ **a.** la Renaissance
- ❑ **b.** l'humanisme
- ❑ **c.** la Réforme prostestante

**9** Par l'Édit de Nantes, Henri IV :
- ❑ **a.** instaure la tolérance religieuse
- ❑ **b.** impose à tous ses sujets la religion catholique
- ❑ **c.** interdit le protestantisme   ... 1

**10** Le développement d'un pays est étudié à partir :
- ❑ **a.** du PNB
- ❑ **b.** de l'IDH
- ❑ **c.** du PIB
- ❑ **d.** des PDEM   ... 1

**11** Combien de personnes vivent avec moins de 1,25$ par jour dans le monde aujourd'hui ?
- ❏ **a.** 1,4 milliard
- ❏ **b.** 1,9 milliard
- ❏ **c.** 3,2 milliards

**12** Les inégalités devant la santé sont dues :
- ❏ **a.** à la diversité des reliefs
- ❏ **b.** à la diversité des climats
- ❏ **c.** à la diversité des niveaux de développement
- ❏ **d.** à la diversité des régimes alimentaires

**13** Le pourcentage mondial de population adulte analphabète est de :
- ❏ **a.** 10 %
- ❏ **b.** 20 %
- ❏ **c.** 30 %
- ❏ **d.** 40 %

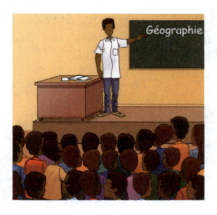

**14** Le pourcentage d'eau douce disponible prélevé par l'agriculture est de :
- ❏ **a.** 20 %
- ❏ **b.** 50 %
- ❏ **c.** 70 %

**15** Lequel de ces aménagements permet de transporter le pétrole ?
- ❏ **a.** un aqueduc
- ❏ **b.** un gazoduc
- ❏ **c.** un oléoduc

**16** Le développement durable concilie :
- ❏ **a.** la famille, l'environnement, l'économie
- ❏ **b.** la politique, l'environnement, l'économie
- ❏ **c.** les aspects sociaux, l'environnement, l'économie

**17** Un aléa est :
- ❏ **a.** toute personne ou tout bien menacé par un risque
- ❏ **b.** un phénomène naturel ou technologique
- ❏ **c.** la fragilité d'une société face aux risques

**18** La Constitution est :
- ❏ **a.** une modification d'une loi proposée au pouvoir législatif
- ❏ **b.** la règle votée par le Parlement et respectée par tous
- ❏ **c.** la loi fondamentale d'un pays et qui en définit l'organisation

**19** Une ONG est :
- ❏ **a.** une Organisation Non Gouvernementale
- ❏ **b.** une Orientation Nationale Géniale
- ❏ **c.** une Organisation Noble Générale

**20** Prendre des mesures préventives consiste à :
- ❏ **a.** réparer les dégâts
- ❏ **b.** prédire les catastrophes
- ❏ **c.** prévenir les risques naturels

*Livret de corrigés p. 31*

**TOTAL : ...... 20**

# Anglais

*Pour chaque question, il peut y avoir plusieurs réponses exactes !*

**1** ........ tea or coffee after lunch?
- a. Does he like
- b. Has he like
- c. He likes

**2** She .......... watching TV at the moment.
- a. does
- b. is
- c. was
- d. has

**3** Too many ............ work in factories in poor countries.
- a. child
- b. children

**4** ........ you visit NY when you were in the States?
- a. Do
- b. Were
- c. Did
- d. Had

**5** Paul smokes too ......... cigarettes.
- a. the
- b. much
- c. many

**6** Is this Mary's coat ? – Yes, it's...
- a. hers
- b. her
- c. his

**7** How .......... is the bus stop ? – One kilometre.
- a. much
- b. long
- c. many
- d. far

**8** The sky is grey, it's ......... to rain.
- a. will
- b. going
- c. will go
- d. won't

**9** ............ visit Ireland this summer.
- a. Let's
- b. Let
- c. Let's have
- d. To

**10** This is the key ............ opens the door.
- a. ∅
- b. which
- c. whom
- d. who

276

**11** We were ………. TV yesterday when Paul phoned.
- a. watch
- b. watched
- c. watching    … 1

**12** She said she ……. do it.
- a. couldn't
- b. can't
- c. have    … 1

**13** I ……… go to Hong Kong next year, I haven't decided yet.
- a. may not to
- b. may    … 1

**14** Ken isn't here today, he ……… be ill.
- a. must
- b. can
- c. mustn't
- d. can't    … 1

**15** There's ……… left in the fridge.
- a. anything
- b. nothing
- c. somebody
- d. somewhere    … 1

**16** Rain, snow, wind: the ………. weather we've had for years!
- a. worst
- b. worse    … 1

**17** Luciano ………. a musician, wasn't he?
- a. has
- b. is
- c. was
- d. wasn't    … 1

**18** ………….. horrible man Dracula is!
- a. how
- b. who
- c. what
- d. what a    … 1

**19** He …….. just ………. a new car.
- a. has / bought
- b. is / bought
- c. has / buy
- d. is / buy    … 1

**20** I didn't know petrol ………. so much.
- a. cost
- b. came
- c. paid    … 1

Livret de corrigés *p. 31*    TOTAL : …… 20

# SVT

*Pour chaque question, il peut y avoir plusieurs réponses exactes !*

**1** La forme de la Terre est celle :
- ❑ **a.** d'une sphère parfaite
- ❑ **b.** d'une sphère légèrement aplatie aux pôles
- ❑ **c.** d'une sphère très aplatie aux pôles … 1

**2** Les plaques lithosphériques :
- ❑ **a.** sont rigides et épaisses de plusieurs centaines de km
- ❑ **b.** naissent au niveau des dorsales océaniques
- ❑ **c.** peuvent s'enfoncer sous une autre plaque
- ❑ **d.** sont volcaniques et sismiques en tout point de leur surface … 1

**3** Les mouvements des vents :
- ❑ **a.** sont dus à des différences de pression atmosphérique dans une même région
- ❑ **b.** sont responsables des courants marins
- ❑ **c.** sont à l'origine des climats … 1

**4** L'exploitation des ressources naturelles :
- ❑ **a.** ne concerne que les matériaux géologiques (minerais, combustibles fossiles, eau)
- ❑ **b.** concerne les matériaux géologiques et les ressources biologiques
- ❑ **c.** pratiquée de manière intensive peut provoquer l'épuisement de certaines ressources … 1

**5** Un écosystème :
- ❑ **a.** est toujours un espace de dimensions réduites
- ❑ **b.** peut être fortement modifié par les activités humaines
- ❑ **c.** est défini par une seule espèce biologique qui le caractérise … 1

**6** Dans une chaîne alimentaire :
- ❑ **a.** les organismes autotrophes dégradent naturellement les nutriments
- ❑ **b.** les organismes hétérotrophes sont des consommateurs
- ❑ **c.** les producteurs primaires sont autotrophes … 1

**7** La reproduction des êtres vivants :
- ❑ **a.** est généralement de type sexué, entre deux individus de sexe différent
- ❑ **b.** est asexuée chez tous les végétaux
- ❑ **c.** est toujours la conséquence d'une fécondation … 1

**8** Les êtres vivants :
- ❑ **a.** sont classés selon des liens de parenté entre espèces
- ❑ **b.** d'espèces différentes peuvent partager des caractères communs
- ❑ **c.** sont très divers donc sans lien de parenté … 1

**9** La biodiversité :
- ❑ **a.** se mesure par le nombre d'espèces dans un milieu
- ❑ **b.** a évolué régulièrement au cours des temps géologiques
- ❑ **c.** diminue après une période d'extinctions d'espèces … 1

**10** Au cours d'un exercice, l'augmentation des besoins musculaires :
- a. entraîne une accélération du rythme cardiaque
- b. entraîne une diminution du rythme respiratoire
- c. correspond à une augmentation des besoins en énergie de l'organisme ... 1

**11** La contraction musculaire :
- a. consomme de l'énergie
- b. transforme une énergie chimique en énergie mécanique et en chaleur
- c. créé de l'énergie qu'il libère sous forme de chaleur ... 1

**12** L'énergie dont l'organisme a besoin :
- a. provient de l'oxydation des nutriments
- b. est fournie par le dioxygène
- c. est créée par l'organisme ... 1

**13** Les rythmes cardiaques et respiratoires :
- a. ne dépendent que de l'activité physique du sujet
- b. varient selon les individus et selon l'effort
- c. peuvent être modifiés par l'entraînement ... 1

**14** En fonction de l'activité physique :
- a. seuls les besoins en glucose varient
- b. seuls les besoins en dioxygène varient
- c. les besoins en dioxygène et en glucose varient ... 1

**15** Le message nerveux :
- a. est constitué par des substances chimiques circulant dans les nerfs
- b. est constitué par des décharges de signaux électriques
- c. circule dans toutes les cellules du corps
- d. circule dans un réseau de cellules spécialisées, les neurones ... 1

**16** Le fonctionnement des cellules sensorielles :
- a. est uniquement sensible à l'environnement
- b. est sensible à l'environnement et à l'état de l'organisme
- c. peut être fortement affecté par les drogues ... 1

**17** Les nutriments passent dans le sang au niveau :
- a. du gros intestin
- b. de l'intestin grêle
- c. de l'estomac ... 1

**18** Un régime alimentaire équilibré :
- a. contient beaucoup de lipides
- b. contient tous les types d'aliments nécessaires au bon fonctionnement de l'organisme
- c. apporte plus d'énergie que les dépenses énergétiques de l'organisme ... 1

**19** Les bactéries :
- a. sont des organismes unicellulaires vivant dans tous les milieux
- b. ne vivent pas normalement dans l'organisme humain
- c. peuvent être détruites par les antibiotiques ... 1

**20** Les organes reproducteurs :
- a. assurent la production des spermatozoïdes et des ovules
- b. assurent la production des gamètes et de plusieurs hormones
- c. produisent des gamètes durant toute la vie de l'individu ... 1

Livret de corrigés p. 31

TOTAL : ...... 20

# Physique-Chimie

*Pour chaque question, il peut y avoir plusieurs réponses exactes !*

**1** Comment appelle-t-on le passage direct de la glace en vapeur d'eau ?
- a. la condensation
- b. l'évaporation
- c. la cristallisation
- d. la sublimation

**2** La masse d'1 m$^3$ d'eau est :
- a. 100 kg
- b. 1 000 kg
- c. 10 000 kg
- d. 100 000 kg

**3** Dans 1 cm$^3$, il y a :
- a. 1 centilitre
- b. 0,1 centilitre
- c. 10 centilitres
- d. 100 centilitres

**4** L'ébullition de l'eau se fait (à la pression atmosphérique normale) :
- a. à 100° C
- b. à 90° C
- c. à 212° C
- d. à 150° C

**5** Que signifie le mot « atome » en grec ?
- a. matière
- b. incassable
- c. chimie
- d. livre

**6** Lorsque les atomes sont représentés par des boules, quelle est la couleur de l'oxygène ($O_2$) ?
- a. rouge
- b. noir
- c. blanc

**7** Dans le système solaire, comment définit-on la Terre ?
- a. c'est une planète externe
- b. c'est une planète tellurique
- c. c'est une planète gazeuse
- d. c'est une planète interne

**8** La distance de la Terre à la Lune est d'environ :
- a. 390 000 km
- b. 150 000 000 km
- c. 70 000 km

**9** L'unité astronomique (UA) :
- a. est la vitesse de la lumière
- b. vaut 150 000 000 km
- c. est la distance de la Terre au Soleil
- d. est la distance parcourue par la lumière en une année

**10** Pour caractériser un objet en mouvement, il faut qu'il ait :
- a. un sens
- b. une direction
- c. une vitesse
- d. un référentiel

**11** La formule de la relation entre le temps (T), la distance (D) et la vitesse (V) est :
❏ **a.** D = V × T
❏ **b.** V = D × T
❏ **c.** V = $\frac{D}{T}$

**12** Quelle est l'unité la mieux adaptée pour indiquer la vitesse d'un TGV ?
❏ **a.** cm/s
❏ **b.** km/s
❏ **c.** km/h

**13** Parmi les différentes énergies, quelles sont celles qui sont renouvelables ?
❏ **a.** le vent
❏ **b.** le charbon
❏ **c.** un barrage hydroélectrique
❏ **d.** le pétrole.

**14** Parmi les matières suivantes, lesquelles sont d'excellents isolants ?
❏ **a.** le cuivre
❏ **b.** le bois
❏ **c.** le verre
❏ **d.** le métal

**15** Dans une maison, les différents appareils électriques d'éclairage sont montés :
❏ **a.** en série
❏ **b.** en dérivation
❏ **c.** en parallèle
❏ **d.** en va-et-vient

**16** Les accidents mortels d'origine électrique sont en majorité causés par :
❏ **a.** les téléviseurs
❏ **b.** les lustres
❏ **c.** les cordons souples
❏ **d.** les prolongateurs

**17** Parmi les sources de lumière suivantes, lesquelles sont primaires ?
❏ **a.** le Soleil
❏ **b.** la Lune
❏ **c.** les étoiles
❏ **d.** Vénus

**18** La vitesse de la lumière est :
❏ **a.** 300 000 km par heure
❏ **b.** 300 mètres par seconde
❏ **c.** 30 000 km par seconde
❏ **d.** 300 000 km par seconde

**19** L'ultrason est :
❏ **a.** un son inaudible pour l'homme mais qu'un chien peut entendre
❏ **b.** un son très aigu
❏ **c.** un son très grave
❏ **d.** un son qu'un homme peut entendre mais pas un chien

**20** La vitesse du son dans l'air est :
❏ **a.** 1 000 km/h
❏ **b.** 340 m/s
❏ **c.** 300 000 km/s

*Livret de corrigés p. 31*

**TOTAL : ...... 20**

# À la découverte

Sais-tu déjà quel métier tu veux faire plus tard ? Afin de t'aider à y voir plus clair, nous avons sélectionné **14 grands domaines d'activité**, et parmi ceux-ci des **ZOOMS** sur 19 métiers. Il en existe d'autres, bien sûr, mais tu pourras sans doute déjà trouver quelques idées.

## ZOOM : Le pilote de ligne

* Il est le **patron** dans son avion. Avant le décollage, il étudie minutieusement la météo et calcule le carburant nécessaire. En vol, il doit faire face à tout imprévu avec sang froid. Après l'atterrissage, il contrôle son appareil.
* Le pilote commence sa carrière sur des petits avions et des vols nationaux. Puis, il peut passer des qualifications pour prendre les commandes d'appareils plus grands et voler sur des moyens et longs courriers. Il sera tout d'abord **copilote** avant de passer, une dizaine d'années plus tard, **commandant de bord**.

## ▷ Les métiers de l'aéronautique

Contrôleur aérien ● Hôtesse de l'air/Stewart ● Ingénieur aéronautique ● Pilote de ligne

## ▷ Les métiers de l'informatique

Administrateur en base de données ● Architecte réseaux ● Développeur informatique ● Infographiste ● Webmaster/Webdesigner

## ▷ Les métiers de l'industrie

Automaticien ● Conducteur de ligne de production ● Ingénieur concepteur ● Ingénieur technico-commercial ● Mécanicien outilleur ● Opérateur sur machine ● Technicien de maintenance

## ▷ Les métiers de l'hôtellerie/restauration

Chef cuisinier ● Directeur d'hôtel ● Gouvernante ● Maître d'hôtel ● Sommelier

## ZOOM : L'infographiste

* C'est un artiste du 21ᵉ siècle : il crée des visuels à partir de son ordinateur.
Selon les cas, il peut participer à la création de **dessins animés**, de **jeux vidéo**, de **cédéroms**, de **films d'animation**, d'**affichages publicitaires**...
* Il réalise tout d'abord des croquis (par ordinateur). Ensuite, il les habille de couleurs et parfois de texture et peut les animer, coordonner leurs mouvements.
* Pour cela, il utilise différentes techniques : assemblage d'images, retouche photo, incrustation, effet de transparence,... Il peut travailler en 2D ou en 3D pour les images de synthèse.

## ZOOM : L'ingénieur concepteur

* Son rôle ? **Innover** encore et toujours. Entouré d'une équipe de techniciens, c'est lui qui imagine de nouveaux produits ou améliore ceux qui existent déjà.
* Dans les petites entreprises, il suit ses créations depuis leur **conception** jusqu'à la production. Dans les plus grandes, il est spécialisé dans un seul domaine : la **recherche**, le **développement** ou encore les **essais**.
* Il travaille en étroite collaboration avec d'autres services, tels que le marketing, la production, la qualité,...

# des métiers

▷ **Les métiers de l'agroalimentaire**
Agriculteur/éleveur/viticulteur ● Ingénieur agronome ● Chargé hygiène-sécurité-environnement ● Chef des ventes agroalimentaires ● Qualiticien ● Vétérinaire

▷ **Les métiers du bâtiment**
Architecte ● Chef de chantier ● Dessinateur ● Géomètre ● Charpentier/Couvreur/Maçon/Plombier/Chauffagiste/Électricien

▷ **Les métiers du commerce**
Acheteur ● Chef de rayon ● Responsable de magasin ● Vendeur ● Responsable marketing

## ZOOM  Le directeur d'hôtel

❋ Le directeur d'hôtel a deux objectifs : la maîtrise des dépenses et la satisfaction de ses clients.

❋ Dans un grand hôtel, il travaille avec une équipe spécialisée (gouvernante chef, chef de réception,...) et supervise son travail. Dans un petit établissement, il gère l'ensemble des activités : réservations, accueil, préparation des chambres, recrutement du personnel, budget, rénovation...

❋ Il doit également gérer la publicité de son hôtel en éditant des brochures d'information ou en organisant des partenariats avec les offices de tourisme de sa région ou les agences de voyage des grandes villes.

## ZOOM  L'électricien

❋ C'est lui qui installe les équipements électriques dans une maison ou un immeuble (éclairages, alarmes, volets roulants,...) en respectant rigoureusement la réglementation et les normes de sécurité.

❋ Il commence donc par étudier les plans des bâtiments. Il installe ensuite les câbles, les interrupteurs, les prises de courant,... Une fois les travaux achevés, il fait des tests pour vérifier que l'installation correspond à ce qui lui a été demandé.

## ZOOM  L'ingénieur agronome

❋ L'objectif de l'ingénieur agronome est d'améliorer les techniques de production pour une agriculture compétitive et sûre.

❋ Il effectue des recherches aussi bien sur les machines (pour qu'elles soient moins polluantes) que sur les aliments eux-mêmes (pour qu'ils soient plus résistants aux maladies) ou sur les engrais.

❋ Il est expert dans différents domaines : agriculture, pêche, élevage, exploitation forestière, mais aussi aménagement du territoire et environnement.

❋ Il est concerné par tous les grands problèmes : grippe aviaire, vache folle, fièvre aphteuse, OGM, désherbants nocifs...

## ZOOM  L'acheteur

❋ Son métier consiste à acheter les meilleures marchandises au meilleur prix. Il sélectionne les fournisseurs (en fonction de la qualité, du prix, de la disponibilité des marchandises, des conditions de livraison,...) et négocie avec eux les meilleures conditions d'achat.

❋ Il achète des matières premières (lorsqu'il travaille pour une usine de fabrication) ou bien des produits prêts à la vente (lorsqu'il est embauché par une marque ou la grande distribution).

# À la découverte

## ZOOM — L'éducatrice de jeunes enfants

* Elle a pour mission d'aider les enfants (de 0 à 7 ans) à grandir et à s'épanouir. Elle intervient essentiellement dans les crèches et les jardins d'enfants.
* Elle leur propose des activités variées, ludiques et éducatives (motricité, lecture, jeux, …) et doit savoir stimuler leur curiosité.
* En côtoyant ces enfants tous les jours, elle saura repérer d'éventuels problèmes de santé ou de comportement. Si besoin, elle les signalera aux parents et les orientera vers des professionnels spécialisés (orthophoniste, psychomotricien,…).

### ▶ Les métiers de la petite enfance
Assistante maternelle ● Auxiliaire de puériculture ● Directrice de crèche ● Éducateur de jeunes enfants ● Puéricultrice

### ▶ Les métiers du spectacle/audiovisuel
Accessoiriste/costumier/décorateur-scénographe ● Cadreur ● Chanteur/comédien/danseur ● Chargé de production ● Directeur artistique ● Éclairagiste ● Ingénieur du son ● Monteur ● Régisseur de spectacle

### ▶ Les métiers de la sécurité
Agent de sécurité ● Commissaire de police ● Gardien de la paix/de police municipale/Gendarme ● Maître chien ● Militaire du rang ● Officier (de l'armée de l'air/de l'armée de terre/de marine) ● Sapeur-pompier

## ZOOM — L'éclairagiste

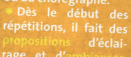

* Il est le spécialiste de la lumière et accompagne, tout au long du spectacle, les souhaits du metteur en scène ou du chorégraphe.
* Dès le début des répétitions, il fait des propositions d'éclairage et d'ambiances. Pour cela, il dispose d'outils très variés : ombres chinoises, projecteurs « classiques », programmation par ordinateur,…
* Une fois les choix effectués, c'est le « régisseur lumière » qui les met en œuvre pendant le spectacle.

## ZOOM — Le commissaire de police

* Au sein d'un commissariat ou d'un service de renseignement, il dirige les équipes de policiers, suit le travail des enquêteurs, définit les opérations à mener, répartit les hommes et les véhicules.
* Il a la charge d'enquêtes relatives au trafic de drogues, d'armes, à des escroqueries financières, au terrorisme, à l'espionnage,….

# des métiers

▶ **Les métiers de la santé**

Aide-soignant ● Ambulancier ● Dentiste ● Infirmier ● Médecin généraliste ● Médecin spécialiste (cardiologue, chirurgien, dermatologue, ophtalmologiste, pédiatre, anesthésiste-réanimateur, urgentiste, psychiatre…) ● Orthophoniste ● Sage-femme ● Secrétaire médical ● Kinésithérapeute ● Pharmacien

▶ **Les métiers de l'environnement**

Biologiste en environnement ● Conseiller en environnement ● Garde chasse/pêche/littoral/rivière/des parcs nationaux ● Ingénieur en énergies renouvelables ● Paysagiste

▶ **Les métiers de l'enseignement**

Conseiller principal d'éducation ● Enseignant-chercheur ● Professeur des écoles ● Professeur de collège ou de lycée ● Professeur de lycée professionnel ou technique ● Documentaliste ● Conseiller d'orientation psychologue

## ZOOM Le pharmacien

Le pharmacien a un métier à la frontière entre la médecine et le commerce.
✴ En officine, il délivre et explique le traitement prescrit par le médecin. En cas d'infection légère, il oriente les clients vers les médicaments délivrés sans ordonnance. Il doit également commander les produits, gérer ses stocks et tenir son budget.
✴ Il peut aussi exercer dans un laboratoire d'analyses (analyses de sang, recherche de bactéries,…), à l'hôpital (il fournit les traitements aux infirmiers) ou dans l'industrie (il participe à la mise au point de nouveaux médicaments).

## ZOOM Le garde d'un parc national

C'est lui qui veille au respect et à l'entretien du parc.
✴ Il s'assure que les promeneurs respectent bien la nature. En cas d'infraction, il dresse les procès verbaux. Il peut aussi partir à la recherche de randonneurs imprudents.
✴ Il est également chargé de prévenir les incendies en débroussaillant les zones à risque.
✴ Il est responsable de l'accueil et de l'information du public.
✴ Enfin, il gère l'entretien des panneaux, des sentiers et du balisage.

## ZOOM Le conseiller d'orientation psychologue

✴ Son métier consiste à informer sur les métiers et les formations. À l'aide de tests de motivation ou de personnalité, de fiches informatives sur les différentes filières, il tente d'aider les jeunes (ou les adultes en reconversion) à trouver leur voie.
✴ Il travaille en lien étroit avec les différents acteurs de l'Éducation nationale : professeur principal, CPE, principal, conseil de classe,…

# À la découverte

## ZooM — Conducteur de ligne de production

* Le conducteur de ligne supervise la **fabrication des produits** au sein d'une usine. Il gère l'**approvisionnement** en matières premières, réalise des **contrôles d'hygiène** et de qualité, **coordonne** le travail des ouvriers chargés chacun d'une tâche spécifique. Il entretient les machines.

* Il maîtrise l'ensemble des étapes du processus industriel, respecte attentivement les normes d'hygiène et de qualité et est particulièrement vigilant et réactif en cas de problème.

* Il a un diplôme de niveau bac minimum (par exemple : bac pro pilotage des systèmes de production automatisée).

▷ **Les métiers de l'industrie**
Automaticien ● Conducteur de ligne de production ● Ingénieur concepteur ● Ingénieur technico-commercial ● Mécanicien outilleur ● Opérateur sur machine ● Technicien de maintenance

▷ **Les métiers de l'artisanat**
Bijoutier-joaillier ● Boucher/Boulanger/Pâtissier/Chocolatier ● Céramiste ● Coiffeur/Esthéticienne ● Ébéniste ● Relieur-doreur ● Verrier ● Luthier

▷ **Les métiers du commerce**
Acheteur ● Chef de rayon ● Responsable de magasin ● Vendeur ● Responsable marketing

## ZooM — Esthéticienne

* L'esthéticienne est la **spécialiste du soin** et de la mise en beauté. Elle propose aussi bien des soins traditionnels (manucure) que des techniques plus sophistiquées (masques, enveloppements, aromathérapie). Elle peut être également chargée du réassortiment en produits de son institut.

* Elle est psychologue et maîtrise les différentes techniques. Elle a une présentation impeccable.

* Elle doit avoir un CAP esthétique-cosmétique-parfumerie au minimum. Un bac pro pour être gérante d'un institut de beauté. Un brevet professionnel pour s'installer à son compte.

## ZooM — Le chef de rayon

* Qu'il soit spécialisé dans les vêtements, les biscuits ou les cosmétiques, ce responsable gère son rayon comme un **chef d'entreprise**.

* Il **sélectionne les produits** auprès de la centrale d'achats puis **gère les réserves** (vérification des prix et des commandes, réception des marchandises) afin d'éviter à la fois les surplus et les ruptures de stock.

* Il décide des **produits à mettre en valeur** dans le rayon et organise des **opérations de promotion** pour séduire les clients.

* C'est aussi un **manager** : il recrute et encadre les membres de son équipe de vente.

* Il est généralement titulaire d'un bac + 2 ou bac + 3 spécialisé dans le commerce.

# des métiers

▶ **Les métiers du bâtiment**
Architecte ● Chef de chantier ● Dessinateur ● Géomètre ● Charpentier/Couvreur/Maçon/Plombier/Chauffagiste/Électricien

▶ **Les métiers de la sécurité**
Agent de sécurité ● Commissaire de police ● Gardien de la paix/de police municipale/Gendarme ● Maître chien ● Militaire du rang ● Officier (de l'armée de l'air/de l'armée de terre/de marine) ● Sapeur-pompier

▶ **Les métiers du spectacle/audiovisuel**
Accessoiriste/costumier/décorateur-scénographe ● Cadreur ● Chanteur/comédien/danseur ● Chargé de production ● Directeur artistique ● Éclairagiste ● Ingénieur du son ● Monteur ● Régisseur de spectacle

### ZOOM  Chef de chantier

✻ Le chef de chantier dirige des **travaux de construction**, définit les besoins en hommes, en matériels et en matériaux, répartit les tâches entre les ouvriers, contrôle le travail et gère le planning. C'est lui aussi qui vérifie des bons de commande et gère le budget.

✻ Il doit maîtriser les différentes techniques mais aussi être un meneur d'hommes pour coordonner les équipes d'ouvriers.

✻ Il doit avoir un BTS « bâtiment, études et économie de la construction et travaux publics », un DUT « génie civil », ou une licence pro « chef de chantier ».

### ZOOM  Ingénieur du son

✻ Il est responsable de l'**identité sonore** du film : tonalité des dialogues, choix des bruitages... Pendant un tournage, il dirige les perchistes. Ensuite, il réalise le **mixage** (mélange des différentes sources sonores). Il peut aussi travailler dans un studio ou lors de concerts.

✻ Il est à la fois artiste et technicien, avec des bases solides en acoustique, électricité, électronique et informatique.

✻ Il a un BTS métiers de l'audiovisuel, option métiers du son, une formation en école spécialisée (bac + 3 à bac + 5) ou au Conservatoire national supérieur de musique de Paris.

### ZOOM  Sapeur-pompier

✻ C'est un professionnel des **secours**, il administre les premiers soins aux accidentés de la route ou aux victimes de noyade. Il éteint les incendies, évacue les personnes en difficulté. Il agit aussi en **prévention**, lors de la construction d'établissement ou pendant des évènements culturels.

✻ Il est courageux et généreux, mais aussi prudent, réactif et en excellente condition physique.

✻ Il a réussi le concours de pompier professionnel organisé par le SDIS (service départemental d'incendie et de secours), ou les concours spécifiques à Paris et à Marseille.

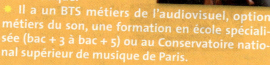

Dossier orientation

**Crédits photographiques :** Page Les repères historiques, tous les documents proviennent de la Base Images Sejer, excepté Mahomet et son armée Ph. © Rapho/EYEDEA, l'art byzantin © E. Lessing/AKG-images et la chute du mur de Berlin © Gérard Malie/AFP. – p. 66 Chapelle Sixtine, Vatican, Rome. BIS/Ph. Coll. Archives Nathan – p. 67 h Bibliothèque nationale de France, Paris. – BIS/Ph. Coll. Archives Larbor – p. 67 bas g Ph. © AKG-images – p. 67 bas m © T/Marc RIBOUD – p. 67 bas d DR – p. 121 © Manuel Cohen – p. 122 Ph. © T/M. Durazzo/Agence ANA – p. 124 © Ph. Brad Pict/Fotolia – p. 127 © BIS/Ph. Coll. Archives Labor – p. 131 Archives nationales, Paris. BIS/Ph. Jeanbor © Archives Bordas – p. 133 g © BPK, Berlin, Dist. RMN-Grand Palais – p. 133 d ht Musée Lapérouse Albi. Ph. © T/Gianni Dagli-Orti/THE PICTURE DESK – p. 133 d m Bibliothèque nationale de France, Paris. BIS/Ph. Coll. Archives Nathan – p. 133 d m bas Ph. © T/PHOTO12/ARJ – p. 133 d bas Bibliothèque nationale de France, Paris. BIS/Ph. Coll. Archives Larbor – p. 134 BIS/Ph. Jeanbor © Archives Larbor – p. 135 Ph. © T/Electa/AKG-images – p. 136 Ph. © CDA/Guillemot/AKG-images – p. 137 g Musée Condé, Chantilly. BIS/Ph. L. Joubert © Archives Larbor – p. 137 m Musée du Louvre, Paris. BIS/Ph. H. Josse © Archives Larbor – p. 137 d Musée du Louvre, Paris BIS/Ph. Hubert Josse © Archives Larbor – p. 141 Ph © T/S. Fiore/Explorer/EYEDEA – p. 142 DR – p. 143 g © fgeoffroy-Fotolia.com – p. 143 d © SEGVI/SIPA – p. 145 g Ph. © T/P. BUCHAUDON – p. 145 d Ph. © T/R. Wallis/Panos/REA – p. 153 g © Jacques Loïc – p. 153 d © Pierre Jacques/Hemis.fr – p. 157 g Ph. © T/Lapi/ROGER-VIOLLET – p. 157 d Ph. © T/I. Berry/MAGNUM – p. 159 g © Ph. Claudine Van Massenhove/Shutterstock.com – p. 159 m © Ph. Monkey Business Images/Shutterstock.com – p. 159 d © Ph. Felix Lipov/Shutterstock.com – p. 161 haut © Pancho – p.161 bas g © DR – p.161 bas m © Ph. Olivier Tuffé – p.161 bas d © J. Seddiki/Citizenside/AFP – p. 162 © LOWE STRATEUS www.securite-routiere.gouv.fr – p. 207 © SPL/Cosmos – p. 209 haut g © Ph. Sergey Krasnochchokov/Shutterstock.com – p. 209 haut d © Ph. Vincent/Fotolia.com – p. 209 bas g © Ph. Merlin74/Fotolia.com – p. 209 bas d © Ph. Kleinermann82 – p. 217 © Lukiyanova natalia/frenta/Shutterstock. Com – p. 219 g © Ph. Meal_meaw – p. 219 d © Ph. Taviphoto – p. 221 g © Ph. Andrej Chudy – p. 221 d © Ph. EcoView – p. 227 © Biophoto Associates/SPL/Cosmos – p. 231 m BIS/Ph. Coll Archives Larbor – p. 231 bas Ph. © CNRI/SPL/Cosmos/T – p. 231 d Ph. © CNRI/SPL/COSMOS/T – p. 231 BIS/Ph. Jeanbor-Archives Larbor – p. 237 g © Ph. Tatiana Shepeleva – p. 237 d © Ph. Dr_Kateryna – p. 238 © SPL/Cosmos – p. 282 ht ph © pixel974 – Fotolia, milieu ph © Leah-Anne Thompson – Fotolia, bas ph © Yuri Arcurs – Fotolia. – p. 283 ht ph © contrastwerkstatt – Fotolia, milieu g ph © auremar – Fotolia, milieu d ph © goodluz – Fotolia, bas ph© goodluz – Fotolia. – p. 284 ht ph © micromonkey – Fotolia, milieu ph © Marco Desscouleurs – Fotolia, bas ©LUDOVIC/REA. – p. 285 ht ph © JPC-PROD – Fotolia, milieu ph © illustrez-vous – Fotolia, bas ph© JPC-PROD – Fotolia – p. 286 haut Ph © michaeljung-Fotolia. p. 286 bas g Ph © Omicron-Fotolia – p. 286 bas d Ph © Robert Kneschke-Fotolia – p. 287 haut Ph © auremar-Fotolia – p. 287 bas g Ph © dmitrimaruta-Fotolia – p. 287 bas d Ph © wellphoto-Fotolia.

**Édition :** Anne Balaguier
**Création maquette :** Dimitri Maj, Josiane Sayaphoum
**Création couverture :** François Roche
**Mise en pages :** IDT
**Infographie :** Vincent Landrin
**Cartographie :** Légendes cartographie
**Iconographie :** Sylvie Boix, Frédéric Mazuy, Clémence Zagorski
**Dossier orientation :** Virginie Plaut

N° projet : 1021961
Dépôt légal : avril 2016
Imprimé en France
par Loire Offset Titoulet

**Régie publicitaire :** Com d'habitude publicité 05 55 24 14 03 contact@comdhabitude.fr

# Repères historiques

## Les débuts de l'Islam

- **622 :** L'Hégire, début du calendrier musulman (Mahomet, chassé de la Mecque, s'installe à Médine)
- **VIIe siècle :** Naissance de l'Islam
- **1258 :** Prise de Bagdad par les Mongols

*Mahomet devant la Mecque*

## L'occident féodal, XIe-XVe siècles

- **Xe-XIe siècles :** Naissance du village médiéval
- **Xe-XIIe siècles :** L'âge des églises romanes
- **XIIe-XVe siècles :** L'âge des églises gothiques
- **1096-1099 :** Première croisade
- **1180-1223 :** Règne de Philippe II (dit Philippe Auguste)
- **1226-1270 :** Règne de Louis IX (dit Saint Louis)
- **1337-1453 :** Guerre de Cent Ans

*L'âge des églises gothiques*

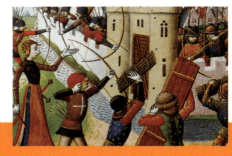

*La guerre de Cent Ans*

## Byzance et l'Europe carolingienne

- **527-565 :** Règne de Justinien
- **751 :** Prise de pouvoir par les rois carolingiens
- **800-814 :** Règne de Charlemagne
- **843 :** Traité de Verdun

*Charlemagne*

*Art byzantin*

## Vers la modernité, fin XVe-XVIIe siècles

- **1492 :** Premier voyage de Christophe Colomb
- **1515-1547 :** Règne de François Ier
- **1519-1521 :** Voyage de Magellan
- **1520-1556 :** Règne de Charles Quint
- **1520-1566 :** Règne de Soliman le Magnifique
- **XVIe siècle :** Siècle des Réformes et des guerres de religion
- **1589-1610 :** Règne d'Henri IV
- **1598 :** Édit de Nantes
- **1661-1715 :** Règne de Louis XIV

*François Ier*

*Le massacre de la Saint-Barthélémy*